# 프로이트와
# 이별하다

무의식의 깊은 잠을 깨우는 융 심리학

# 프로이트와
# 이별하다

D. 스티븐슨 본드 지음 / 최규은 옮김

# 우리 삶을 새로운 차원으로 인도할
# 살아 있는 신화를 찾아서

대부분의 경우 신화는 아주 먼 옛날 있었던 신비한 사람들의 신기한 이야기 정도로 간주된다. 이러한 신화는 대체로 누군가의 신화, 즉 타인의 신화다. 어떤 민족에게 뿌리를 찾을 실마리가 되고 자긍심을 줄 수 있을지는 몰라도, 우리 삶의 길잡이가 되어주지는 못한다. 실상 우리는 스스로의 인생에 나침반이 되고 영혼의 뿌리를 찾아줄 신화에 대해서는 거의 아는 바가 없다.

심리학자 칼 구스타프 융은 이처럼 개개인의 삶과 직결되는 '나의 신화'에 최초로 주목한 사람이었다. 융 이후 신화는 일종의 원형심리학으로서 가치를 인정받았다. 일찍이 신화학자 조셉 캠벨은 신화의 소재는 바로 우리 자신의 내면에 존재한다고 지적하지 않았던가.

이 책은 상상과 삶의 방식 간의 관계(신화는 바로 이 부분에서 생명력을 얻는다.)를 통해 개개인 삶에서 의미 있는 신화, 즉 '살아 있는 신화'를 탐구하고자 했다. 여러 측면에서 볼 때 살아 있는 신화는 삶의 방식이 된 환상이라 할 수 있다. 필자는 수천 년 전 신들의 이야기에 설사 심리학적 진실이 반영되어 있다 한들 그것만으로는 신화의 중요 측면을 결코 찾아낼 수 없다고 생각한다. 신화에서 가장 중요한 측면을 찾으려면 우리 자신의 삶 속에 깃든 의미와 이미지(자신도 모르는 사이 우리 모두는 삶의 주기와 사건들에 일정한 의미를 부여하고 이미지를 공유하고 있다.)를 담아낸 현시대의 기틀에서 출발해야 한다.

하지만 여기에는 문제가 있다. 바로 우리 스스로가 자신의 신화적 상상을 믿지 못한다는 점이다. 개인의 삶에서 신화적 환상이 분출되는 현상은 1급 수준에 해당하는 중대한 심리학적 문제인데도 불구하고 말이다. 과거 각 시대마다 존재했던 여러 문화에서는 개인적 삶과 사회적 삶을 아우른 전체의 직물織物 속에 신화적 경험이라는 별개의 실을 짜 넣는 방법이 전해지고 있었다. 이에 반해 현대인들은 신화적 경험을 대체 어떻게 받아들여야 할지 감조차 못 잡는 경우가 다반사다.

　가령 처음 있는 일인데 비슷한 일을 이미 겪어본 듯한 기시감을 느낀 적이 있는가? 자신의 꿈에 나타나는 일정한 패턴을 인지하거나, 자신과 비슷한 꿈을 꾼 사람들이 많다는 사실을 깨닫고 놀라본 적은? 잠깐 사이 백일몽을 꿨는데 마치 환상의 세계를 경험하고 나온 듯 생생함이 남는 경우도 있다. 대부분의 현대인들은 이러한 신화적 경험이 주는 기이한 느낌에 당황한 나머지 어물쩍 넘겨버리기 일쑤다. 필자는 심리치료사로서 수많은 사람들을 상담하며 신화적 경험을 관찰할 기회가 많았는데, 다만 몇몇 경우 이러한 신화적 경험이 일상생활의 일부분을 구성하고 있음을 발견할 수 있었다.

　비록 현대인들에게는 낯설게 느껴질지 몰라도, 환상과 신화는 정신분석학이 대두된 바로 그 시점부터 집중적인 논의대상이 되어왔다. 하지만 신화적 경험을 받아들이는 데 익숙지 않은 사람들에게 상상, 환상, 신화, 라이프스타일(삶의 방식) 등은 실로 난감한 주제가 아닐 수 없다. 결국 많은 경우 개개인이 직조하는 '지침이 되는 가공의 이야기'나 주관적 의미를 가진 개인적 환상쯤으로 간주되곤 한다. 이따금 극도로 자율적인 이미지에 빠져드는 경우도 있는데, 이처럼 자율성이 극대화된 이미지는 개인의 무의식으로부터 흘러나와 시각과 음성·종교적 경험을 통해 다듬어진다. 한편 정신과에서는 이런 이미지들에 대해 망상체계로 판단하고 있다.

그러나 문화적 상상을 재생하는 일은 물론이거니와 개인의 삶에서 상상을 복구하는 일은 오늘날 우리에게 너무나 중요한 문제다. 특히 너나 할 것 없이 상상력의 중요성을 외치면서도 정작 상상의 빈곤에 시달리는 현대사회에서는 더욱 그렇다. 때문에 심리학적 용어나 익숙치 않은 개념으로 인해 쉽게 읽히지만은 않더라도, 인내심을 가지고 이 책을 끝까지 따라와주길 부탁하는 바다. 상상과 의미를 이해하는 데 실패하면 신경증이나 정신질환의 근저에 있는 환상을 창의성이나 천재성의 근원으로 오인할 여지가 있다. 반대로 창의성이나 천재성의 기저가 될 만한 환상을 망상쯤으로 치부해 버릴 위험도 존재한다. 어느 쪽이든 심리적 고통의 요인이 될 수 있는 것이다.

신화는 멀리 있지 않다. 우리가 하는 일에 의도와 목적이 있는 것처럼 보인다면 이는 곧 우리가 신화 속에 살고 있다는 뜻이다. 우리의 삶이 진행 중인 이야기처럼 보인다면 이 또한 우리가 신화 속에 살고 있음을 뜻한다. 일상적 일들의 거죽 아래 빛을 발하는 의미가 존재하고 있으며, 그 의미를 우리 자신의 것이라 생각하는 한 우리는 신화적 정황 속에 살고 있다 말할 수 있다. 그러나 우리 대부분은 자신만의 신화라는 나침반을 잃어버린 채, 신화적 정황 속에서 길을 잃었다.

따라서 오늘날 우리에게는 신화의 재생이 절실히 필요하다. 이것은 단순히 관념적 필요가 아니라, 실질적 필요의 문제이다. 신화의 재생은 우리가 어떤 딜레마에 봉착할 때마다 개인적 차원에서 아주 중요한 터닝포인트가 될 수 있다. 여기서의 딜레마란 일찍이 칼 융이 겪었던 딜레마와 동일한 것이다. 당시 그는 스스로에게 이런 질문을 던졌다. '(자신에게 기독교적 신화란 더는 삶의 근간이 되지 못한다고 밝힌 후) 그렇다면 너의 신화는 무엇인가? 너는 어떤 신화 속에서 살아가고 있는가?' 칼 융의 이러한 질문이, 그에게 거대한 전환점이 되었던 것과 마찬가지로 여러분의 삶에서도 큰 전기가 될 수 있으리라 생각한다.

문득 다음과 같은 폴리네시아의 속담이 떠오른다. '고래 등 위에 서서 잔챙이 고기를 잡는다.' 잔챙이 고기란 바로 우리네 일상을 가득 채우는 온갖 잡무를 가리킨다. 사실 이러한 일상의 잡무에 치이다 보면 당장 자신의 발밑에 눈길 한 번 주지 못할 때가 많다. 이는 이 책의 주제와도 맥을 같이한다.

태어나서 죽을 때까지 우리를 이고 가는 상위의 존재가 있다. 설령 우리가 그 존재를 보지 못하더라도 그의 실재만은 부정할 수 없다. 그 존재를 직접 경험할 기회는 누구에게나 주어지지만, 그 체험의 시간은 운명적인 찰나에 지나지 않으며 그것을 깨닫는 사람은 한줌에 불과할 뿐이다. 바로 그 운명적 순간, 발밑을 내려다보면 비로소 다른 존재를 알아차릴 수 있다. 우리보다 훨씬 큰 몸집을 한 살아 있는 형체가 자신의 발밑에 있음을 그제야 깨닫는 것이다. 이 형체는 살아가고 움직이며 자신만의 고유한 존재성을 지닌 실체이다. 그는 당신이 제 존재를 알아차리는 순간 당신을 거인의 어깨 위에 올려 주고 삶을 조망할 수 있게끔 해줄 것이다.

D. 스티븐슨 본드

—— 목차 ——

알 수 없는 심적 충동에 따라 행동하기 위해 그는 제일 먼저 '돌로 하는 놀이'를 시작했다. 진료가 끝나면 융은 곧장 취리히 호수가로 걸음을 옮겨 돌을 갖고 놀았다. 때로는 일과 후에 때로는 주말에, 이렇게 돌 장난은 계속됐고 어느덧 그는 작은 도시 모형 하나를 완성하기에 이른다.

지난 날 노란 연필통에 넣어둔 두 존재, 목각인형과 그것에 생명을 불어 넣어준 특별한 돌을 기억해낸 건 바로 그때였다. 그리고 이제 융의 손을 거치는 돌들 역시 그에게 생명을 불어넣어줬다. 융은 85세에 생을 마감할 때까지 돌을 다듬는 작업을 계속했으며, 그의 정원에는 조형석이 하나 둘 늘어갔다. 1961년 융이 사망하자 볼링겐Bollingen지역의 이웃들은 그를 심리학 분야의 선구자가 아닌, 그저 돌 쪼는 일을 하던 동네 주민으로 기억했다.

## 왜 호주머니 속에 돌을 넣어 다니냐고?

나는 호주머니 속에 돌멩이를 넣고 다닌다. 이런 사실을 알게 된 주변 사람들은 놀라움을 금치 못하곤 한다. 사실 주머니 안에 돌을 넣고 다니는 사람을 만나기란 흔치 않은 일이니까. 적어도 이곳 보스턴에선 말이다. 허나 문득 궁금증이 다시 고개를 든다. 상쾌한 봄날 백 베이 펜즈 공원 *Back Bay Fens*의 긴 가로수 길을 걷고 있는 저 사람들 중 남몰래 주머니 속

**프로이트와 이별하다**

에 돌멩이를 지닌 사람이 있을 수도 있지 않을까? 카페 차양 아래 앉아 한가로이 와인을 홀짝이는 저이의 다른 손은, 혹시 지금 주머니 속에서 돌을 문지르고 있을지 누가 아는가?

그것이 바로 내 주머니 속 돌의 용도다. 그저 엄지손가락으로 살살 문지르는 게 전부다. 돌에 매끄럽고 미끌미끌한 기가 돌 때까지 말이다. 이러다 보면 어느새 기분도 좋아진다. 내가 가지고 다니는 돌은 화강암이라 반짝임이 없다. 크기는 따로 재보지 않았지만 너비 1.9센티미터, 높이 5센티미터 정도다. 평평한 밑면에서부터 다소 뾰족한 윗부분까지 다섯 가닥의 돌출선이 있다.

이 돌은 화살촉이었을지도 모른다. 박물관에서 보는 완벽한 모양새의 화살촉이 아니라 극히 원시적인 수준의 화살촉 말이다. 어쩌면 미 대륙에 백인들의 시대가 도래하기 훨씬 이전, 뼈마디가 불거진 손으로 다듬은 물건일 수도 있다는 그 '가능성'이 중요하다. 물론 정말 화살촉이라고 믿기엔 다소 완성도가 떨어지는 듯도 하지만, 설사 자연의 힘만으로 다듬어진 돌이라 해도 어떤 의식적인 손길이 가해진 듯 기묘한 느낌이 드는 것은 어쩔 수 없다. 과연 개울 물살에 닦이거나 빙하에 부대껴 마모되는 과정만으로 이렇게 또렷한 다섯 개의 돌출선, 바닥, 코 부분까지가 생겨날 수 있을까? 자꾸만 의구심이 든다.

고로 이 돌은 정체가 모호하다. 사람의 손길이 닿은 것인지, 자연의 힘만 거친 것인지, 또는 어떤 목적 하에 쓰였던 것인지 아닌지 좀처럼 확실한 답을 내놓지 못하고 있다. 바로 이처럼 모호한 정체성이야말로 문제의 돌이 신화적 존재로 거듭나는 결정적 계기가 된다. 언젠가 뒤뜰에서 무심코 이 돌을 집어든 것도 바로 이런 이유에서였다. '이건 뭐지? 화살촉인가? 아니 그냥 돌인데. 잠깐, 이거 화살촉일 수도 있는 거 아냐?' 이렇게 나는 돌의 애매한 정체성에 사로잡혀 버렸다. 그리고 잠시 후 이 돌은 눈 깜빡할 새에 내 상상력 속에서 인류의 역사만큼이나 유구한 일련의 과정을 거치며 신화적 물체로 탈바꿈하기에 이르고야 말았다.

군이 '신화'라고 말하는 이유는 돌과 나 자신의 관계에 어떤 종교적 여운을 두고 싶기 때문이다. 사실 나는 돌을 가지고 다닌 지 수개월이 지나도록 무슨 일이 벌어지고 있는지 전혀 눈치 채지 못했다. 그러던 어느 날, 잠에서 깨었을 때 돌이 사라지고 없으면 어쩌나 생각만 해도 아찔해지는 지경에 이르렀음을 깨달았다. 이때부터 나는 낮이고 밤이고 돌에 훨씬 더 많은 신경을 쓰기 시작했다. 매일 밤 똑같은 자리에 놔뒀다가 아침이면 똑같은 호주머니로 옮겨 넣고 낮 동안에도 수시로 제 자리에 있는지 확인을 거듭했다. 어느새 내 일과 속 하나의 의례가 돼버린 셈이다. 그리고 이내 또 다른 걱정이 찾아들었다. 행여 아내나 아이들이 돌을 발견하곤 치워버리면 어쩌나, 아니 최악의 경우 무슨 돌인지 물어오기라도 하면 어떡하나 하고 말이다. 나는 돌을 숨길 수밖에 없었다. 불현듯 나만의 비밀이 생겨버린 것이다. 어느 날 갑자기 수중에 나만의 신화석神話石 하나를 지니게 된 것이다.

이 세상은 갖가지 신화석들로 가득하다. 브르타뉴 지방의 카르나크Carnac 인근에는 거대한 신화석 무더기라 할 수 있는 매우 인상적인 유적이 남아 있다. 고인돌과 길쭉한 기둥 모양의 선돌(입석, 立石) 수백 개가 원형 내지는 수 마일에 걸쳐 널따란 길 같은 형태로 자리해 있다. 각각의 돌 무게는 수 톤에 달한다. 이들 석물이 세워진 정확한 시기는 단정 짓기 어렵지만, 최소한 수백 년은 묵었을 거라는 사실만은 틀림없다. 한편 브르타뉴 케르카도Kercado 고분의 석실 위에는 바닥이 편평하고 꼭대기가 뾰족한 선돌 하나가 세워져 있는데 그 연대가 기원전 4700년경으로 추정된다. 즉, 이집트 피라미드보다도 훨씬 이전에 지금의 자리에 놓인 것이다. 이로 미루어 보아 선돌들이 그 자리에 세워진 채 얼마나 유구한 세월이 흘렀을지 조금은 감이 잡히리라. 선사시대의 신화석들은 이밖에도 유럽과 아프리카, 일본, 한국, 티베트, 볼리비아, 페루, 이스터 제도 등에서 발견됐다.

솔즈베리 평원에 소재한 스톤헨지 역시 대표적인 선사시대 신화석이다. 이곳에 맨 처음 돌이 세워진 시기는 기원전 2800년경으로 추정되며, 오늘날과 같은 모습을 이루기까지는 천여 년의 세월이 걸렸을 것으로 짐작된다. 각기 수 톤에 이르는 청석bluestone 수십 개가 이곳에서 150마일 떨어진 웨일즈 지방으로부터 운반됐을 것이다.(북쪽 20마일 지점에 위치한 에이버베리에서도 수백 개의 청석이 발견됐다.) 이 유적이야말로 규모나 연대 면에서 단연 우위를 차지한다. 이와 같은 기념물을 축조하기 위해 신석기시대 인류가 얼마나 많은 열정과 노고를 쏟아 부었을지 상상하기조차 힘들다.

같은 신화석이라지만 주머니 속에 거대한 선돌을 넣고 다닐 수는 없는 법. 바로 이 지점에서 내 돌에는 한 가지 중요한 차별성이 부여된다. 이 돌은 '그냥' 신화석이 아니라, '나만의' 신화석인 것이다. 이 돌은 부족의 속성을 규정짓는 토템이 아니다. 이것은 나 개인을 규정짓는 페티시fetish(주물 혹은 숭배의 대상)다. 과거에 호주 원주민들은 장방형 돌을 다듬고 장식한 후 이를 추링가churinga라 불렀다. 이러한 주술적인 돌은 다양한 용도로 쓰였는데, 가령 임신을 원한다면 아이의 영혼이 깃들어 있는 차일드 스톤child-stone을 추링가로 문지르는 식이었다. 추링가에는 조상의 넋은 물론, 지니고 다니는 사람들의 혼령까지 깃든다고 여겨졌기에 사람들은 이를 숨기거나 묻어뒀다. 한편 추링가의 영적 힘은 때때로 재충전을 필요로 하기 때문에 죽은 사람의 기를 빨아들일 수 있도록 무덤에 묻어두거나 계속해서 문질러줘야만 했다. 이와 유사한 성격의 돌들은 인도나 유럽에서도 찾아볼 수 있다. 가령 스위스 바젤 인근의 한 동굴에서는 나무껍질에 싸여진 한 무더기의 영석靈石이 발견된 바 있다.

프로이트와
이별하다

여기, 나 말고도 호주머니 안에 비밀의 돌을 넣고 다녔던 사람이 있다. 그의 사연을 한 번 들어 보자. 어린 시절 그는 자물쇠가 달린 노란색 연필통에 나무자를 넣고 다녔다. 어느 날 무심코 펜나이프로 나무자를 깎던 그는 놀라운 일을 경험한다. 자신도 모르는 사이 나무자가 사람 모양으로 다듬어져 있었던 것이다. 소년은 이 목각인형을 노란 연필통에 넣어두고는 뚜렷한 연유도 없이 아주 중요한 존재로 여기기 시작했다. 얼마 안 있어 목각인형은 소년의 가장 큰 비밀이 되었다. 그는 이 연필통을 집 다락방에 숨겨두고 보는 눈이 없다 싶으면 살그머니 다락에 올라가 목각인형을 꺼내보곤 했다. 소년은 자신만의 비밀 언어도 만들어 작은 양피지 두루마리에 적어놓았는데, 그는 이런 기록물을 자신의 '서고書庫'로 여겼다. 그러던 어느 날 라인 강에서 주운 까만색 장방형 돌멩이의 매끄러운 감촉이 무척 마음에 들었던 소년은 그것을 호주머니 속에 지녀와 목각인형이 든 노란 연필통에 넣었다. 소년은 이로써 목각인형이 생명력을 얻게 됐다고 생각했다.

이 소년의 이름은 칼 구스타프 융Carl Gustav Jung이다.

칼 융은 일정 시기가 되자 어린 시절의 물건을 모두 치웠다. 그리곤 노란색 연필통에 넣어둔 특별한 돌과 그 돌에게서 생명력을 얻은 목각인형의 존재를 아주 오랫동안 잊고 살게 된다. 서른 무렵, 취리히 대학에서 정신과 의사 겸 교수로 재직하던 융은 우울증에 빠지고 말았다. 그는 신화에 내재된 심리학적 함의에 관한 저서를 막 출간한 참이었다. 한창 나이에 일도 삶도 모두 벽에 부딪히고 만 것이다. 결국 융은 절박한 사람만이 저지를 수 있는 일을 감행했다. 궁지에 몰린 상황에서 이성적인 해법을 찾을 수 없으니 비이성적인 경로에 자신을 내던진 것이다.

알 수 없는 심적 충동에 따라 행동하기 위해 그는 제일 먼저 '돌로 하는 놀이'를 시작했다. 진료가 끝나면 융은 곧장 취리히 호수가로 걸음을 옮겨 돌을 갖고 놀았다. 때로는 일과 후에 때로는 주말에, 이렇게 돌 장난은 계속됐고 어느덧 그는 작은 도시 모형 하나를 완성하기에 이른다.

지난 날 노란 연필통에 넣어둔 두 존재, 목각인형과 그것에 생명을 불어 넣어준 특별한 돌을 기억해낸 건 바로 그때였다. 그리고 이제 융의 손을 거치는 돌들 역시 그에게 생명을 불어넣어줬다. 융은 85세로 생을 마감할 때까지 돌을 다듬는 작업을 계속했으며, 그의 정원에는 조형석이 하나 둘 늘어갔다. 1961년 융이 사망하자 볼링겐Bollingen지역의 이웃들은 그를 심리학 분야의 선구자가 아닌, 그저 돌 쪼는 일을 하던 동네 주민으로 기억했다.


## 환상 속의 세상

암석에 불과한 돌에게 권능을 부여하는 행위는 일종의 투사投射라 할 수 있다. 투사란 심리학에서 가장 직설적인 개념으로서 객체와 자아, 외계와 내면 간의 기본적인 혼동을 뜻한다. 내면에 있는 무언가, 즉 자아의 일부를 바깥세상에서 감지하여 특정 객체에 이를 투사하는 것이다. 무생물인 이 객체는 일종의 거울이 되어 자아에 내재된 상像, image을 당사자에게 고스란히 되 비춰준다.

자아와 객체를 엄격히 분리해서 살아가기란 생각처럼 쉽지 않다. 가령 극장에서 상영되는 영화 필름은 우리가 스크린 상으로 보고 있는 장면 자체가 아니다. 비록 우리의 감각이 그렇게 인지하더라도 말이다. 필름은 영사실의 아무도 볼 수 없는 프로젝터 속에서 돌아가고 있다. 즉, 우리를 웃고 울리는 대상, 보고 반응하게 하는 대상은 실상 스크린에 투사된 필름의 영상인 것이다. 극장 밖에서 우리가 살아가며 겪는 모든 드라마들 역시 우리 내면의 필름이 투영된 결과 펼쳐지는 일종의 상에 불과하다. 인정하고 싶지 않겠지만 말이다.

나의 경우, 돌이 나를 비춰주는 스크린 역할을 하고 있다. 바로 여기에서 투사의 신비가 시작된다. 무생물에 불과한 존재가 살아 있는 영혼으로 탈바꿈하는 것이다. 조금 전까지는 평범한 돌멩이에 지나지 않았던 것이 어느 순간 부적, 페티시, 유물이 돼버린다. 인간의 상상력을 통해 성스러운 돌로 거듭나는 것이다.

이와 같은 투영이 일어날 수 있는 이유는 바로 대상물의 모호한 정체성 덕분이다. 이 돌이 화살촉은 아니었을까? 어쩌면 중요하고 의미 있는 물건일 수도 있지 않을까? 이런 식으로 말이다. 애매한 정체성이야말로 투영을 촉발하는 원인이다. 훌륭한 '스크린'은 으레 이와 같은 특질을 갖추고 있다. 우리 내면세계와 거의 비슷하거나 가까운 면모를 구비함으로써 우리 안에 도사린 애증, 공포, 욕망과 직결된 도화선으로 작용하는 것이다. 자기력의 경우처럼 서로 다른 전극이 적절히 배열된 구도에서 우리 내면의 자아와 외부의 객체가 서로를 끌어당기는 셈이다. 이 두 존재가 일단 결합하고 나면 좀처럼 떼어놓기 어렵게 된다.

이처럼 자아가 객체에 대해 느끼는 신비로운 동일시를 사회학자 루시앙 레비 브륄Lucien Lévy-Bruhl은 신비적 참여participation mystique라고 정의했다. 브륄은 이를 초기 문화°°에서 발생하는 현상으로 간주한다. 한 사람이 사자 가면을 쓴 채 춤을 추고 있다고 가정해 보자. 우리 눈엔 사자인 척 하는 연기로 비치겠지만 그 사람의 마음속에선 자신이 진짜 사자가 돼 있을 것이다.

한 여인이 작고한 모친의 넋을 기리고자 동구 밖에 움막을 짓는다. 아이들을 키우기에도 벅찬 형편이지만 매일같이 움막 옆에 제사상 올리기

---

°°
특별히 초기 문화라 지칭한 것은 이른바 원시 문화라 불리는 세계가 실상은 고도로 세련된 성격을 갖추고 있기 때문이다.

를 거르지 않는다. 보름달이 뜨면 물을 뜨러 갈 때마다 움막을 피해 4리나 되는 먼 길을 돌아 냇가로 가는 수고도 감내할 것이다.

이러한 신비적 참여는 생각처럼 그렇게 동떨어진 얘기가 아니다. 각자의 유년시절을 가만히 떠올려 보자. 그리고 누군가 '내' 장난감을 만졌을 때 얼마나 심하게 저항했는지 기억해 보자. 대개의 아이들이 어떤 장난감을 '내꺼'라고 할 때 그 '장난감'은 단순히 객관적 경험의 대상물이 아니라 '나'로부터 확장된 존재로 인식된다. 즉, 장난감과 나는 하나인 것이다. 또 다른 예로, 어떤 방망이로 홈런을 친 소년이 있다고 가정해보자. 이 아이는 오직 그 방망이만 쓰길 고집한다. 왜냐하면 그 방망이에 특별한 힘이 있어 홈런을 칠 수 있었다고 믿기 때문이다. 그 아이에게 있어 문제의 방망이는 요술 방망이가 된 것이다. 만일 아이가 더 흥분한 상태라면 홈런을 이뤄낸 공도 간직하려 할 것이다. 이 공도 펜스 너머로 날아감으로써 특별한 힘을 지닌 존재로 거듭났기 때문이다. 바로 이런 과정을 통해 사물은 각각의 생명력을 얻게 된다.

어린 시절 낡고 털 빠진 토끼인형을 친구로 삼아본 경험이 있다면 이해할 수 있을 것이다. 그리고 이러한 일은 성장하는 동안에도 종종 일어난다. 가령 사랑에 빠지면 상대와 나 사이의 경계가 사라지는 듯한 느낌을 받게 된다. 독립기념일 국기의 행렬에 괜스레 울컥한다면, 경기를 보다가 나도 모르게 욕을 내뱉는다면, 우주비행사가 달에 내리는 장면을 보고 함성을 내질렀다면 당신은 이미 신비적 참여를 경험한 것이다. 지금 주머니에 돌이 들어 있다면 두말할 나위도 없다.

신비적 참여는 감정적·신체적 차원에서 대상물을 얼마나 강렬하게 인식하느냐와 밀접한 연관이 있다. 강렬하게 인식하면 할수록 대상물은 별개의 생명력을 지닌 존재로 받아들여질 가능성이 커진다. 이러한 현상은 정신적 충격을 받았을 때, 그에 대한 반응과도 연결된다.

언젠가 아들을 데리고 야구를 하러 공원에 간 적이 있었다. 공원 근처에 이르자 출입문 옆에 서 있는 구급차가 눈에 띄었다. 곧이어 우리는 발작적으로 울어대며 양팔을 내젓는 두 살 남짓의 여자아이와, 아이를 들것에 눕히려 애쓰는 구조대와 마주쳤다. 나는 시선을 돌리고 싶었으나 좀체 그럴 수가 없었다. 눈앞의 상황에 완전히 넋을 빼앗겨 버렸던 것이다. 그러나 어쩐지 마음 한 편이 무거웠다. 아들 녀석 역시 같은 기분이었던지 구급차 뒷문 쪽으로 다가가 이것저것 질문을 해대기 시작했다. 한편 공원 한 쪽의 그네 옆에선 베이비시터로 짐작되는 아가씨가 양손으로 머리를 부여잡은 채 미친 듯 서성대고 있었다. 그때 차 한 대가 들이닥치며 체구가 몹시 큰 여인이 내려섰다. 나이 든 외견으로 보아 아이의 할머니가 분명했다.(아이 엄마는 직장에 있으리라 짐작되었다.) 구조대가 아이를 구급차로 옮기는 내내 여인은 울고 머리를 쥐어뜯으며 아이 주변을 하염없이 맴돌았다. 실로 가슴 아픈 장면이 아닐 수 없었다. 얼마 후 아들내미가 돌아와 제법 사무적인 어조로 이렇게 보고했다.

"미끄럼틀 꼭대기에서 거꾸로 떨어졌대."

실상 우리는 그 상황과 무관한 행인에 불과했지만, 그럼에도 불구하고 충격에 사로잡혔다. 그것은 실로 강렬한 체험이었다. 당사자들이 느꼈을 감정의 강도 또한 상상이 가고도 남았다. 그 후로 한참 동안 아들 녀석은 문제의 미끄럼틀을 타지 않았다. 나 또한 몇 주간은 그 미끄럼틀에 눈길이 갈 때마다 신경이 곤두서곤 했다.

그와 더불어 정말 기묘한 생각이 떠오르기 시작했다. '저 미끄럼틀은 나쁜 거다'라는 생각 말이다. 만약 내가 좀 더 원시인에 가까웠다면 그 미끄럼틀에 나쁜 마나mana(초자연적 힘)가 있다고 주장했을지 모른다. 강렬한 심리체험으로 인해 '신비적 참여'에 빠진 나머지, 그 느낌을 외부의 물체에 투영할 수도 있었던 것이다. 만일 여기서 한 발 더 나아갔다면 문제의 미끄럼틀을 다른 여덟 개의 미끄럼틀과 구분지어 불렀을지도 모른다. 그 노란색 미끄럼틀을 가리켜 아들에게 '노랭이'는 타지 말라고 말하면 아들은 재깍 그 미끄럼틀에서 물러섰으리라. 그러나 우리 외에 다른 사람들은 그 미끄럼틀에 이름을 지어 부르지 않을 것이다. 이유는 간단하다. 내게 있어 그 미끄럼틀은 무시무시한 마나가 깃든 존재지만 다른 사람들에겐 아니기 때문이다. 내게 그 물체는 살아 있는 존재지만 다른 사람들에겐 죽어 있는 물체이기 때문이다.

주머니 속의 신화석을 문지를 때마다 나는 내 안에 깃든 주관적인 심리의 강력함을 만지곤 한다. 그렇다고 해서 뒤뜰에서 이 돌을 집어들었을 때, 특별히 의미를 부여할 만한 경험을 했었던가? 아니, 그런 것은 전혀 없었다. 다만 '원래는 화살촉으로 쓰였던 돌이 아닐까' 하는 생각에 매력을 느끼기 시작했을 뿐. 그렇다면 이 돌의 주관적 속성은 대체 어디서 오는 걸까? 정확히 말하자면 마음의 적응adaptation에서 기인한다 하겠다.

나는 돌을 만질 때마다 내 어린 시절을 어루만진다. 네 살 무렵 집 뒤편 웅덩이 근처에서 뛰어놀던 나. 여섯 살 무렵 어느 여름날 느릿느릿 흘러가는 개울가에 서서 물수제비를 뜨던 나. 여덟 살 무렵 땅속에 묻힌 보물 찾기에 골몰해 있던 나. 분명 발 아래 어딘가 원시의 화살촉과 다이아몬드, 크고 푸른 에메랄드가 내 손길을 기다리고 있으리라 자신하며 뒤뜰한 가득 구멍을 뚫어 아버지를 곤란하게 했던 어린 시절의 나 말이다. 바로 이것이 평범한 돌멩이를 '땅바닥 위의 죽어 있는 돌'이 아닌 '호주머니 속의 살아 있는 돌'로 거듭나게 하는 주관적 경험이다.

결국 어린 시절의 나는 그처럼 특별한 돌을 찾아내지 못했다. 어른이 되고 난 후 어느 날 내 집 뒤뜰에서 그 순간을 맞이하기 전까지 말이다. 그날 비로소 나는 어릴 적 언젠가 찾아내리라 믿었던 그 무언가와 가장 닮은 모양새의 돌멩이 하나를 손에 넣게 됐다. 그 순간 나는 중요한 어떤 것을 찾기 위해 과거에 품었던 그 모든 열망이 작은 돌멩이 속으로 빨려 들어가는 것을 느꼈다. 이것이 바로 심리적 강렬함이다. 평범한 돌을 주머니 속의 살아 있는 돌로 탈바꿈시키는 매개인 것이다.

만약 당신이 어떤 대상물에 자신을 적극적으로 투영하거나 감정적 연결고리를 만들었다고 가정해 보자. 이 경우 반드시 주관적인 연관성, 즉 깊숙이 감춰진 열망이나 상처, 애착과의 연결점이 존재할 것이다. 융은 이와 같은 연관성을 찾아 끄집어내는 일련의 과정을 환상 사고fantasy thinking 또는 비지향적 사고nondirected thinking(방향성 없는 사고)라 명명했다. 여기에서 말하는 '사고'란 우리가 생각하는 이성적 인지능력과는 거의 무관하며 되레 상상력과 훨씬 더 밀접한 관련이 있다.

환상 사고란 자발적이고 주관적인 과정, 다시 말해 사회구조가 개입되지 않은 상태에서의 내면적 경험을 가리킨다. 논리적 개념보다는 연상작용에 의한 경험으로서, 우리 내면에서 성난 강물처럼 맹렬히 소용돌이치며 나타나는 갖가지 이미지들과 감정적 격렬함을 뜻한다. 우리 안에 내재된 환상 사고가 가장 과장된 형태로 극명히 드러나는 것은 정신분열증 및 여타 정신질환의 경우이다. 정신분열증 환자들의 연상 패턴은 극히 주관적이다. 때문에 그들은 각종 낱말이 샐러드처럼 뒤섞인 언어를 사용하며 이로 말미암아 타인과의 교감능력도 완전히 실종되기에 이른다. 정신적으로 건강한 사람들도 밤이면 각자의 내면세계로 침잠해들며 꿈을 꾸게 되는데, 이 역시 동일한 환상 사고가 남긴 흔적이라 볼 수 있다. 깨어 있는 낮 시간에도 이러한 사고형태는 계속 나타난다. 이와 관련해 융은 다음과 같이 말했다.

> 흥미가 조금이라도 떨어지거나 약간만 피로해져도 인간의 섬세한 심리적 적응기제는 순식간에 무너져 현실계와 유리되며…… 이는 곧 환상으로 대체된다. 당면한 주제로부터 점점 멀어진 채 생각은 제멋대로 굴러가기 시작한다. 주의력이 계속 떨어질 경우 점차 현재에 대한 모든 감각이 사라지고 환상이 우위를 점하게 된다.
>
> —《C. G. 융 전집》, 〈변형의 상징〉 중에서

## 프로이트 씨, 왜 내 페티시를 버려야만 하나요

내 돌이 신화성을 띠게 된 까닭은 처음 발견해 집어든 순간 내 주의력이 산만해져 있었던 탓이다. 불현듯 환상 사고의 일부가 튀어나와 돌을 감쌌기 때문이다. 내 상상력의 경로에서 뭔가가 움직이기 시작한 것이다. 이제 나는 한 가지 문제에 직면해 있다. 이와 같은 돌과 상상력의 결합체를 과연 어떻게 할 것인가 하는 문제 말이다. 적응해야 할 것이다. 어떤 식으로든 내 안의 상상력 경로에서 파생된 외부적·내부적 결과와 타협을 이뤄내야 한다. 상상력의 힘에 대응할 방안을 모색해 내야만 한다.

적응의 문제는 상상력이 격렬히 작동하는 순간 어김없이 나타난다. 나쁜 마나가 깃든 미끄럼틀의 경우를 생각해 보라. 그 경험의 강렬함에 연루된 모든 당사자 ―다친 아이와 베이비시터, 아이의 할머니, 내 아들과 나에게는 외면적·내면적 결과가 발생했다. 미끄럼틀이 여전히 내 주변 환경의 일부로 남아 있는 한 어떤 식으로든 타협을 해야 한다. 일정한 관계를 정립해내야 하는 것이다. 다시 말해 문제의 미끄럼틀과 같은 위험 요소를 안고 있는 주위 환경에 적응할 필요가 있다. 이와 같은 적응의 필요성은 다분히 진화론적 요구라 하겠다. 물론 내가 적응에 성공하지 못하고 문제의 미끄럼틀에서 아이들이 추락하는 사고가 계속 일어난다 한들 인류의 생존이 위협 받는 일 따위는 없을 것이다. 그럼에도 불구하고 우리 모두는 각자를 둘러싸고 있는 환경과 타협해 나가야 한다. 먼 옛날 주변 환경 속에서 실질적으로 우리의 생존에 위협이 됐던 온갖 위험요인을 떠올려보면 쉽게 납득할 수 있으리라. 온갖 맹수와 독초, 홍수, 가뭄, 혹한, 자연재해 등을 말이다. 환경으로부터 가해지는 손상이 우리의 생존을 위협하는 한 환경에 대한 적응의 필요성은 예나 지금이나 절실할 수밖에 없다.

하지만 여기에서 말하는 적응이란 외면적 형태에만 국한되지 않는다. 나쁜 마나가 깃든 미끄럼틀에 대한 경험은 오히려 내면적 환경에서의 문제라 볼 수 있기 때문이다. 문제의 미끄럼틀 근처에 갈 때마다 나는 내 안의 두려움, 무서움, 걱정과 타협할 방안을 찾아내야만 했다. 따라서 내면적 적응 역시 반드시 필요한 과정이다. 내면적 적응에 실패할 경우, 극도의 두려움에 사로잡힌다거나 또는 겁에 질려 그 부근을 미친 듯이 뛰어가 버릴 지경이 될 경우, 외면적 적응에 실패할 때만큼 위험해질 수 있기 때문이다.

그렇다면 과연 어떤 방식으로 적응을 이뤄낼 것인가? 적응은 대체 어떤 과정을 통해 달성되는가? 만일 내가 분석적 인물이라면 합리적인 해결방안을 궁리해내려 했을 것이다. 문제의 미끄럼틀을 공원에 그냥 둘경우와 아예 철거할 경우를 산정한 후 양자의 상황 하에서 도출되는 각각의 이점과 위험인자를 추산했을지 모른다. 만일 시민의식이 좀 더 강한 편이었다면 놀이터 시설 디자인의 산업안전기준 모니터링을 전담할 소비자 감시단체를 결성했을 가능성도 있다. 전자나 후자나 모두 성공적인 적응으로 볼 수 있으리라. 실제로 나는 어떻게 적응했냐고? 해당 자극물을 점진적으로 마주하는 과정을 통해 병적 반응을 이겨내고 내면적으로 적응하는 한편, 나쁜 마나가 있는 모든 미끄럼틀에 대한 두려움을 서서히 누그러트리기로 마음먹었다. 자신의 두려움에 대해 얘기함으로써 기분을 한층 개선시킬 모임을 만들 수도 있었을 것이다. 이와 같은 적응 노력이 모조리 무산될 경우엔 언제든 정신과 의사를 찾아가 항불안증 약제를 처방해달라고 하면 될 터이다.

이러한 해결책을 통해 우리는 현대적 의미에서 객관적 의식objective consciousness이 어떤 혜택과 강점을 지니고 있는지 엿볼 수 있다. '의식'이라 지칭한 까닭은 이와 같은 사고유형에선 주체와 객체를 구분하는 능력이 필수불가결하기 때문이다. 인간 의식의 첫 걸음은 '내가 아닌 것非我'과 구별되는 '나我'에 대한 인식에서 시작된다. 이에 반해 신비적 참여의 과정에선 '내'가 아닌 융합된 상태만이 존재한다. 한편 '객관적'이란 단어는, 주체로서 자신의 정체성을 인식할 때만 비로소 객체에 대해서도 인식할 수 있다는 사실을 깨우쳐준다. 가령 내가 돌에 대해 가졌던 강렬한 체험이 주관적으로 오직 나의 내면에서 벌어진 일이라는 걸 의식하고 있어야만, 문제의 돌이 실은 그저 암석에 불과하다는 사실도 경험할 수 있게 된다. 의식은 투영의 전개를 국한시킨다.

융은 이와 같은 일련의 과정을 지향적 사고directed thinking(방향성을 가진 사고)라 명명하며, 여기에는 세 가지 측면이 있다고 지적했다.

첫째, 지향적 사고는 외부(객체 및 외부세계)로 향해 있다. 융은 〈변형의 상징〉에서 다음과 같이 말한 바 있다.

지향적 사고 또는 논리적 사고는 현실지향적이다. 현실세계에 맞도록 적응된 사고로서, 우리는 이를 통해 객관적으로 실재하는 대상들의 연속성을 모방해낸다. 그 결과 우리의 정신에서 갖가지 이미지들은 바깥세상에서 일어나는 사건들이 그렇듯 철저히 임의적 순서로 꼬리를 물고 전개된다.


둘째, 지향적 사고는 여러 이미지의 연상이라기보다는 낱말로 형성되는 사고에 가깝다. 아이가 떨어졌던 미끄럼틀을 보면 나는 '나쁜 미끄럼틀, 살아 있는 것'이라는 정의를 떠올릴 것이다. 이것은 원시적이고 주관적인 언어 체계이다. 그러나 나와 같은 주관적 강렬함을 체험하지 못한 사람이라면 '미끄럼틀, 죽어 있는 것'이라는 표현을 사용할 것이다. 사회적 적응을 통해 우리는 특정 사물에 대해서는 동일한 낱말, 한 가지 지칭어만을 사용하도록 요구받는다. 따라서 주관적 차원에서 다른 사물과 혼동할 이유가 없다. 가령 미끄럼틀의 경우처럼 말이다. 이처럼 지향적 사고에서는 구성원 간 특정 사물에 대해 특정 지칭어를 공유하는 세계가 전제된다. 바로 여기에서 지향적 사고의 세 번째 측면이 드러난다. 지향적 사고는 사회적 성격을 지닌다는 것이다.(언어란 사회성을 띠기 때문이다.) 예술형태, 언어 양식, 관념의 역사 등을 모두 아우르는 문화라는 존재 덕분에 우리는 주의력과 정신적 에너지를 일정 방향으로 기울일 수 있게 된다.


지향적 사고란 …… 명백히 문화의 도구다. …… 이로 인해 주관적·개인적 영역으로부터 객관적·사회적 영역으로 발전해나갈 수밖에 없었다. 그

프로이트와
이별하다

결과 인간의 정신세계에 있어 재배치가 진척됐으며 그 결과 근현대의 경험

론 및 각종 기법이 탄생했다.

— 〈변형의 상징〉 중에서


이러한 이유로 융은 지향적 사고란 심리보다는 문화를 통한 적응기제

쪽에 가깝다고 말한다. 이에 대한 융의 언급을 보자.


따라서 우리는 두 가지 사고유형을 구비하고 있다. 하나는 지향적 사고이

며 또 하나는 꿈 혹은 환상 사고다. 지향적 사고는 소통의 목적을 달성하고

자 언어인자를 가지고 작동하므로 힘들고 어렵다. 반면 환상 사고는 가까

이에 준비된 내용물을 가지고 무의식적 동기의 인도 하에 의식의 힘을 빌

리지 않고 자연스럽게 작동하므로 별다른 수고를 요하지 않는다. 전자는

혁신과 적응을 창출해내고 현실을 복제하며 그에 따라 작동하려 한다. 반

면 후자는 현실을 외면하고 주관적 성향을 자유로이 풀어놓으며 [외부적]

적응의 측면에서 볼 땐 비생산적이다. …… 문화를 창조해내는 정신은 경

험으로부터 주관적 요소 일체를 소거하는 데에 부단히 매진한다. 더불어

자연의 힘을 활용해 최선의 방식으로 그 힘을 표현해낼 형식을 고안해내는

데 전력을 다한다. …… 후자 유형[환상 사고]의 경우 적응 조율된 사고를

통해 지속적인 교정을 거치지 않는 한 세상에 대해 전적으로 주관적이며

왜곡된 그림만 생성해낼 수밖에 없다.

─〈변형의 상징〉 중에서

　환상 사고에는 여러 가지 위험이 도사린다. 일례로 우리 조상들은 신화의 세계에 살았다. 신화의 세계에서는 삶의 모든 측면, 모든 일이 환상 사고의 제약을 받았다. 예컨대 어떤 나무나 장소는 기피 대상이 되는 반면 어떤 돌이나 나무는 숭배 대상이 되는 식이었다. 우리 스스로가 겪는 집착과 강박만 봐도 알 수 있듯, 환상 사고를 통한 투사는 혁신을 가로막는다.

　반면 객관적 의식은 혁신을 가능케 하고 본능의 패턴을 변화시킬 수 있게 한다. 객관적 의식은 외부의 대상물에 대한 투영을 중단시킴으로써 대상물과 새로운 '객관적' 관계를 형성할 수 있는 자유를 부여한다. 대상물이 '탈신화화脫神話化' 되면서 우리는 과학을 향해 첫 발을 내딛을 수 있었다. 자연계에 대해 '주관적'으로 참여하는 것이 아니라 '객관적' 관계를 창출해냈던 것이다. 현대의 객관적 의식은 종교라는 베일에 싸여 있던 중세의 세계가 이성이라는 날카로운 빛에 관통당한 역사를 통해 발생했다. 이는 18세기 계몽주의 시대의 개막과 때를 같이한다. 객관적 의식이 본능의 패턴을 위압하고 혁신과 과학의 출현을 가능케 만들어줌으로써 서서히 그리고 뚜렷하게 이 세계의 탈신화화는 가속화됐다. 덕분에 우리는 더 이상 돌을 숭배할 필요가 없는 시대에 살고 있다.

그렇다면 오늘날 우리가 더 이상 필요로 하는 탈신화화의 대상이 있을까? 현대인들이 요구받고 있는 것은 돌의 탈신화화가 아닌 바로 나 자신의 탈신화다. 돌은 그저 돌일 뿐이다. 그것에 신화성을 덧입힌 것은 누구인가? 바로 나다. 신화화는 내게서 발로한 것이다. 이러한 객관적 의식을 통해 우리는 나 자신의 내면 과정, 심리에 대해 배울 수 있다. 즉, 객체를 객체로서 인식할 수 있을 때에만 자신을 주체로서 정확히 인식할 수 있게 되는 것이다.

이런 맥락에서 프로이트는 인간의 괴벽이나 기행, 페티시 등(객체)을 객관적으로 분석하면 그 사람의 내면을 파악할 수 있으리라 여겼다. 프로이트 박사라면 나에 대해 이렇게 말했을 것이다. "여기 주머니 안에 돌을 넣고 다니는 남자가 있습니다. 이 사실을 통해 과연 우리는 이 남성에 대해 뭘 알 수 있을까요?"

프로이트의 분석방법은 객관적 세계에서의 탈신화화를 주관적 세계로 옮겨놓은 것이라 볼 수 있다. 신화적·징후적 꺼풀을 벗겨내면 이른바 객관적인 핵심이 드러난다는 것이다. 마치 셜록 홈즈가 여러 가지 단서를 이용해 하나의 진실에 접근해 나가듯, 프로이트 역시 징후적 행동들을 그 인물의 내적 핵심을 파악하기 위한 실마리로 간주했다. 만일 프로이트 혹은 셜록 홈즈가 호주머니에 손을 찔러넣고 남몰래 갸름하고 뾰족한 돌을 문질러대는 남자를 보았다면……? 상상은 여러분의 몫이다.

프로이트는 외부세계만 탈신화화할 것이 아니라, 내면세계 역시 탈신화화 과정을 거쳐야 한다고 주장했다. 성인 남성이라면 페티시 따위는 치워버려야 마땅하다는 말이다.

이러한 객관적 의식은 돌에 자아를 투영시키는 걸 차단한다. 객관적 시선에서 내 호주머니 속 돌은 지각판의 이동으로 인해 지구 곳곳에 쌓인 수십 억 톤의 각종 물질과 별다를 게 없는 평범한 광물에 지나지 않는다. 그냥 화강암 조각일 뿐이다. 이런 의식 과정을 통해 내 수중의 돌은 탈신화화된 그냥 돌이 된다. 그리고 세상은 차디찬 '객관적' 공간으로 변모해 버린다.

이 글을 쓰는 지금, 나는 바다 위에 외로이 서 있는 낭떠러지에 올라 있다. 매사추세츠 락포트 시 북쪽에 위치한 핼리벗 포인트Halibut Point. 이곳에는 멋들어진 화강암 곶이 있는데 케이프 앤Cape Ann의 한 편을 이룬다. 여기엔 금세기 초부터 착굴된 화강암 채석장들이 낯선 고요 속에 자리하고 있다. 석판이 하나둘 잘려나간 구멍마다 차디찬 심해의 물살이 밀려들어 온다. 나는 몇 그루 나무 옆에 붙어 서서 쉴 새 없이 불어오는 거센 바람을 맞는다. 왼편을 돌아보니 저 멀리 뉴햄프셔 해안을 지나 메인 주의 산맥까지가 한눈에 들어온다. 오른편을 돌아보면 그 유명한 케이프 코드Cape Cod를 돌아 등대 하나가 불빛을 깜빡이고 있다. 간신히 눈에 띌

만큼 미미하게 말이다. 내 뒤론 텅 빈 채석장이 펼쳐져 있다. 그리고 발 밑엔 까마득히 멀어 소리조차 들을 수 없으나 바위에 쉼 없이 부딪히는 파도가 넘실대고 있다.

나는 주머니에서 돌을 꺼내든다. 팔을 한 번 휘두르기만 하면 돌은 영영 저 바닷속으로 사라져 버릴 것이다. 손 안에 돌을 올려놓은 채 무게를 가늠해 보며 얼마나 멀리 날아갈지 어림해 보았다. 그와 동시에, 다음과 같은 의문이 머릿속을 떠나지 않았다. '돌의 신화성을 벗겨낸 이상, 이 돌을 꼭 내던져 버려야만 하는 걸까?'

나는 마지막으로 돌을 문지르며 생각했다. 지금 내가 만지고 있는 건 뭘까? 손 안에 쥐고 있는 이것은 과연 뭘까? 작은 돌조각일 뿐인가 아니면 내 영혼의 조각인가?

우리 모두는 이와 같은 절벽 끝, 운명의 가장자리에 서 있다. 객관적 의식은 투사의 전횡으로부터 우리를 해방시켰다. 그러나 반대로 상상력을 영원히 가둬버리진 않을까? 이 점이 바로 딜레마다. 객관적 의식이 너무 미약하면 무의식의 지배가 지나친 나머지 영혼을 잃고 광기로 치달을 수 있다. 반면 객관적 의식이 너무 강하면 객관성의 지배만 받으며 살아야 한다. 그 결과, 역시 영혼을 상실함으로써 노이로제 상태로 치달을 수 있다. 상상력의 상실 또한 영혼의 상실이다. 뭔지 모를 호기심과 상상력을 불리일으키던 돌에 대해, 더 이상 어떤 끌림도 느낄 수 없다면 이미 근본적인 뭔가를 상실해 버린 것이다. 관계, 의미 또는 상상력의 불꽃을 잃은 것이다. 다름 아닌 신화와의 접촉을 놓쳐버린 것이다.


## 무의식에게 놀이를 허하라!

이제 남은 문제는 바로 이 돌에 대한 적정한 태도 내지는 적정한 관계를 찾아내는 일이다. 충분한 객관적 의식 없이는 돌을 숭배하는 지경에 이를 우려가 있다. 성소聖所에 모셔두고 촛불을 밝힐지, 누가 아는가? 어쩌면 돌에 주술적 힘이 있다며 다른 사람들을 설득하고, 나와 같은 신비적 참여를 하도록 꾀어내선 돌을 만지는 것만으로도 치유가 되더라며 너나 할 것 없이 나서게 만들지도 모른다. 그렇게 되면 내 사후엔 추종자들이 돌을 성스러운 유물로 받들어 모시리라. 세상 돌아가는 모양대로라면 플라스틱 복제품을 만들어 팔거나 아니면 적어도 소규모 점포를 여기저기 차려놓고 내 집 뒤뜰에서 채취한 돌을 팔아댈 터이다. 그러면 사람들은 이런 돌을 사서는 크리스털처럼 목에 걸고 다니겠지. 의식이 너무 미약한 수준이면 이처럼 훌륭한 사도가 많이 양산되고 만다.

반면 객관적 의식이 너무 과하면 돌에게서 느껴지는 아우라가 사그라져 버린다. 돌에 대한 나의 감정이 '고작' 투영에 불과하다는 사실, 내 안에 있는 어떤 것에 불과하다는 사실을 깨달았는데 그 돌이 더 이상 무슨 의미가 있겠는가? 차라리 없애버리는 편이 나을 것이다. 돌이 있건 없건 상관없이 이미 내 안에는 주관적 본체가 있을 테니 말이다.

그러나 과연 돌(대상) 없이도 생생한 체험을 하는 것이 가능할까? 투영은 내게 있어 돌을 살아 있는 존재로 만드는 기능을 하고, 이로써 강렬한 심리체험을 선사한다.(환상 사고는 주체에 관여한다.) 이와 같은 투영의 마력은 의식적으로 돌과 나 자신을 별개로 구분 짓는 순간 깨져 버린다.(지향적 사고는 객체에 관여한다.) 그런데 환상이란 내 의지와는 상관없이 제멋대로 움직이는 자율요소이다. 바로 이 지점에서 돌은 투영의 객체로써 뿐 아니라 내면의 환상 사고를 일으키는 주체로서도 가치를 발휘한다. 돌은 주체와 객체뿐 아니라 그 둘 사이에 존재하는 환상과도 연결돼 있기 때문이다. 따라서 우리는 돌을 버리지 않음과 더불어, 투영과 객관적 인식 상태를 함께 견지할 방법을 강구해야만 한다.

상징적 의식symbolic consciousness은 이를 위한 대안이 될 수 있다. 생각해 보라. 나는 투영 과정을 '선택'한 적이 없다. 그저 돌을 집어든 순간 내 안에서 알 수 없는 불꽃이 파바박 튀어 올랐을 뿐이다. 주관적 참여(신비적 참여)는 이처럼 불길을 일으키고, 객관적 의식은 이 불길을 알아채는 순간 그것을 끄기 위해 달려든다. 그렇다면 한 발 물러서서 이 불길을 주시하며 어떤 상황이 이어질지 바라보는 의식도 가능하지 않겠는가? 그것이 바로 상징적 의식이다. 주관적 참여가 투영 속에서의 삶(심리적 강렬함과의 합일)을 의미한다면 객관적 의식은 투영에 대한 지각(심리적 강렬함의 상실)을 뜻한다. 그리고 상징적 의식이란 투영과 의식을 동시에 지켜내는 (심리적 강렬함의 견지) 능력을 일컫는다.

상징적 의식은 경험 자체의 주관적 · 객관적 측면보다는 상상력의 작용에 주안점을 둔 인식유형이다. 한편으로 우리는 이러한 상징적 인식을 환상 사고와 구별해야 한다. 환상 사고는 전의식前意識에 해당한다. 신비적 참여에선 환상 밖의 차별화된 관점 또는 관찰자로서의 자아가 존재하지 않는다. 환상 '내부'에는 어떤 '환상'도 '신화'도 존재하지 않는 것이다. 환상 현상은 '실재'로서 체험되고 주머니 속의 돌은 '실제로' 살아 있는 물체가 된다. 다른 한편으로 우리는 이와 같은 상징적 의식을 지향적 사고와도 구분 지어야 한다. 지향적 사고에서 환상은 '객체'로서 관계 지어진다. 여기에선 환상을 연구 · 조사 · 학설의 대상 수준으로 축소시키기고 이를 위해 환상의 경계로부터 충분히 벗어나 있는 관찰자적 관점이 요구된다. 지향적 사고에 있어 환상과 신화는 객관적 현실의 망령이자 현실 회피에 불과하다.

반면 상징적 의식은 환상의 주관적 과정에 참여하는 동시에 이 과정이 객관적 · 자율적 요인이라는 인식을 견지해 나간다. 한 마디로 신화인 것을 알면서 그 신화 속에서 사는 셈이다. 상징적 의식에서 환상 사고는 현실이나 망상이 아니라 의미로서 경험된다. 상징적 의식을 통해 우리는

프로이트와
이별하다

돌은 돌일 뿐임을 인지함과 동시에, 돌로 인해 만들어진 내적 상상력의 공간으로 이동할 수 있다.

이러한 심리적 공간은 내가 돌을 매만질 때마다 형성된다. 그곳에서 나는 그 돌을 가지고 놀이를 하고 있는 자신을 만나곤 하는데, 그 '나'는 어디로 튈지 모르는 내가 아니라 일종의 게임을 하고 있는 내 안의 일부분이다. 나의 내면에 있는 존재이지만 일반적인 의식적 자아는 아닌 그 무언가가 놀이를 시작한다. 모든 경기가 그렇듯, 이러한 상상력의 게임이 펼쳐지기 위해서는 '나'의 동의와 참여가 전제돼야 한다. 내가 자아로 하여금 경기를 하고 그 과정에서 형성되는 환상에 동의하며 게임이 실제인 양 참여토록 '허락'해야만 하는 것이다. 주말에 야구 경기를 해봤거나 관중석에서 경기를 지켜본 적이 있는 사람이라면 이해할 수 있을 것이다. 저 정신 나간 사람들은 왜 저렇게 미친 듯이 공을 쫓아 뛰어다닐까 궁금한가? 그것을 이해하려면 일단 마음을 느긋하게 먹고, 게임이 대단히 중대한 일인 양 느끼는 것을 스스로에게 허용해줄 필요가 있다. 그러고 나선 상징적 의식을 입장시킨다.

자, 이제 자신을 맘껏 풀어놓고 게임을 즐기자. 7회 투 온 투 아웃의 상황, 전신이 흥분으로 들끓는다. 있는 힘껏 3루에서 내달리기만 하면 이길 수 있다. 하지만 그러려면 포수를 덮쳐 다치게 만들 텐데? 순간 어디선가 우지직 쾅! 객관적 의식이 튀어나오고 놀이는 중단된다. 불현듯 포수와의 우호적 관계가 게임보다 중요한 의미를 지니게 된다. 이렇게 되면 나는 더 이상 '게임 공간'에 존재하지 않는다. 더 이상 '놀이를 해나갈' 수 없는 것이다. 이처럼 상징적 의식은 잔디밭 의자에 앉아 두 살짜리 아기에게 파울 볼이 날아오지 않을까 노심초사하는 베이비시터와 같다. 게임 공간은 우리 내면의 '현실'이며, 상징적 의식은 일종의 내적 체험이다.

객관적 의식은 투영으로부터 일정 거리를 유지시켜 준다는 큰 장점을 가지는 반면, 그럼으로써 모든 재미를 말소시켜 버리는 단점도 있다. 객관적 의식의 등장은 야구 선수에게 선언되는 스트라이크 아웃과 같다. 즉, 게임의 종료 신호인 것이다. 그러나 객관적 의식 없이 오로지 무의식만이 내달리면 홈인을 위해 도루하다 결국 포수의 다리를 부러뜨리는 참변을 피할 수 없게 된다. 상징적 의식의 묘미는 자아로 하여금 앞서 말한 거리를 유지하게 하는 동시에 한편으론 계속해서 참여토록 만들어준다는 점이다. 여기서 거리를 유지한다는 것은 허상인 줄 알면서도 거들고 있다는 사실, 게임 속에서 놀고 있다는 사실, 상상 행위 중이라는 사실을 스스로 인식하고 있음을 뜻한다.

고로 나는 주머니 속 돌과의 이 놀이를 용인해볼 참이다. 상이한 의식 수준에서 조성되는 상징적 게임 공간을 허용할 생각이다. 그럼으로써 이 공간은 경기를 펼칠 상상력의 장으로, 다시 말해 탐험대상인 영혼의 공간으로 거듭날 것이다.

# 백만 살짜리 남자와의 동거

돌을 갖고 게임을 하는 순간 나는 의식과 무의식 사이의 중간공간, 상상력의 공간에 놓여진다. 이제 내게 돌은 주관적 의미에서의 '살아 있는, 주머니 속 돌'도 아니요, 무생물체인 광물도 아니다. 돌은 그 자체를 겹겹이 둘러싼 연상 속에서 미약하나마 빛을 발하고, 그 위로 나란히 퍼져나가는 진동과 더불어 공명共鳴한다. 이 과정에서 생명을 얻어 거듭나는 것은 돌 자체가 아닌 나의 체험적 지평이다. 상징적 의식을 통해 내면의 삶, 상징적 삶이 탄생하는 것이다. 객관적 의식에 휩싸여 소실됐던 주관성이 이제 의식적 체험으로 변모한다. 내 주머니 안의 돌로 인해 나는 고유한 개인으로 거듭나고, 상상력을 통해 영혼을 부여 받는다.

고대 이집트에서는 사람에게 적어도 두 개의 영혼이 있다고 믿었다. 카ka와 바ba가 그것이다. 카는 사후에도 정체성을 간직하는 개별적 영혼을 일컬으며, 바는 생명이 있는 동안은 육체에 실려 있다가 죽으면 신들에게로 돌아가는 보편적 영혼을 가리킨다. 즉, 돌로 하는 내 게임은 카에 비유할 수 있겠다. 기독교의 신화에도 이와 유사한 관념이 존재한다. 기독교에서 인간은 세례를 통해 부여 받는 성령뿐 아니라 출생 시 선사 받은 개별적 영혼까지 지니는 존재로 인식된다. 이러한 발상은 실로 원시적이다. 숭배의 대상인 페티시나 영석, 추링가에 개개인의 생명력 내지 원기(카, 개별적 영혼)가 담겨 있다고 믿었던 초기 문화에서 이 물건들은 은밀히 감춰두고 보호할 대상이 될 수밖에 없었다. 그 결과 영석을 도둑맞거나 잃어버린 사람이 말 그대로 그 자리에 쓰러져 죽었다는 이야기들도 생겨났다. 영혼을 잃었으니 죽음을 맞은 것이다. 바로 여기에서 우리는 돌과 매장의 연관성을 엿볼 수 있다. 돌이 각종 묘비, 돌무덤, 신석기 시대의 묘실墓室 등과 어떤 관계에 있는지 말이다. 이러한 매장석에는 죽은 자의 혼이 깃들어 있다고 여겨졌다. 한편 토템이나 거대 입석 같은 것에도 생명력이 투영되었다. 그러나 이런 숭배의 대상에 깃드는 것은 개인의 생명력이 아니라 집단적 영혼, 즉 부족이나 조상·공동체의 혼령이었다.

그렇다면 베트남전 참전 용사비를 찾는 수천 명의 참배객들이 떨리는 손끝으로 검은색 돌조각을 어루만지는 이유는 과연 무엇일까? 전사한 군인들의 이름이 새겨진 암석을 애타게 쓰다듬는 이유는 무얼까? 그 순간 체온 위로 전해지는 암석의 차가운 감촉을 통해 참배객들은 그리운 곳, 뜨겁고 축축한 눈물이 하염없이 흐르는 그곳을 어루만지는 것이다. 돌조각을 만짐으로써 가슴 속 그리운 곳이 생생하게 살아나는 것이다. 무엇에도 닿지 못하는 한 우리는 무감각 상태에 머물 수밖에 없다. 하지만 울고 상처 받고 피 흘리면서 우리는 살아 있는 존재가 된다. 베트남전 참전 용사비에서 특기할 만한 사항은 이 기념비가 역설적이게도 주관적인 동시에 몰개인적 성격을 띤다는 점이다. 수많은 이름들 가운데 자신에게

프로이트와
이별하다

의미 있는 하나를 찾아내 어루만지는 순간, 참배객은 그에 대한 기억, 그와의 관계 같은 주관적인 면모를 경험한다. 고인의 함자가 새겨진 석물을 만짐으로써 고인의 개별적 영혼을 생생하게 살려내는 것이다. 나는 참배객들이 베트남전 참전 용사비에 새겨진 이름을 쓰다듬으려 손을 뻗을 때, 그들의 떨리는 손끝에 만져지는 것은 바로 이러한 개별적 영혼이리라 자신한다. 반면 동시에 수천 개의 이름이 새겨진 이 석벽만큼 몰개인적인 개체도 없을 것이다. 수많은 이름을 담은 이 석벽은 토템화化되고 공동체의 혼이 된다. 신성한 돌이 주관적인 동시에 몰개인적이기도 하다는 사실, 이는 근본적인 역설을 보여준다.

수 세기에 걸쳐 돌과 접촉해온 인류가 돌을 신성한 존재로 여기게 된 연유는 무엇일까? 돌을 상징적으로 이해하기 위해서는 일단 동굴에 살아봐야 한다. 짐승이 태어나고 죽는 모습을 지켜봐야 한다. 식물이 꽃을 피우고 시드는 모습도 봐야 한다. 자기 자신이 늙어가고 여러 세대가 죽어가는 모습 역시 목도해야 한다. 이처럼 지상에서 움직이는 모든 존재는 짧은 세월에 수명을 다한다. 인간의 주변 환경에서 유일하게 영원한 존재가 있다면 그건 바로 돌(그리고 별)이다. 돌은 내가 태어나기 전에도 그 자리에 있었으며 내가 죽고 난 뒤에도 분명 그 자리에 있을 것이다. 돌은 우리가 상상할 수도 없을 만큼 오래 전부터 그 자리를 지켜왔을 터이고 앞으로도 오래오래 계속 존재해갈 것이다. 따라서 돌은 태어나지도 않고 죽지도 않는다. 돌은 꿈의 시간, 시간 밖의 시간 속에서 살아야 한다. 다름 아닌 영원 속에서 말이다.

바로 이것이 수 세기에 걸쳐 돌이 인간의 마음속에 남겨온 인상이다. 돌은 영원하다, 시간을 넘어선 존재다, 생사의 주기 바깥에 머무는 존재다. 고로 환상 사고에서 돌은 제게 가장 잘 맞는 내면의 주관적 소재를 골라 투영을 이끌어낸다. 돌은 자석처럼 투영을 끌어당긴다. 이러한 투영을 객관적 의식은 논리의 원시적 실패 정도로 간주해 버리는 경우가 비일비재하다. 돌의 영원성을 믿음으로써 자기 자신도 영원한 존재라는 생각을 갖게 되는 건 아닐까? 그 결과 돌에 대한 어설픈 생각들에서 영혼이라는 관념마저 생겨난 것은 아닐까?

아니, 그건 아닐 것이다. 투영의 본질은 주체가 객체를 통해 어떠한 내용을 인식해낸다는 데 있다. 즉, 우리는 이미 우리 안에 내재된 이미지들을 돌에 투영하는 것이다. 내면의 이미지들이 돌과 만나 공명하므로 돌에 그것을 불어넣을 뿐이지, 돌 자체가 그와 같은 발상을 우리의 머릿속에 들어차게 한 것이 아니다. 제 스스로 생명력을 가진 내면의 이미지들은 주체에게서 나와 제게 잘 들어맞을 대상에 가 붙는다. 사실 이러한 대상은 돌뿐 아니라 태양, 나무, 빛 등등 상징적으로 동일시할 수 있는 것이면 무엇이든 될 수 있다.

돌이 끌어내는 것은 우리 안에 있는 영구적 일부분, 우리 자신의 영원

프로이트와
이별하다

성, 즉 '영혼'이다. 혹은 정신, 정수, 생명력, 자신 등 무엇이라 부르건 시간을 넘어서서 생사 주기의 바깥에 머무는 우리 자신의 일부분이다. 즉, 돌이 끌어당기는 대상은 인간의 마음속에서 스스로 영원한 것으로 여기는 요소인 것이다.

생명력은 상징적 개념이자 원형적 표상이다. 원기元氣의 이미지라 할 수 있다. 원기란 인간의 일생을 거쳐 불길처럼 지나갈 뿐, 인간의 소유물이 될 수 없다. 원기는 생명을 불어넣는다. 원기의 생生은 인간 개개인의 생보다 훨씬 더 거대하다. 이러한 생명력의 이미지, 즉 영원에의 느낌은 마치 눈에 보이지 않는 거푸집과 같아 개개인의 경험이 그 속에 부어지길 기다린다. 또한 육안으로 볼 수 없는 중력장과 같아서 그 궤도 안에 인간의 인식 내용이 떨어지게 되면 이를 조형해준다. 입력되는 데이터를 체계화하는 프로그램과도 같다.

생각이 여기까지 이르자, 돌과의 게임으로 인해 내 지각知覺은 거꾸로 뒤집히고 만다. 나 자신을 개인적 존재로 자각하는 순간 불현듯 몰개인적 일면에 부딪히고 마는 것이다. 문제의 게임은 내 안에서 벌어지고 있다. 개인적 환상의 주관적 체험인 셈이다. 헌데 이 게임이 취하는 형식은 개인으로서의 나와는 거의 무관하다. 영석 놀이의 형식은 인류의 역사만큼이나 오랜 것이다.

마치 내 안에 이중의 영혼을 지니고 있는 듯한 느낌이다. 굳게 닫힌 주관성의 문이 열리고, 상상력이 드디어 방 안에 들어섰는데 생각지도 못한 그림자에 소스라치게 놀라고 마는 형국이다. 어두컴컴한 방 한 귀퉁이에 백만 살 된 남자가 우두커니 서 있는 것이다. 내 집안에 나 말고 또 다른 존재가 살고 있었다니.°°

> ······ 이와 같은 일련의 환상 과정을 인도해주는 내면 동기는 주로 무의식적 성격을 띠는데 그 자체로 객관적 사실은 아니다. ······ 지향적 사고는 환상 사고를 통해 인간 정신에 있어 가장 오래된 단층면과 접촉하게 된다. 이러한 단층면은 의식의 관문 밑에서 오랜 세월 매몰돼 있었다.
>
> ― 〈변형의 상징〉 중에서

융은 우리가 가진 상상력은, 그것이 어떤 형태이든 간에 주관적·개인적인 창조물이 아니라 흡사 백만 살의 동거인처럼 아주 오래됐으나 여전히 생생하게 살아 있는 경험 방식이라 주장했다.

우리는 환상을 주관적 속성의 과정으로만 바라보는 데에 익숙하다. '나'에겐 환상이 있고 내부의 경험이 있으며 상상력이 있다. 그러나 여

---

°°
'백만 살 된 남자'란 표현은 본 저술에서 인간의 영혼을 은유한 것이다. 원래는 1958년 5월 취리히 연구소에서 있었던 융의 강연 내용 중에 나온 표현이다. 당시 사용된 정확한 용어는 '2,000,000세 된 남자'였다.

기서 한 발짝만 더 내디디면 이런 '나', 이런 자아의 통제를 받지 않는 환상의 차원이 존재한다는 사실을 깨닫게 된다. 기실 나는 환상 속에서 길을 '잃을' 수도 있고 환상 속에 '잠식될' 수도 있으며 환상에 압도당할 수도 있다. 이렇게 되면 자아가 떨어져 나간다. 바로 이 점이 환상 사고를 통해 융이 말하고자 한 바이며 다른 말로 자율적 상상력이라 일컫는다. 하지만 또 한 걸음을 내디뎌 보자. 지금까지 외부 객체를 드러낼 목적으로 투사를 구별 지었듯, 내면의 객체를 찾아내기 위해서 우리의 자아를 자율적 환상으로부터 구분 지을 수도 있다. 내가 의식하건 안 하건 돌은 본래의 물리적 특질을 보유한 암석이다. 그 사실은 변하지 않는다. 이와 마찬가지로 내가 의식을 하건 안 하건, 돌로 하는 게임 역시 본연의 심리적 특질을 보유한 일종의 기정사실이다.

주관적 참여는 이렇게 말한다. '여기 살아 있는 돌이 있어. 어서 집어.' 그러자 객관적 의식이 뒤쫓아 나와 다음과 같이 말한다. '아냐, 그건 그냥 돌이야. 넌 지금 그 돌로 페티시 따위를 삼으려는 거야.' 그러면 상징적 의식이 반박하고 나선다. '그래, 이건 그냥 암석이지. 하지만 환상에서 이 돌로 하는 놀이 덕에 재미도 있고, 네 삶에 훨씬 더 다양한 차원이 생겨났잖아?' 하지만 한동안 돌로 놀이를 하고 난 후 문득 놀랄 만한 질문에 맞닥뜨린다. '여태 너랑 같이 돌 장난을 해준 사람을 만나 보고 싶지 않니?' 바로 그 순간 나는 신화의 문제와 충돌하고 만다. 이 돌 놀이의 시작, 즉 기원의 문제와 맞닥뜨린 것이다.

돌로 하는 게임을 통해 우리는 마음속의 몰개인적 단층에 다가선다. 융에 따르면 인간의 정신 속에는 여러 조직 패턴이 이미 갖추어져 있다. 아니, 그는 한 걸음 더 나아가 우리의 정신이 그러한 조직 패턴들로 구성 돼 있다고까지 말했다. 이와 같은 조직 패턴은 평생에 걸쳐 그 속으로 쏟 아져 들어오는 소재를 조형하는 역할을 한다. 다시 말해 정신은 인간의 체험을 미리 조형한 다음 이를 패턴에 따라 정형화된 방식으로 조직해 나가는 경향이 있다. 이러한 패턴은 극히 몰개인적 속성을 띤다. 이와 같 은 정신의 단층을 융은 '집단 무의식'이라 명명했다.

인간의 정신에 비슷한 패턴의 무의식이 존재하지 않는다면, 세계 곳곳 에 분포하고 있는 입석은 어떻게 설명할 수 있을까? 또한 시공을 초월해 여러 문화권에서 발견되는 신화나 제의의 현저한 유사성은 어찌 이해할 수 있겠는가?

이러한 '집단 무의식'이란 개념은 학설 모형으로서 유용하다. 어떤 사 람은 집단 무의식에서 등장하는 다양한 연상 패턴들을 꿈에 접근하는 심 리체계로 활용하기도 한다. 다시 말해 지향적 사고를 통해 집단 무의식 이란 관념을 파악하는 것이다. 그러나 이러한 접근법은 자신의 주관적 체험 속에서 타자의 생생한 과정과 조우하는 것, 다시 말해 내 자신의 내 면의 방에서 백만 살짜리 남자가 조우하는 일과는 전혀 별개의 문제다.

프로이트와
이별하다

서로 판이한 의식 수준에서 진행되는 일이라 하겠다. 내면에 있는 외계체, 즉 '내가 아닌 것非我'과의 조우에서 집단 무의식은 관념이 아닌 관계로 변모한다.

여러분이 이러한 체험을 설명하려 들면, 바로 그 순간 지향적 사고가 불쑥 끼어들며 그런 내용을 서술하기 위해서는 구체적 명칭을 붙일 필요가 있다고 말할 것이다. 예컨대 '기초 개념', '보편적 정신', '무의식의 초개인적 보편성(융이 사용한 첫 번째 용어)', '지배적', '원형', '객관적 정신' 등등을 사용하라는 것이다. 하지만 이런 표현들을 쓰다 보면 자신도 모르게 내적 체험으로부터 유리돼 버린다는 점이 문제이다.

우리의 조상들도 마찬가지였다. 그래서 그들은 이와 같은 체험을 묘사해낼 또 다른 방법, 즉 이야기로 풀어내는 방법을 생각해냈다. '신화 myth'라는 단어의 어원이기도 한 그리스어 '미쏘이mythoi'는 사물의 기원에 대해 설명하는 이야기를 뜻한다. 실제로 이야기를 풀어나가다 보면 개념이나 관념, 사상보다는 이미지를 지칭하는 단어를 많이 사용하게 된다. 그래서 초기 문화에서는 어떠한 장면을 언어적으로 생생하게 표현해내기 위해 그러한 단어를 많이 사용했다.

얍복 강가에서 씨름을 한 야곱의 이야기(창세기 32:24-29)를 한 번 생각해 보자. 야곱은 밤새도록 한 사내와 씨름을 했다. 비록 상대는 보통 사내가 아닌 훨씬 강력한 어떤 존재였지만 말이다. 야곱의 상대는 악마나

천사, 혹은 신일 수도 있었다.(야곱이 겨룬 상대는 '외계'의 존재였다.) 급기야 상대는 도저히 자신이 이길 수 없으리라 생각하고는 야곱에게 부상을 입힌다. 장딴지의 관절을 어긋나게 한 것이다. 허나 야곱은 끝끝내 씨름을 포기하지 않았다. 결국 상대가 말한다. "나를 놓아다오. 날이 밝으리라." 그러나 야곱은 이렇게 대꾸한다. "나를 축복해주지 않는 한 놓아주지 않겠소." 지금쯤이면 자신 속의 상대(외계체)와 타협을 함에 있어 누가 누구를 놓아주지 않는지 변별하기가 얼마나 힘든 일인가 분명히 알게 됐을 텐데도 말이다. 마침내 상대는 한 발 양보하고 야곱에게 이름을 묻는다. 야곱이 이름을 건네자 미지의 상대는 야곱에게 새로운 이름을 지어준다. 이유인즉슨 '신과 겨루고 인간들과 겨뤄 승리했기 때문이다.' 그러자 이 이야기의 전환점이 될 만한 질문이 야곱의 입에서 나온다. "제발 당신의 이름을 알려 주십시오." 야곱은 자신과 겨루고 부상을 입혔으며 새로운 이름까지 선사한 상대가 누구인지 궁금했다. 미지의 상대는 기어이 대답하지 않았지만 야곱의 질문은 너무나 중대한 의미를 띠므로 재차 묻고 또 묻게 된다. 야곱은 다음과 같은 신화적 질문을 던진 것이다. 내 안에서 나를 붙잡고 있는 이 낯선 존재는 대체 누구인가? 또한 이 존재가 내게서 원하는 바는 과연 무엇인가?

그 존재를 내면의 외계체 또는 백만 살 먹은 남자, 악마, 집단 무의식, 신, 자기自己, Self(인성의 조직 원리를 표현하고자 융이 사용했던 용어) 가운데 어떤 말로 부르든 우리 자신이 여전히 어둠 속에서 보이지 않는 상대와 씨름을 하고 있다는 사실만은 변함이 없다. 신화의 필요성, 다시 말해 신화적 의식의 필요성은 이러한 씨름판에 여명이 밝아오는 바로 그 시점에 등장한다. 우리에게는 자신과 겨루는 상대가 누군지 알려줄 이야기가 필요하다. 이 이야기는 우리가 겨뤄야만 했던 이유까지 밝혀줄 맥락또한 제공해줄 것이다. 우리에겐 우리 자신을 사로잡고 있는 존재의 이름은 물론 그에 대한 소개가 절실하다. 이를 통해 그 존재와 관계를 맺을 수 있을 것이기 때문이다. 그래서 야곱이 그랬듯 '제발 당신의 이름을 알려주시오'라고 묻고 싶은 것이다. 하지만 백만 살 된 남자는 아무런 대답도 하지 않는다. 우리가 이름을 지어주기 전까진 자신의 이름조차 모르기 때문이다. 이렇게 우리는 서로 이름을 붙여준다. 나와 외계체, 이 둘의 이름은 본래의 의미에서 볼 때 하나의 이야기다. 미국 원주민의 이름처럼 말이다. '신과 씨름하다'가 내 이름이 되고 내 이야기, 내 맥락이 된다. 한편 '강가에서 붙잡다'는 신의 이름이 된다. 고로 백만 살의 남자와나, 우리는 서로를 필요로 한다. 나는 그가 내 정체를 알아주길 바라고 그는 내가 그를 인지해주길 바란다.

신화를 필요로 한다는 것, 그것은 즉 의미를 필요로 하는 것이다. 살아 있는 관계로서의 의미 말이다. 상징적 의식으로부터 신화적 의식으로의 전이는 일정한 맥락 속에 살고자 하는 필요에서 비롯된다. 환상은 의식으로 응축되며 의식은 우리의 육신을 움직이게 한다. 놀이는 일로 진화하고 일은 우리의 손을 움직이게 한다. 게임은 양식樣式이 되고, 양식은 우리의 삶을 이끌어준다. 상징은 의미로써 구체화된다.

따라서 신화는 삶의 근간이 무엇인지 제시해준다. 우리의 일과 양식·의미는 신화에 의해 생성되며, 우리는 살아 있는 신화living myth로 인해 제 기능을 하는 관계 안에 자리한다. 개인적 측면과 몰개인적 측면이 미묘한 균형상태를 유지하는 한, 적응기제가 할 일을 다하는 한 우리는 신화 속에서 삶을 영위해갈 것이다.

신화를 만들어내는 일과 관련해 우리는 어떤 문제도 신경 쓸 필요가 없다. 우리가 속한 문화가 그 작업을 대신해주며 신화를 유지시켜 나가는 한편 기능적으로 충분한 적응형태도 제공하기 때문이다. 개개인이 신화를 만들어낼 필요가 없는 것이다. 물론 개인이 사회적 적응에 실패한다면 문제가 생기는 것은 당연하지만 그러한 문제는 신화적인 영역이 아니다. 인간의 심리가 사회적 적응과 관련 있는 한 그 문제는 심리적 문제일 것이다. 이때 필요한 것은 자신이 꾸는 꿈을 응시하며 자신이 지닌 환상을 연구 대상으로 삼는 것 이상으로 좀 더 강력한 현실검증력이나 보다 나은 관계지향성 쪽이라 하겠다. 다시 말해 문화적 적응에선 지향적 사고가 요구된다는 뜻이다.

그렇지만 만약 문화적 신화가 종말을 맞는다면, 적응형태가 한계에 다다라 실패하고 만다면 과연 어떻게 될까? 이러한 실패는 사실 필연적으로 예고되어 있다. 환경이 변화하기 때문이다. 즉, 살아 있는 과정living process이 진화하며 새로운 균형이 요구되기 때문이다.

살아 있는 신화가 종말을 맞는다 해도 신화는 사라지지 않는다. 사라지는 것은 거기에 깃든 에너지, 생동감이다. 껍데기는 남는다. 흡사 넘쳐나던 강물이 말라버린 하천 바닥에 있는 화석처럼 말이다. 과거의 의식은 이제 하나의 인습, 습관이 되고 과거의 작업은 노동이, 과거의 생활방식은 일련의 사회적 기대가 돼버린다. 과거의 상징은 어느덧 선전문구로 전락한다.

신화석으로 인해 나는 한 가지 딜레마에 봉착하고 만다. 나는 내 안의 페티시를 마주하게 됐다. 그렇다면 이제 어떻게 해야 할 것인가? 현실검증력이 부족한 탓에 병이라도 생긴 걸까? 그래서 내가 속한 문화에 대한 재교육이 필요한 건 아닐까? 그렇다면 나는 문제의 돌을 집어던질 수 있도록 자아의 힘을 키워야 하리라. 그런 게 아니라면 제 기능을 못한 채 사멸해가는 갖가지 신화 때문에 병을 얻은 것일까? 백만 살 된 동거인을 상대로 힘겨루기를 감행해야만 하는 것인가? 그렇다면 나는 새로운 이름을 지어 달라 요구할 수 있을 만한 자아의 힘을 찾아내야 한다.

그리하여 지금, 나는 여기 바다가 내려다보이는 벼랑 위에 서 있다. 돌을 손에 든 채 서 있다가 이내 무릎을 꿇고 주저앉는다. 나는 이 돌을 던져버리지 않을 것이다. 하려고 든다면 할 수 있을지도 모른다. 하지만 그러지 않을 것이다. 내겐 아직 돌과의 접촉이 필요하기 때문이다. 내가 돌을 만지려 손을 뻗을 때 백만 살의 남자 역시 손을 내민다. 그렇게 해서 돌 위에서 우리의 손가락은 서로 맞닿는다. 나에게는 아직 신화와의 접촉이 필요하다.

볼링겐의 자택에서, 칼 구스타프 융(1875~1961)

"내 삶은 무의식의 자기실현에 관한 한 편의 이야기다."

솔직히 자신에게 주어진 문화환경에 완벽하게 적응하는 사람이 얼마나 있을까? 환경이 인간 정신에 요구하는 바는 너무나 복잡하기에 개인은 한평생을 살아도 거기에 다 적응하기 어려운 경우가 많다. 그러다 보니 문화작업은 한 세대에서 다음 세대로 전해지기 마련인데, 신화는 이처럼 세대를 넘어 전수되는 적응작업을 지탱해주는 역할을 한다.

침대에서 일어나고 싶어 하지 않는 내면의 십대가 일터로 나가는 어른이 되기까지, 심리발달의 저변에는 적응의 필요성이 자리하고 있다. 문화존속의 측면에서 신화는 이러한 발달과정을 돕는다. 성인이 되면 부모로부터 독립해야 한다, 결혼을 하면 배우자로서 역할을 해야 한다 등 우리는 인생의 매 시기 내면에 자리한 신화의 구속을 받는다. 아니, 좀 더 낫게 표현하자면 신화를 통해 길러지고 신화의 부양을 받는다.

# 살아본 적
# 없는 생의
# 생존자들 2

## 쓰러진 고래의 해변

필자는 과거에 존재한 여러 민족의 신화에 관해 설명한 바 있다. 인류가 깃

들어 살아온 신화, 즉 영웅담에 관한 저서를 집필하기도 했다. 그러나 오늘

날 인류는 어떤 신화 속에서 살아가고 있는가? 아마도 기독교의 신화 속에

서라는 대답이 나오지 않을까 싶다. 이에 관해 필자는 자신에게 다음과 같

은 질문을 던진다. '과연 너는 그 속에서 살고 있는가?' 솔직히 답하자면

프로이트와
이별하다

그렇지 않다. 내게 있어 기독교적 신화란 삶의 근간이 되지 못한다. '그렇다면 우리에겐 더 이상 신화가 존재치 않는가?' '그렇다. 우리에겐 더 이상 어떤 신화도 존재치 않는다.' '그렇다 해도 너의 신화, 네가 깃들어 살고 있는 신화는 대체 무엇인가?' 이 대목에서 나 자신과의 대화는 불편해지기 시작했고 나는 생각을 중단했다. 막다른 궁지에 몰리고 만 것이다.

—칼 융, 〈변형의 상징〉 중에서


신화에서 떨어져 나오는 것은 기이한 경험이다. 마치 바닷가에 서서 자신이 바로 얼마 전 빠져나온 고래(신화)를 경이에 찬 시선으로 뒤돌아보고 있는 상태와 같다. 그렇다, 신화는 한여름 뙤약볕 아래 모래사장에 누워있는 거대한 고래와 같다. 우리는 불과 어제만 해도 저 고래의 뱃속에 있었다. 어떻게 그 안에 갇히게 됐는지, 바깥의 망망대해는 얼마나 더 크고 넓을지 짐작도 못한 채로. 이제 신화 밖에서 자신의 삶을 바라보자 그동안 토대로 삼아온 모든 것이 순식간에 그 가치를 재평가 받기에 이른다. 문득 저토록 생기 있는 몸체가, 저토록 아름다운 존재가 적막 속에 경직된 채 누워있어야 한다는 사실을 깨닫는다. 물결이 달빛에 이끌려 알 수 없는 심연 속으로 고래의 뼈를 실어 나를 때까지, 이제 저 존재(신화)는 그저 시간과 더불어 오랜 기간 지속될 부패의 시작만을 기다리고 있다. 모래사장을 따라 출렁이는 파도처럼 크나큰 슬픔이 엄습해온다. 이처럼 신화에서 떨어져 나와 그 잔해 속에서 비틀거리며 걸어 나오는 생존자를 목도하는 것은 점점 더 흔한 일이 돼가고 있다. 생존자는 한 명 한 명 뙤약볕에 눈을 깜빡거리며 지금 무슨 일이 벌어지고 있는지조차 모른 채 흐느적흐느적 걸어 나온다. 개중에는 버려진 사체에 기생해 계속 연명해가는 부류도 있다. 이들은 신화의 사체에 붙어 연명하며 사체에 남은 마나의 마지막 자취까지 모조리 흡수해 최소한의 목숨을 이어간다. 이후 최종적으로 남겨지는 메마른 유골은 학자들의 몫이다. 학자들은 여기서 양분을 취하기 위해서가 아니라, 고생물학의 경우에서와 마찬가지로 이 신화가 과거 생존 시에 어떤 모습이었을지 재구성해내기 위해서 사체의 뼛조각들을 집어간다. 한편 사체를 버려둔 채 떠나가 버리는 부류도 있다. 이들이 떠나가는 이유는 신화를 있는 그대로 보기 때문이다. 더 이상 말소리를 낼 수 없는 빈껍데기, 한 가닥의 숨도 남아 있지 않고 심장 또한 멎어버린 죽은 형체로 보기 때문이다. 이들은 자신의 의지력과 기지만으로 생존하기 위해 끝없는 모래사장을 여기저기 찾아다니지만 얼마 지나지 않아 죽음을 맞이한다. 기생할 신화가 없이는 삶을 이어갈 수 없기 때문이다.

이처럼 신화의 시대가 저물어 가고 있지만 개중에는 사냥꾼이 막 잡은 고기 맛에 굶주린 부류, 살아 있는 물에 목말라 있는 부류 또한 존재한다. 그들은 집단 신화가 쇠락해가는 칠흑 같은 밤, 모든 신화가 탄생한 바로

프로이트와
이별하다

그 동굴 속으로 신화적 여행을 떠난다. 불빛 속에서 온갖 짐승의 모습이 그림자 사이를 넘나들며 춤추는 라스코Lascaux의 동굴과 같은 곳으로 말이다. 이런 사람에게 이 같은 공간과 상황이 주어진다면 개인적 신화는 탄생할 수 있다.

칼 융은 바로 이런 부류의 사람이었다. 융은 자신이 속한 문화의 지배적 신화로부터 떨어져 나왔다. 다시 말해 융은 이전 세대로부터 계승한 삶의 방식이 더 이상 만족스럽지 않다는 사실을 알아차렸다. 신화란 삶의 방식과 일상생활의 구조를 제시해줄 수 있을 때 살아 있는 것이다. 우리 삶의 방식이 더 이상 만족스럽지 못하다면 그 신화는 화석이나 다름없다.

이번 장에서는 융이 제시한 개인적 신화이론의 기본 배경이 되는 세 가지 주요 개념을 살펴보고자 한다. 신화의 심리적 기능, 신화 쇠퇴의 문제, 문화와 개인의 관계가 바로 그것이다. 이를 통해 우리는 인류학과 신화학, 철학, 신학을 두루 거쳐 심리학에 귀착하게 될 것이다. 어쩌면 도중에 숱한 샛길로 빠져 꼼짝없이 길을 잃게 될지도 모른다. 그러나 융이 말하는 '개인적 신화'의 중요성은 학문적 필요 그 이상이기에 충분히 어려운 여정에 나설 가치가 있다. 자신컨대, 개인적 신화가 단순히 이론에 머무를 뿐이었다면, 융 역시 한가한 공상 따위에 이끌려 이 길을 걷진 않았으리라.

몇몇 독자들은 이미 눈치 챘을지 모르지만, 개인적 신화라는 용어 자체에는 이미 모순이 내재돼 있다. 알다시피 신화란 문화의 유물, 사회 내에서 공유되는 의미 체계로서 일반적으로 개인의 힘만으로 생성되진 않는다. 신화는 여러 세대에 걸쳐 세심한 전수 과정을 통해 전승된다. 살아 있는 신화 또는 일정 민족을 지배하는 세계관은 상상력의 원천으로서, 수 세대에 걸쳐 정교함을 더해가고 꾸준히 재생을 거듭해 나간다.

그런데 만약, 집단적 신화의 맥락이 사라져 버린다면? 대평원에 거주했던 미국 원주민들처럼 불과 한 세대만에 자신들의 신화적 맥락이 소멸돼 버린다면 어떻게 될까? 베트남의 보트 피플을 떠올려 보자. 어제는 피난민 수용소에 있다가 오늘은 수천 마일 떨어진 미국 영토 어느 교외에 도착한 모습을 말이다. 미국의 '러스트 벨트'<sup>○○</sup> 일대에서 근무 중인 공장 근로자의 경우도 생각해 보자. 또는 변화하는 세계 경제 속에 해고당한 컴퓨터 전문 대기업의 중간 관리자의 경우를 상상해 보자. 이처럼 자신의 삶이 송두리째 뿌리 뽑힐 때 사람들은 어떻게 적응해 나가는가? 더불어 문화를 규정짓는 게 신화라면, 문화는 신화의 쇠퇴를 어떻게 극복해낼 수 있는가? 최근 동유럽과 러시아에서 벌어지는 일련의 사건에서

○○
미국의 대표적 공업지대로서 제조업이 쇠퇴함에 따라 사양산업지대로 전락한 미국 중서부 및 북동부 일대를 가리킨다.

프로이트와
이별하다

볼 수 있듯 문화적 마비는 아주 짧은 시간 내에 정치적·사회적 혼란으로 이어진다. 그리고 필자에게 있어 이처럼 동구권에서 전개되는 일련의 사건은 바로 우리 문화의 쇠락을 예고하는 그림자로 비친다. 문화가 한계에 다다를 때 문화의 발전은 역설적이게도 그 문화의 경계 밖에서 유입돼야 한다. 문화적 상상력을 복구하는 데 개개인의 덕을 보지 못한다면, 그 문화는 대체 어떻게 재생해나갈 수 있단 말인가? 즉, 문화를 지탱하는 신화가 과거 개인의 삶에서 개인적 신화로 기능했던 것으로부터 오는 것이 아니라면 대체 어디에서부터 연유한다는 말인가?

따라서 개인적 신화의 가능성은 주관과 집단 사이 정 가운데 지점에 정확히 위치한다. 이 점을 염두에 두고 이제 융이 만든 지도를 따라 신화 창조의 세계로 떠나보도록 하자.


## 마천루에서의 선댄스

다음과 같은 간단한 명제에서 시작해 보면 어떨까? '어떻게 살 것인가' 란 질문에 답을 찾기엔 인간의 한평생이 턱없이 짧다는 명제 말이다. 주변 환경은 우리에게 너무나 많은 것을 요구하고, 경험상의 변수 또한 너무 많으며, 심리적인 이유에서 필요로 하는 것 또한 헤아릴 수 없다. 이래서야 그 모든 요건을 충족시킬 라이프스타일을 개발하기란 불가능하다. 여기서 말하는 라이프스타일이란 일상적인 일과, 업무와 여가의 리듬, 우선순위에 따른 시간배치 등을 뜻하는 것으로 의식적 결정보다는 행동 습관과 더 많은 관련이 있다.

다행스럽게도 삶의 방식을 만드는 데는 정해진 순서가 없다. 모든 경우를 가정해놓고 가장 기본이 되는 방식을 결정하고, 그 기본방침 위에서 각 세부방침을 결정하는 식의 설계가 필요 없다는 뜻이다. 대신 우리는 문화를 통해 삶에 대한 신화적 안내를 받게 된다. 예컨대 한 번도 아이를 가져본 적이 없는데 어떻게 아빠가 되는 법을 아는 것일까? 임기응변이 통한 걸까 아니면 의식적 또는 무의식적으로 일정한 관계 패턴을 따라가고 있는 것일까? 신화는 우리에게 적절한 양육방식을 일러준다. 인정하건 안 하건, 우리의 지식은 신화적 지식이다. 우리가 삶에 대해 알고 있는 모든 것은, 실은 (우리 문화의 틀 안에서) 언제나 우리가 알고 있었던 것이기 때문이다. 우리는 삶의 매 단계마다 이런 신화적 지식을 필요로 하게 된다.

라이프스타일은 사실 심리적 적응이라 말할 수 있다. 우리 삶의 습관적 방식들은 환경적 요구에 부응해 형성되며, 우리는 외부로부터 (또한 내면으로부터) 가해지는 일체의 요구에 적응해간다. 문화, 즉 각 민족 고유의 삶의 방식은 특정 환경에 대한 특정 민족의 적응으로부터 진화된 것이다.

프로이트와
이별하다

심리적 적응은 관계형성으로 간주할 수도 있다. 환경에 대해 단순히 적응하는 것이 아니라, 환경과 일종의 관계를 형성한다고 생각함으로써 상당한 차이를 만들어 낼 수 있는 것이다. 적응이란 일종의 반응 또는 조율된 행동을 의미한다. 가령 내가 키우는 골든 레트리버의 경우 레트리버retriever(사냥물을 찾아 물어오는 개)가 됨으로서 인간에게 '적응'한 것이라 말할 수 있다. 하지만 이 개가 레트리버의 역할을 수행함으로써 인간과의 관계를 '형성한다'고 말한다면 전혀 다른 의미를 띠게 된다. 개가 사냥감을 찾아 물어오므로 내가 흡족해한다는 뜻이 되는 것이다. 개는 조율된 '적응'을 획득했으며, 나 역시 일정한 반응을 보인 셈이다. 다시 말해 개의 행동에만 주안점을 둔다면 레트리버로서의 역할 수행은 이해할 수 없다. 그러므로 보다 체계적으로 관계적 차원에서 생각해볼 필요가 있다. 나와 개가 공동의 체계 안에서 어떻게 서로 영향을 주고받는지에 대해서 말이다. 개의 입장에선 사냥물을 물어왔는데 주인의 반응이 신통치 않다면 레트리버로서의 임무를 중단할지도 모른다. 이렇게 보면 적응이란 기실 정황 내에서의 반응 혹은 관계 패턴 쪽에 가까운 것이다.

융은 자신의 저서에서 환경에 대한 심리적 적응의 필요성을 언급했다.(여기서 환경이란 물리적 환경, 문화적 환경, 가족 환경은 물론 여타 다양한 환경을 포괄한다.) 우리는 특정한 상황(맥락)에서의 관계 패턴을 밝혀낼 필요가 있다. 이와 같은 적응은 대체로 의식적 성격을 띠지 않으며, 융이 말한 리비도libido의 전진 기능을 통해 무의식적 상태에서 계속 진행된다.

> 전진이란 심리적 적응과정의 일상적 발전이라 정의할 수 있다.…… 고로
> 리비도의 전진은 환경조건으로부터 가해지는 각종 요구의 지속적 충족으
> 로 이뤄진다. 이는 오직 태도에 의해서만 가능한데 태도란 필연적으로 일
> 정 방향을 지향하며 그 결과 일정한 편파성을 띨 수밖에 없다. 그러므로 태
> 도가 더 이상 적응의 요구를 충족시키지 못하는 사태가 쉽사리 벌어질 수
> 도 있다. 환경조건에 변화가 일어 종전과는 다른 태도를 필요로 하기 때문
> 이다.
>
> —《C. G. 융 전집》, 〈정신의 구조 및 역학〉 중에서

이러한 이야기의 기저에는 종의 진화라는 은유metaphor가 깔려있다. 융은 인간 정신의 진화가 육체의 진화와 나란히 진행된다고 언급했다. 본능이 생명체로 하여금 환경에 적응토록 도움을 주듯, 똑같은 방식으로 리비도의 전진 역시 정신이 환경에 적응토록 돕는 역할을 한다. 본능이 행동을 통해 기능하듯 똑같은 방식으로 전진 역시 '지향적 태도'를 통해 기능한다. 융은 지향적 사고의 발달이 문화발전을 가능케 한다는 학설을 정립했다. 생명체와 환경의 관계를 조성해주는 본능 패턴이 진화하듯, 정신과 환경의 관계를 형성해주는 발달 패턴 또한 진화해간다.

프로이트와
이별하다

신화와 관련된 융의 견해를 보다 쉽게 풀이하자면 다음과 같다. 라이프스타일은 환경조건으로부터 가해지는 각종 요구를 지속적으로 충족시킴으로써 형성된다. 이러한 지속적 충족은 오로지 신화를 통해서만 가능한데, 신화란 필연적으로 문화적 속성을 띠며 그 결과 일정한 편파성을 가질 수밖에 없다. 그러므로 신화가 더 이상 관계의 요구를 충족시키지 못하는 사태가 벌어질 수도 있다. 이유인즉슨 환경조건에 변화가 일어 종전과는 다른 신화를 필요로 할 수 있기 때문이다. 본능 패턴이 행동을 통해 표출되듯, 라이프스타일도 신화를 통해 표출된다. 반대로 말하면, 본능적 행동이 종의 적응을 대변하듯 신화는 문화의 적응을 대변해주는 것이다.

이러한 모형 덕택에 우리는 신화의 기능에 한층 더 가까이 접근할 수 있다. 신화는 반드시 환경(외부환경 및 내면환경 모두를 지칭함)과의 기능적 관계를 찾아내야만 한다. 목숨을 부지하기 위해 사냥에 나서는 사람과 마찬가지다. 예컨대 계절에 따른 이동, 풀을 뜯어 먹는 패턴, 버팔로의 본능적 행동 따위의 사항들의 기능적 관계를 찾아내지 못하면 사냥에 실패해 굶어죽고 말 것이다. 그런데 특정 환경에서 요구되는 사항이 늘어갈 경우, 생존에 필요한 적응요건 또한 계속 증가한다. 따라서 과학은 그것이 객관적 세계와 관계 맺는 방식으로 사용되는 한, 환경과의 기능적 관계를 위해 신화를 필요로 할 수밖에 없다. 일단 기능적 관계가 진화하고 나면 신화는 이러한 관계를 보존코자 결정화結晶化된다.

　대평원의 여러 문화에서 나타난 선댄스(태양 춤)는 신화가 환경과의 기능적 관계를 결정화하는 방식을 단적으로 보여준다. 미국 원주민 부족인 수Sioux족은 선댄스를 '태양을 향하는 춤'이라 부름으로써 정확히 표현하고 있다. 그들은 춤을 추는 공간의 중앙부에 신성한 천막을 세우고, 천막의 동편에 입구를 만든다. 이와 같은 춤은 1700년경 대평원에 거주하던 알곤킨어語족 또는 샤이엔족에게서 시작된 것으로 짐작되나 이후 급속히 북부 및 서부 지역의 부족들에게로 전해졌다. 한여름의 축제로 연습했다는 증언도 있으며, 개인이 사냥 또는 복수에 나설 때 힘을 얻고자 선댄스를 청했다는 기록도 있다. 선댄스는 여름뿐 아니라 다른 절기에도 펼쳐졌을 가능성 역시 엿보인다. 이처럼 선댄스는 다양한 측면을 갖춘 복잡한 의식이지만 기본 형식은 어느 정도 알려진 바다. 우선 주술사가 문제의 천막에 중심 기둥으로 쓸 적당한 나무를 찾아 나선다. 나무를 자르는 과정엔 갖가지 의식이 수반된다. 예컨대 임신부가 나무 주변을 돌며 춤을 춘다거나 그해 여름 용감한 일을 한 전사가 나서 나무 위에 자신의 공적을 열거한다든가 오직 처녀에게만 나무를 자르는 특권이 주어진다거나 추장만이 나무를 지고 돌아올 권한을 누린다든가 하는 식이다. 그런 다음 중심 기둥에 구멍이 뚫리고 전투를 가장한 연기가 펼쳐진다. 열두 개의 측면 기둥이 원형으로 세워지고 네 차례의 시도 끝에 중심 기

　프로이트와
　　　　이별하다

둥도 세워진다. 때때로 수유 중인 여성들이 아기를 데려와 나무 앞에 내려놓기도 했다. 맹세를 한 남성들은 사나흘 동안 밤낮을 가리지 않고 계속해서 춤을 췄으며 금식, 절음絶飮, 신체 부위의 절단과 같은 고문이 자행되기도 했다. 그 중 가장 주된 신체절단 의식은 생가죽 끈의 한 쪽 끝을 문제의 나무 꼭대기에 연결하고는 춤을 추는 사람의 등이나 가슴에 상처를 내 다른 쪽 끝을 이 상처에 밀어 넣는 것이다. 이렇게 해서 춤을 추는 사람은 고통으로 기절하거나 가죽 끈이 끊어질 때까지 쉬지 않고 춤을 춰댔다.

앞으로 신화에 반영된 자연환경에 관해 살펴보겠지만, 먼저 몇 가지 짚고 넘어가야 할 사항이 있다. 첫째, 선댄스 의식은 상반되는 신화적 주제가 서로 얽혀 있는 복잡하고 다중적인 문화유산으로서 다양한 기능을 수행한다. 더불어 신화와 의식의 관계에도 유의할 필요가 있다. 이야기로 전승되건 의식으로 구현되건 신화는 그 저변에 깔린 심리 패턴을 가리킨다. 아마도 이렇게 되면 신화라는 말 대신 신화/의식이란 용어를 사용해야 할지 모른다. 끝으로 선댄스는 환경적 측면은 물론 정신과도 내면적 관계를 맺는다.(이 부분에 관해서는 조금 뒤에 다루도록 하겠다.)

이와 같은 신화/의식 속에는 외부적·생태적 관련성이 넘쳐난다. 대평원에 터를 잡은 원주민들은 본래 미시시피 계곡을 넘어온 사람들이었다. 그 이전에는 루이지애나 지역에 거주하다 북서쪽으로 이동해 왔으며, 더 나아가 그 이전에는 농경문화권에서 정착촌을 이루며 살았던 것으로 전해진다. 그러나 일단 대평원에 둥지를 틀고서는 새로운 적응 과정을 거쳐 수렵민족이 돼버렸다. 전해지는 바와 같이 선댄스는 여름철 하지 때의 축제였다. 여름철 의식의 저변에는 공통적으로 다산의 모티프가 깔려 있다. 임신부가 나무 둘레에서 춤을 추거나 처녀가 나무를 자르거나 수유 중인 여성이 아이를 나무 밑에 놓아두는 식으로 말이다. 이러한 예식이 거행되는 절기를 보면 파종보다는 작물의 수분受粉이 주된 고려사항이었음을 알 수 있다. 여기에는 타화수분他花受粉의 결정적 시기 같은 '마술적' 도움을 필요로 하지 않았던 당시의 생태환경이 반영돼 있다. 파종할 토양이 비옥했기 때문이다. 중서부에서 6월은 미묘하고도 위험한 시기였다.

선댄스의 신화/의식은 이와 같은 환경의 전환을 몇 가지 방식으로 보여준다. 선댄스의 기원에 관한 신화 이야기는 스카페이스('상처 난 얼굴')의 모험담으로 이뤄져 있다. 스카페이스는 인간인 깃털여자와 별의 부족인 아침별 사이에서 태어난 아들이다. 스카페이스의 모친과 신화적 존재인 부친은 서로 사랑했다. 그러나 모친인 깃털여자는 스카페이스의 할아버지 태양을 배신했고 그로 인해 스카페이스는 고아가 되고 만다. 이로써 별 아이Star Boy로서 스카페이스의 정체성은 한참 동안 망각된다.(여기서 우리는 과거 농경문화의 잔향을 찾을 수 있다.) 한편 자신의 상처가 부끄러

프로이트와
이별하다

웠던 스카페이스는 어느 날 주술사로부터 태양만이 상처를 없애줄 수 있으며 태양은 머나먼 서쪽에 살고 있다는 말을 듣는다. 스카페이스는 곧 서쪽으로 머나먼 여정에 오르고 마침내 가장 높은 봉우리에 올랐다. 그리고 하늘로 통하는 길(은하수)을 찾아내 그곳에서 아버지 아침별을 만나 할아버지인 태양에게도 소개 받는다. 태양은 깃털여자의 배신 때문에 스카페이스의 상처를 없애주길 꺼렸다. 하지만 스카페이스는 별의 부족의 적이던 학Crane 일곱 마리를 모두 해치운다.(그런데 학은 사실 대평원이 아닌 루이지애나에 있었다.) 이처럼 용감한 행동 덕분에 태양은 스카페이스의 신원을 회복시켜주는 한편 그에게 스캘프 댄스(머릿가죽 춤)와 땀의 천막(스카페이스의 상처를 치료한 처방), 선댄스를 가르쳐준다. 또한 스카페이스에게 '헷갈린 아침별'이라는 이름을 새로 지어준다. 헷갈린 아침별은 지상으로 돌아와 그의 부족 사람들에게 태양으로부터 배운 각종 의식을 가르쳤다.

이상의 이야기에는 한 부족이 낯선 환경에 새로이 적응해가는 과정이 상징적으로 그려져 있다. 이렇게 정착한 부족의 토템은 유목민들의 토템인 태양 기둥으로 재형성되었다. 땀의 천막에는 수렵 전통에 있어 공통적으로 나타나는 신화적 요소, 즉 정화의식이 나타나 있다. ―춤을 추는 사람들은 버팔로 생가죽 끈으로 중앙에 연결된다. 살상殺傷에 대한 경축 형식이 정립된 것이다.

고로 신화는 각각의 환경에 적합하도록 만들어진다. 신화는 언제나 특정 문화, 특정 상황, 특정 가치관의 거죽 속에 내재한다. 이처럼 신화가 문화의 적응을 표상화한다는 점은 짚어둘 필요가 있다. 신화는 가장 기능적인 관계 패턴일 때, 가장 적정한 이미지일 때, 해당 시대를 가장 잘 반영하는 음조를 띨 때 '살아 있는' 존재가 된다. 신화는 특정 시점, 특정 정황에서 움직임이 일 때 그 움직임의 에너지로부터 추출된 결정체다. 성배의 전설이건 구세주의 재림이건 엘비스 프레슬리의 전설이건 선댄스이건 모두 마찬가지다. 따라서 살아 있는 신화는 과정 중에 있는 신화, 즉 문화와 환경 간의 기능적 관계로 간주될 수도 있다. 바로 이 점이 신화의 진실이며 신화의 권위라 하겠다.

극히 미미한 환경변화만으로도 우리의 외적 적응형태를 결정하는 문화의 음조와 음률, 가치관과 관심사에 확연한 차이가 나타난다. 가령 오하이오 주의 농부와 저 길 아래에 위치한 인디애나 주의 농부가 서로 다르듯, 주요 고속도로 인근에서의 교외생활과 이보다 약간 더 외곽 지역에서의 교외생활이 서로 다르듯 말이다. 이 점이 필자에겐 아직도 실로 놀라우면서도 기이하나마 아름답게 느껴진다. 신화는 '심리적응 과정의 일상적 진보'를 그려낸다. 앞서 융이 전진에 관해 언급했듯이 가장 미미한 동요 속에서도 인간의 정신과 세계 사이의 관계를 형성해주는 '계속적 과정'을 전해주는 것이다.

프로이트와
이별하다

특정 신화는 특정 환경과의 관계를 말해주는 동시에 그 기저에 깔린 정신 자체의 패턴 라인을 따라 전개된다. 따라서 우리는 신화 속에 담긴 특정한 역사적·사회적 울림뿐 아니라 심리상태까지도 고려해야 한다. 이러한 정신적 패턴을 통해 환경에 직응하는 것이 바로 신화의 기능이다. 바로 여기에 보편성이 존재한다. 예컨대 선댄스의 기초적 패턴을 우리 문화와 같은 여타 신화형태에서도 발견할 가능성이 있다는 것이다.

이 대목에서 우리는 메이폴(5월 1일 혹은 5월 첫째 일요일)이나 중하목(성요한 세례자 탄생 대축일 전야, 6월 23일) 같은 전통을 떠올리게 된다. 유럽의 경우 지역마다 약간씩 차이가 있긴 하나 대체로 다음과 같은 전형적 요소를 공유하고 있다. 젊은 남녀가 숲으로 들어가 나무를 자른다거나 나무의 껍질을 벗겨 마을 중앙에 세운다든가(종종 나무 꼭대기에 푸른 잎이 달린 어린 가지를 남겨놓기도 한다.) 테, 화환, 리본으로 기둥을 장식한다든가 기둥 위나 부근에 인형이나 사람 형상을 놓는 등의 요소 말이다. 기둥은 다음 해 새로운 나무를 자를 때까지 계속 세워져 있기도 한다. 대부분의 경우 임신부가 순조로운 분만을 기원코자 기둥에 취하는 특별한 동작도 존재한다. 때로는 '여름'과 '겨울' 간의 싸움이 재연되는 경우도 있다. 이러한 전통 뒤에 숨은 신화적 발상은 인간이 자연의 '발아發芽' 소생력에 참여하겠다는 것이다. 그 목적은 계절의 실질적 전환과 다산을 기원하는 데 있다.

이처럼 여름과 관련된 여러 신화에는 마치 철 따라 마음의 옷을 갈아입듯 절기에 따라 환경의 변화에 적응하고자 했던 심리가 담겨 있다. 이런 사실은 신화의 심리사회적 측면에 해당한다.(인간의 마음이 문화에 맞춰가야 할 필요가 있다는 점에서 사회적이라 지칭한 것이다.) 우리는 사회에 대한 참여가 만족스럽게 이뤄지는 모습을 당연시하는 경향이 있는데, 이때 참여란 사실 심리발달이라 볼 수 있다. 우리 모두의 마음 한 구석에는 사회적인 일이나 잔업에 매달리기보다는, 계속 잠자리에 머물고 싶어 하는 십대가 숨어 있기 때문이다.

환상 사고의 단계에 대해 융은 다음과 같이 언급한 바 있다. 우리의 에너지와 주의력은 내면의 이미지와 환상을 향해 계속 흐르고 있으며 이러한 내면의 이미지와 환상은 의식을 통해 폭포처럼 쏟아져 나온다고 말이다. 문화적 '작업'은 에너지를 문화로 다시 흘러가게 할 터빈이 만들어지지 않는 한 결코 이뤄지지 않는다. 융에 따르면 여기서 터빈은 상징이다. 에너지는 기둥 주위를 돌며 춤을 춤으로써 생성되고, 리비도(이후 살펴볼 예정이다.)는 문화적 잡무와 연계된다. 체계화된 잡무 없이 환경과 관계 짓기만 했다면 우리 내면의 '십대' 문화는 수렵채집인의 수준에 머물렀을 수 있다. 반면 농경문화에서는 노동분업은 물론, 일상에서도 세심한 주의를 토대로 한 지속적인 작업이 요구된다. 일상적 작업이란 파종, 관개, 해충관리, 수확을 의미한다. 이러한 작업의 관점에서 볼 때 십대의 정

프로이트와
이별하다

신은 더 성숙할 필요가 있다. 선댄스나 메이폴, 중하목은 다가올 겨울의 리듬에 살아남기 위해 문화의 엔진 '속도'를 여름의 리듬에 걸맞도록 끌어올리는 역할을 한다고 간주할 수 있다.

여름 신화의 잔향은 오늘날까지도 남아 있다. 예를 들어 여름철 소년들을 위한 스포츠게임인 야구가 파종 철에 시작돼 추수 무렵에 끝나는 것은 그저 우연이 아니다. 옥수수 주산지에서 5월 한 달이 현충일에 개최되는 인디애나폴리스 500(매년 인디애나 주 인디애나폴리스에서 열리는 자동차 경주대회) 경주대회의 준비작업을 중심으로 돌아간다는 사실 역시 결코 우연이라 할 수 없다. 여기, 다음과 같은 꿈을 꾼 남자가 있다.


인디애나폴리스 500 경주대회에 가서 트랙 중앙을 걸어 다닌다. 지하로 내려가니 여러 건물과 작업장이 거대한 네트워크를 이루고 있었다. 지하에서 긴 에스컬레이터를 타고 맨 아래층까지 한 번에 내려간다. 그곳은 마치 커다랗고 아름다운 예배당 같다. 옆쪽으로 늘어선 갖가지 방에 들어가 본다.

성소의 바로 밖에서 또 다른 방을 찾아냈는데 여기엔 오르간 연주대가 있다.(한 100년은 됐음직한) 아주 오래된 오르간이다. 순간 이 방이 대회에 참가한 선수들의 영혼을 위해 기도 드리는 장소라는 사실을 깨달았다.

실제로 인디애나폴리스 500 대회장에는 12미터 높이의 기둥이 세워져 있다. 또한 '기둥에 앉는' 선수에게는 갖가지 영예가 주어지는데 이 대목에서 우리는 신화적 연상을 떠올릴 수밖에 없다. 대회의 전통은 대회 개최일에 그치지 않고 특별한 퍼레이드나 축연 등의 행사까지 아우른다. 경주대회의 여왕이 선발된다. 사망자를 기리는 예식도 거행되는데 현충일이므로 전몰장병은 물론이거니와 특별히 지금까지의 대회에서 사고로 희생된 여러 선수를 추모한다. 경주 내내 선수들은 타원형의 트랙을 시계 반대방향으로 있는 힘껏 돌고 또 돈다. 우승자는 화환을 걸고 대회의 공식 헌주, 즉 우유 축배를 건네받는다.

이처럼 우리에겐 현충일에 대한 심리적 필요가 존재한다. 현충일을 통해 우리는 여름맞이 채비를 한다. 노동절, 추수감사절, 설날은 물론 어버이 날 또한 마찬가지로 환경과의 관계를 반영한다. 이러한 세간의 각종 공휴일에 부여되는 가치나 중요성은 이들 공휴일의 역사적 의미가 아니라 해당 계절을 기리려는 필요에서 연유한다.

신화 혹은 신화/의식의 심리적 기능은 정신과 환경의 기능적 관계를 결정화하는 데 있다. 두 가지 측면이 중요시된다. 우선 신화가 문화의 성례화聖禮化에서 어떤 역할을 수행하는지 인식해야 한다. 사회적 패턴이 출현한 후에 비로소 이를 뒷받침할 신화가 등장하며, 이러한 신화는 문화 패턴을 유지·보존하는 것은 물론 강요하는 기능까지 소화한다. 현대

사회학의 창시자인 에밀 뒤르켐Emile Durkheim은 이렇게 저술한 바 있다.

> 모든 문화는 각 문화의 단일성과 개성을 생성하는 집단 정서와 집단 관념
> 을 정기적으로 장려하고 재천명할 필요성을 느낀다. 오늘날 이러한 도덕
> 의 재형성은 고작 친목회나 집회, 모임을 통해서만 이뤄진다. 이와 같은 자
> 리를 빌려 개개인은 서로 밀접하게 결속돼 있는 상태에서 공유하는 정서를
> 함께 재확인한다.
>
> —《종교적 삶의 기본형태》 중에서

뒤르켐에게 있어 신화가 말하고자 하는 것, 마을 한복판의 기둥은 사회
그 자체—사회의 가치, 윤리, 생활방식이다. 즉, 신화는 문화적 환경과 관
련된 심리적 적응 패턴을 보여준다. 개인은 신화를 통해 문화와 관련 맺
는 것이다. 이와 같은 기능을 우리는 신화의 문화지속기능이라 칭할 수
있다. 우리는 신화/의식에 참여함으로써 자신도 모르는 사이 지배적인
문화적 가치를 재생하고 복구하며 재활시키는 데 기여한다. 이것이 바로
신화가 담당하는 보수적 역할이다.

한편 문화를 존속시키는 것 외에 중요한 문제가 한 가지 더 남아 있다.
문화를 어떻게 창출해 낼 것인가 하는 문제이다. 인류학자인 브로니슬라
브 말리노브스키Bronislaw Malinowski가 지적했듯 신화/의식은 문화를 가리

키는 데 그치지 않는다. 사실 한 민족의 고유한 생활방식은 그 민족의 고유한 신화/의식과 별개로 존재할 수 없다. '문화적 사실은 일종의 기념물이며 그 기념물 안에서 신화가 구현된다'는 언급을 통해 말리노브스키는 신화가 문화를 존속시키는 역할뿐 아니라 무엇보다 먼저 문화를 창출해내는 역할을 수행하고 있음을 상기시켜준다.

따라서 우리는 신화의 문화창출기능(말리노브스키)과 문화존속기능(뒤르켐)을 구별 지을 필요가 있다. 말리노브스키는 신화적 경험(이와 관련해서는 다음 장에서 살펴보도록 하겠다.)이 새로운 라이프스타일의 시작이 될 수 있음을 역설한 반면, 뒤르켐은 생활방식이 출현한 후에야 이를 보존할 신화가 등장한다고 했다.

문화창출 신화 중 몇몇은 환경과의 기능적 관계를 말해준다. 일단 생활방식이 문화 속에 구현되고 나면 여타의 문화존속 신화가 발달함으로써 해당 문화환경과 개인을 관련 맺는 식이다. 예컨대 여름철 하지와 연관된 의식에서 신화의 문화창출 측면은 곧바로 해당 환경을 가리킨다. 현충일이나 대통령의 날 같은 국경일, 공휴일에 펼쳐지는 축하행사를 보면 개인이 사회에 적응하는 데 있어 신화의 문화존속 측면이 기여함을 알 수 있다.

솔직히 자신에게 주어진 문화환경에 완벽하게 적응하는 사람이 얼마나 있을까? 환경이 인간 정신에 요구하는 바는 너무나 복잡하기에 개인은 한평생을 살아도 거기에 다 적응하기 어려운 경우가 많다. 그러다 보니 문화작업은 한 세대에서 다음 세대로 전해지기 마련인데, 신화는 이처럼 세대를 넘어 전수되는 적응작업을 지탱해주는 역할을 한다.

침대에서 일어나고 싶어 하지 않는 내면의 십대가 일터로 나가는 어른이 되기까지, 심리발달의 저변에는 적응의 필요성이 자리하고 있다. 문화존속의 측면에서 신화는 이러한 발달 과정을 돕는다. 성인이 되면 부모로부터 독립해야 한다, 결혼을 하면 배우자로서 역할을 해야 한다 등 우리는 인생의 매 시기 내면에 자리한 신화의 구속을 받는다. 아니, 좀 더 낫게 표현하자면 신화를 통해 길러지고 신화의 부양을 받는다. 일례로 많은 사람들이 과학에 대해 '믿을 만하다' 내지는 '반박의 여지가 없다'고 받아들인다. 이 또한 신화로서, 사람들이 이러한 신화를 받아들이는 이유는 바로 과학의 신화가 우리 자신과 우리가 살고 있는 환경 간의 관계형성에 있어 기능을 발휘하기 때문이다.

신화를 통해 문화는 인류가 수 세대에 걸쳐 경이로운 업적을 완성하는 데 기여할 수 있었다. 오늘날 우리는 무수한 선조들의 어깨를 디디고 서 있다. 그 동안 문화는 우리가 삶을 꾸려가는 데 필요한 패턴과 양식을 전해주었으며, 수 세대에 걸쳐 삶에서 일어나는 다양한 경험, 즉 인간이 습득하는 지식의 밑거름을 보존하는 역할을 해왔다. 수 세기에 걸쳐 축적된 경험의 정수는 문화 그리고 신화를 통해 새로운 세대가 출현할 때마다 그들에게 경이로운 선물로서 건네진다.

이 점이 바로 살아 있는 신화의 생명력이다. 아직도 본격적인 봄을 맞기 전, 전해져 내려오는 제례를 지내면 사냥도 잘 되고 농사도 풍작을 이루리라 믿는 사람들이 많이 있다. 앞서도 살펴보았듯 이러한 제례의식은 계절이 바뀜에 따라 우리 내면의 엔진 속도를 끌어올리는 역할을 한다. 이처럼 살아 있는 신화는 우리 삶에서 누적되는 긴장을 풀어주며 우리를 충족시킨다. 신화가 탄생하고 입에서 입으로 전해지는 순간 신화의 사회적 기능은 완수된다.

한편 신화의 환경적 기능은 각 민족과 주민들이 주어진 고유의 생태환경에 적응하고 생상하게 참여하도록 하며 이를 지속시키는 데 있다. 관계의 기본 패턴이 세련돼가듯 신화 역시 점점 더 세밀한 부분까지 다듬고 또 다듬는 가공 과정을 거친다. 마침내 최상의 상태에 도달할 때까지 말이다. 흡사 도심 한복판에 사원 터를 닦고 수 세대에 걸쳐 한 층 한 층 쌓아올리는 모습에 비견할 만하다. 이렇게 해서 수렵민족의 신화, 농경민족의 신화, 해양민족의 신화, 유목민족의 신화가 탄생해왔다. 또한 평원과 밀림의 신화, 산악과 북극지방 툰드라의 신화 그리고 마천루와 소도시의 신화, 교외지역과 빈민가의 신화까지도 생겨나게 됐다. 이들 문화는 각기 고유의 생태환경과 살아 있는 균형을 이루는 가운데 살아 있는 신화 덕택에 존속되고 풍요로워질 수 있었다.

# 신화의 유통기한

환경은 변한다. 종종 바다나 산, 하늘이 불변의 존재라고 착각하지만 우리가 딛고 있는 땅조차도 끊임없이 움직이고 있다. 생태학적 균형은 정적 체계가 아닌 역동적이고 살아 있는 과정이다. 환경조건에서 가해지는 각종 요구를 계속 충족시키는 것이 라이프스타일이라 치자. 그렇다면 새로운 환경, 새로운 지형으로 이주하는 경우 심리적으로 얼마나 심각한 혼란상태에 빠지게 될지 한 번 생각해 보라. 새로운 이웃, 새로운 도시, 새로운 나라로 옮겨가든 새로운 직장, 새로운 가정, 새로운 친구 무리 속으로 들어가든 어느 경우에서나 이제까지의 방향감각을 상실한 혼란의 시기를 맞게 된다. 새로운 환경은 라이프스타일의 변화를 요구한다. 바뀐 환경이 생경할수록 이러한 혼란은 더 심각할 수밖에 없다. 이때 우리의 정신은 이와 같은 방향상실 국면을 헤쳐 나감으로써 새로운 기능적 관계를 모색할 수 있다. 또한 한편으로는 앞으로 도달할 균형상태의 상징적 표상을 제시해줄 수도 있다. 예컨대 3년 전 새 도시로 이주해온 남성이 다음과 같은 꿈을 꿨다.

지금 나는 원을 그리며 춤추고 있는 듯하다. 내 옆엔 사람들의 맨발이 보이고 드럼 소리가 서서히 다가오고 있다. 나는 사람들과 서로 허리를 잡은 채 춤을 춘다. 원이 꽤 큰 걸 보니 사람들 수도 상당한 모양이다. 문득 가운데를 돌아보니 거대한 소나무 한 그루가 서 있다. 우리는 지금 이 커다란 소나무 주위를 돌고 있는 것이다. 아마도 우리 어깨 위에 있는 뭔가는 5월의 기둥에 매달리는 갖가지 리본인 듯싶다. 그런데 내 눈에는 나무 꼭대기에서 뻗어 나온 푸른 빛줄기가 한 사람 한 사람의 어깨에 닿아있는 것처럼 보인다. 태양은 나무 꼭대기 속에서 어른거린다. 우리는 계속해서 춤을 춘다. 하지만 정말 흥미로운 건 이제부터다. 나 자신에게 또는 다른 사람(꼭 나 자신처럼 느껴진다.)에게 우리가 왜 춤을 추고 있는지 묻는 순간 문득 이런 생각이 드는 것이다. '우리는 지금 태양을 끌고 다니기 위해 춤추며 돌고 있는 거야. 우리가 춤추는 이유는 나무가 더 이상 걸어 다닐 수 없기 때문이지. 덕분에 나무는 예전처럼 태양을 끌고 다니지 못하게 됐거든.' 그럼 나무는 왜 걷지 못하게 된 걸까? 이렇게 해서 이야기가 시작된다. '원래 나무는 걸을 수 있었어. 커다란 원을 그리며 태양을 끌고 다녔지. 그래서 항상 낮만 계속됐어. 허나 그러다 보니 나무가 지치고 말았어. 나무는 너무 지쳐서 태양을 떨어뜨리고 말았지. 떨어진 태양은 땅속으로 들어가 버렸어. 그러자 밤이 계속됐어. 하는 수 없이 나무는 다리를 땅 밑으로 밀어 넣고는 자신의 발로 다시 태양을 움직이기 시작했지. 이렇게 해서 낮과 밤이 번갈아 생겨났는데, 나무가 태양을 나뭇가지 속에 끌고 다니면 낮이 되고 태양을 뿌리 속에 넣고 있으면 밤이 된 거야. 하루 종일 해가 떠있다면 나무가 해를 끌고 다닌다는 뜻이지. 반면 하루 종일 밤이라면 이건 나무가 해

프로이트와
이별하다

를 떨어뜨렸다는 얘기야. 우리가 춤추는 이유는 바로 이 때문이야. 나무가 너무 지쳐 해를 떨어뜨렸기 때문이란 말이지. 그래서 지금 우린 나무가 쉴 수 있도록 대신 해를 끌어야만 해.'

이 꿈의 내용을 통해 우리는 현대인의 꿈속에서 신화/의식이 어떻게 만들어지는지를 알 수 있다. 위의 꿈에 등장하는 의례는 사실 19세기 후반 라코타 수족의 주술사였던 블랙엘크가 경험했던 것이다. 블랙엘크가 전하는 바에 따르면, 말의 춤Horse Dance 의식은 그의 부족민들이 블랙엘크가 9세 때 본 선견vision을 재연함으로써 생겨났다고 한다. 이 꿈에서 암시되는 환경은 분명 북극지방으로서, 24시간 지속되는 낮 또는 밤이 갈마드는 계절환경이다. 꿈에서 보이는 의식은 앞서 언급한 선댄스나 중하목과 상당하리만치 유사한 패턴을 보인다. 즉, 이 꿈 역시 하지와 동지에 대한 심리적 적응양상을 그려내고 있는 것이다.(비록 이 꿈에서는 하지가 아닌 동지가 그 적응 대상이 되고 있긴 하지만.) '우리가 춤추는 이유는 바로 이 때문이야. 나무가 너무 지쳐 해를 떨어뜨렸기 때문이란 말이지. 그래서 지금 우린 나무가 쉴 수 있도록 대신 해를 끌어야만 해.' 이와 같은 이미지는 우리가 살고 있는 이 시대의 근본적인 변동을 반영하는 것이다. 초기 문화 시대, 인류는 세계와의 관계에 있어 신비하고 애매한 정체성의 상태에 머물렀기 때문에 어떤 의미에선 무의식의 지배를 받았다 할 수 있었다. 이 시기의 인류는 꾸준히 진행 중인 각자의 발달 과정으로부터 그리 단절되지 않은 상태였기 때문에, 의식수준이 상승함에 따라 여름철에 춤을 추는 풍속 등도 생겨났다. 반면 현대 문화에서 우리는 정반대 축에 서 있다. 칠흑같이 어두워가는 영혼의 겨울, 흐릿해지는 의식, 우리는 그 안에서 춤을 추고 있다. 아마도 우리의 소임은 새 날이 밝을 때까지 무의식을 끌고 다니는 일일 것이다. 새 날이 밝아 우리가 사는 세상에 새로운 수준의 의식과 새로운 관계를 안겨줄 때까지 말이다.

이러한 꿈은 문화를 통해 걸러지지 않은 개인적 체험이다. 꿈을 꾸는 당사자는 자신의 정신으로부터 특정 환경, 특정 상황과의 가능적 관계가 담긴 이미지를 제공 받는다. 위의 꿈을 꾼 사람은 실제로 먼 북쪽 지방으로 이주한 상태였다. 그는 이런 상태에서 꿈속의 이미지를 통해 현실적 의미의 북쪽 지방 그리고 상징적 의미의 북쪽 지방과 관계를 형성하는 방법을 암시 받고 있다. 그의 꿈은 아직 신화는 아니다. 그저 꿈일 뿐이며 아직 생활방식이라 할 수도 없다. 비록 문화생성 측면에서 신화가 될 소지는 갖추고 있지만 말이다.

현대를 살아가는 우리는 과학의 신화에 너무나 익숙하며, 지향적 사고에 지나치게 편향돼 있다. 그 결과 환상 사고 또한 적응과 혁신을 생성해낸다는 사실을 쉬이 망각하곤 한다. 아래에서 말리노브스키가 설명하듯 주술이 수 세기에 걸쳐 제 기능을 담당해왔으며 앞으로도 그러할 것이라는 사실을 망각하고 있는 것이다.

> 주술의식 그리고 대부분의 주술법칙, 대부분의 주술주문과 사용물질은 격
> 정적 체험의 와중에 인간에게 모습을 드러내왔다. 격정적 체험은 인간이
> 본능적 삶과 실제적인 직무에 있어 난관에 봉착할 때 그리고 항상 불완전
> 하기만 한 문화의 벽에 틈새나 균열이 생길 때 그를 엄습해온다. 인간은 사
> 방에서 죄어오는 갖가지 유혹 그리고 필연적으로 맞닥뜨리는 각종 위험과
> 자신 사이에 이러한 문화의 벽을 축조한다. 이를 통해 우리는 주술적 믿음
> 과 관련해 그 여러 원천 중 한 가지 뿐 아니라 수원水源 그 자체의 존재를
> 인식해야 한다고 생각한다…….
>
> ─《주술, 과학, 종교 그리고 여타 에세이》 중에서

흔히 미신이라 칭하는 믿음은, 실은 환경에 나타나는 각종 패턴을 무의
식적으로나마 알아챈 결과이다. 인간의 정신은 무의식적으로 환경을 읽
어낸다. 우리의 정신이 이러한 작업 과정을 거듭 세련되게 다듬어감에
따라 문화는 이와 같은 (무의식적) 지각을 의식의 단계로 전환시킨다. 여
기서 말리노브스키는 주술 신화의 기원에 대해 언급하고 있지만 그의 주
장을 듣노라면 통제 밖의 상황에서 강렬한 경험을 맞닥뜨리는 것에 대해
다시 한 번 생각하게 된다. 경험에는 충격, 공포, 기쁨 등 다양한 활력이

내재돼 있다. 문화의 신화는 이러한 활력으로부터 우리를 떼어놓고 분리시키는 '벽'의 역할을 한다. 신화 속에 산다는 것은 문화적으로 형성된 여러 방식(벽)을 통해 경험과 조우하는 것을 의미한다. 우리는 오직 문화의 벽에 나타나는 '틈새와 균열' 속에서, 또한 사회적 적응의 실패 속에서만 심리적 강렬함과 마주할 수 있다. 특정 관문을 넘어설 때만 비로소 주관적·개인적 경험과 해우하게 되는 것이다.

문화의 벽 너머에서 우리는 스스로 적응해가는 정신을 목격한다. 이런 관점에서 볼 때 과학은 문화를 통한 환경적응의 형태이며, 주술은 무의식을 통한 환경적응의 한 형태로 볼 수 있다.

과학 신화나 주술 신화 모두 개인과 환경 간의 관계를 생성하지만 그 방법은 서로 다르다. 객관적 의식을 통해 지탱되는 과학 신화는 문화적 형태로 관계를 생성하지만, 주관적 참여를 통해 지탱되는 주술 신화가 관계를 만들어내는 방식은 보다 내면적이다. 과학에서 말하는 '경험적 현실'을 떠올려보라. 모든 과학 이론·가설·응용 기법은 이미 문화를 통해, 즉 숱한 관념의 역사에 의해 걸러진 상태다. 하지만 우리가 실제로 체험하는 환경은 '경험적' 현실이라기보다 '현상적' 현실에 가깝다. 여러분도 이 둘 사이의 차이를 느낀 적이 있을 것이다.

살아 있는 신화는 이러한 문화와 환경 사이에서 균형을 그려낸다. 그런데 여기서 중심 문제에 부딪히게 된다. 만약 환경이 바뀐다면 어떤 일이 벌어질까? 살아 있는 신화에는 특정한 문화의 한 순간, 특정한 어떤 정황이 담겨 있다. 그런데 문제의 순간이 지나가 버리면 신화적 형태 또한 효용성을 잃고 만다. '진실'의 세부요소들은 떠올랐다가 가라앉고, 결국엔 신화도 종말을 맞고 영면에 든다. 신화에서 생성된 에너지가 사그라진 후에도 해당 이미지들은 오래도록 남아 신화는 텅 빈 껍질, 모래사장 위의 고래, 고고학의 진기한 연구 대상으로 전락한다. 그 결과 신화가 가리키는 적응이 더 이상 충분치 못하기에 신화는 역기능적 존재로 전락하고 만다.

물론 신화는 새로이 진화하는 패턴을 포괄할 수 있도록 '확장'될 수 있다. 실상 각종 분파, 학교 및 해석 체계는 문화와 환경 사이 쉼 없이 변화하는 균형점에 대해 신화가 지속적으로 적응해왔음을 보여준다. 균형의 변화가 미묘할수록 해석적 적응은 쉬워지지만, 반면 변화가 클수록 재해석할 여지는 줄어든다. 결국 낡은 신화는 더 이상 기능적 관계와 교감하지 못하고 역기능적 존재가 되고 마는 것이다.

우리 주변에는 신화의 변형을 유발하는 환경요인이 산재해 있다. 지금까지 그래왔듯 환경은 계속해서 급진적 변화를 이뤄간다. 거시적 관점에서 일단 환경요인과 관련된 문화적 변화만 생각해 보자. 예를 들어 미국 원주민의 신화는 본래 농경 신화였다. 이후 원주민들이 북방, 서방으로 이동함에 따라 대평원이라는 환경과 새로운 기능적 관계를 성립하게 된다. 즉, 2~3세대 만에 농경문화에서 수렵문화로, 정착민에서 유목민으로 그 패턴이 전환됐던 것이다. 앞서 선댄스를 각기 다른 여러 층위에서 목도했듯 새로운 유형의 신화 이야기가 출현했다. 더불어 다른 환경으로의 이동은 새로운 적응양식을 발생시켰으며 그 결과 새로운 신화도 탄생했다. 17~18세기 무렵 유럽인들이 북미지역으로 이주해오면서 들여 온 구대륙의 신화는 제한된 토지, 제한된 천연자원의 환경에 적합한 것이었다. 무한한 토지, 무한한 천연자원이 펼쳐진 듯한 새로운 환경에선 이와 별개의 미국적인 신화, 미국적인 문화가 요구됐다.

좁은 환경에서 일어나는 변화도 마찬가지다. 나는 오하이오 강변에서 어린 시절을 보냈다. 오하이오 강 부근에는 거대한 범람원이 형성돼 있어 정기적으로 침수가 되곤 했다. 1930년대 후반까지 그 지역은 강물을 이용한 선박수송 교역에 의존했지만, 1936년 대홍수 발생 이후 강물의 범람을 막고자 수문과 댐, 제방이 축조되자 강과의 관계에서 새로운 패턴이 생겨났다. 그 결과 제2차 세계대전 직후 강수 조절이 가능해진 오하이오 강 연변에는 각종 공장이 들어섰고 폐수 처리에 강물을 이용했다. 공장 근무가 경제적 근간이 됐고, 지역사회에는 변화가 일기 시작했다. 스스로를 바라보는 지역사회의 시각, 지역사회의 윤리의식 그리고 지역사회의 신화에 변화가 일어난 것이다. 소수 고용주에게 의존해야 하는 경우 회사에 대한 존경과 헌신이 문화적 가치가 된다. 그러나 기업 수가 늘어나고 완전 고용이 실현되자 문화적 가치는 근로자에 대한 존경과 노동조합에 대한 헌신으로 그 대상이 바뀌었다. 필자가 살던 고장은 전통적으로 공화당 우세 지역이었으나 민주당의 영향력이 월등한 지역으로 거듭났다. 강의 제방 덕택에 정치적 성향마저 일변한 것이다.

미시적 관점에서 볼 때 환경상의 변화는 기업체, 교육기관, 가정에 있어 새로운 신화를 탄생시킨다. 기업은 시장에서 기술혁신을 직면한다. 학교는 학생 수의 변화를 직면한다. 가정은 새로운 직업, 새로운 고장으로의 이전이라는 변화를 직면한다. 문화에 있어 신화라 일컬어지는 것은 개인에 있어서는 태도로 표현된다. 융의 견해에 따르면 의식적 '태도'는 끊임없이 변화하는 환경에 맞춰 발달하는 적응의 습관적 양태이다. 그러므로 새로운 환경에 놓인 개인은 새로운 태도를 필요로 한다.

하지만 낡은 신화는 쉬이 사라지지 않는다. 신화가 제 기능을 하고 있는 한 그 저변의 관련성을 그려내는 데 있어 '진실'하다 볼 수 있다. 다만 그런 연유로 신화의 내용이 문자 그대로 해석될 우려도 상존할 수밖에 없다. 특히 기존 신화와 새 신화 사이의 시기에는 더욱 그러하다. 신화는 관련성이 사라진 이후에도 오래도록 살아남는다. 이러한 역기능적 신화가 있음으로 해서 사회적 적응은 문화적 슬럼화로 이어지고 종국에는 문화의 와해로 귀결된다.

역기능적 신화의 문제는 로마의 몰락, 무한소비를 토대로 한 경제형태의 불충분성 증대, 낙후된 기술로 인한 환경파괴 등에 그치지 않는다. 우리는 일상 속에서 역기능적 신화를 경험하고 있다. 우리 집을 예로 들자면, 할아버지가 아들에게 총 쏘는 법을 가르쳐준 적이 있었다. 할아버지는 소총, 엽총은 물론 권총까지 꺼내왔는데 바로 여기서 신화적 문제가 발생했다. 할아버지 세대의 신화는 '무기를 소지할 권리'였다. 그 신화 또한 과거 환경과의 기능적 관계를 표상화했던 시기가 분명 있었을 것이다. 할아버지의 어린 시절보다도 더 거슬러 올라가는 그 시기에는 총기에 관한 지식과 전승은 물론, 직접적으로 총을 사용할 필요도 있었으리라. 하지만 장전된 권총을 들고 선 아이의 모습을 보며 내 머릿속엔 다음과 같은 생각이 더할 나위 없이 확실하게 떠올랐다. 역기능적 신화의 문화유물은 위험천만한 존재라는 생각이 말이다.


## 안내자가 사라졌다

여기서 우리는 1912년 융이 스스로에게 했던 질문으로 돌아오게 된다.

오늘날 [우리는] 어떤 신화 속에 살고 있는가? …… 당신의 신화는 무엇인가? 즉, 당신은 어떤 신화 속에서 살아가는가?

프로이트와
이별하다

만일 우리 문화의 기반이 되는 신화, 우리 삶의 보이지 않는 안내자인 신화가 그 유통기한을 한참 지난 상태라면 과연 우리는 무엇에 기대어 살아가야 할까? 이와 관련해 융은 자신에게 있어 기독교적 신화는 이미 '쇠퇴에 접어든' 잔재라 언급하며, 기독교적 신화의 탄생은 고전 신화들이 무용지물로 전락하던 시점에 이뤄졌음을 지적했다. 더불어 문화적 신화가 제 기능을 발휘하지 못하는 시대가 도래할 때마다 새로운 신화 출현의 모태가 될 새로운 소재를 인간의 정신으로부터 제공받게 된다고도 말했다.

> 이러한 시기에는 성스러운 본질의 원형에 사로잡힌 개인이 상당수 나타나기 마련이다. 이와 같은 원형들은 표면까지 스스로의 힘으로 밀고 올라온다. …… 이와 같은 연유에서 의식적 삶의 신화에 만족하지 못하는 사람들은 으레 영원의 뿌리를 직접 경험하고자 찾아 나서곤 했다. 그리고 끊임없는 무의식의 유혹을 쫓다가 황무지에 선 자신을 마주하곤 했다. 영원의 뿌리를 직접 맛보고자 나선 여정은 남몰래 구불구불한 샛길을 통해 이뤄졌으며 종국에는 파멸이나 구원으로 낙착되곤 했다.
>
> ─《C. G. 융 전집》, 〈심리학과 연금술〉 중에서

우리는 신화 없이 살아갈 수 없다. 우리가 거해야 할 환경과 살아 있

는 기능적 관계를 형성할 필요가 있기 때문이다. 하나의 문화로서, 궁극적으론 개개인으로서 우리는 신화 없이 살 수 없다. 신화는 하나의 환경에서 다른 환경으로 전개되는 진화와 우리 자신을 연결시켜주는 역할을 하기 때문이다. 앞서 스스로 던진 질문에 대해 융은 다음과 같이 답했다. "문화적 신화가 제 기능을 다하지 못할 경우 새로운 신화가 탄생하되 이는 반드시 개인의 내면으로부터 생겨난다." 아마도 이 답은 말로 표현되기 전에 이미 그의 삶 속에 체현돼 있었으리라 생각된다.

이는 아직 우리가 논의한 바 없는 등식의 다른 한 쪽이자 신화의 다른 기능이다. 라이프스타일을 환경과 관계를 형성하는 지속적 과정이라 할 때, 마찬가지로 라이프스타일은 정신과도 그만큼 밀접한 관계를 맺을 필요가 있음을 명심해야 한다. 내면세계에 적응하는 것은 외부세계에 적응하는 것만큼이나 중요하다. 여기서 다시 한 번 융의 말을 빌려보자.

라이프스타일을 내면세계와의 기능적 관계로 보자면, 이 또한 개인의 잠재력에서 가해지는 요구를 충족시키려는 절박한 필요에 따라 생겨난 것이다. 사회 적응에 있어 늘 동일 수준을 유지한다는 점에서 우리는 기계가 아니다. 우리가 각자의 내면세계와 기능적 관계를 맺고 있는 한 (또는 내면세계에 적응해 있는 한) 외부적 필요성의 요구는 이상적 방식으로 충족시킬 수 있다. 즉, 우리 자신과 조화를 이루고 있는 한 그러하다는 말이다. 역으

프로이트와
이별하다

로 말하자면 우리가 외부 조건과 관계를 맺고 있을 때에만 내면세계와 관계 지을 수 있으며 조화도 이룰 수 있다. 경험에서 알 수 있듯 전자의 기능이나 후자의 기능을 간과하는 것은 오직 잠깐 동안이나 가능할 뿐이다.

우리는 물리적 환경 체계에서만 위태롭고도 까다로운 균형을 필요로 하는 것이 아니다. 심리체계에서도 똑같은 유형의 균형을 달성할 필요가 있다. 이때 심리체계란 말하자면 내면의 환경이라 할 수 있겠다. 따라서 살아 있는 신화를 통해 우리는 환경은 물론 정신 자체와도 관계를 이루게 된다.

이와 같은 두 가지 기능을 초기 문화에선 변별하지 못했다. 객관적 의식이 출현하기 이전으로 주체와 객체가 서로 구별되지 않던 시대이기 때문이다. 선댄스 의식에서 우리는 하지, 즉 상승하는 태양과 인간과의 관계에 대한 표상을 볼 수 있다. 뿐만 아니라 떠오르는 인간 의식의 빛에 대한 표상도 볼 수 있다. 개인적 관점에서 보자면 거목의 꼭대기에서 빛나는 해가 등장하는 꿈을 통해 '해가 땅 밑으로 떨어져 끌고 다녀야 하는' 북극지역 겨울과의 관련성을 확인할 수도 있을 것이다. 또한 더 나아가 자아와 자기自己의 관계도 짚어낼 수 있는데 여기서 '자기'란 일찍이 융이 말했듯 인성의 조직 원리로서 자아의 차원을 뛰어넘는 개념이다.

문제는 오늘날 우리가 객관적 의식의 시대를 살고 있다는 데 있다. 신화의 분절이 심화되는 국면에 처해 있는 것이다. 신화의 분절이란 앞서 말한 두 가지 기능이 점점 더 멀찍이 갈라져 흡사 과학과 종교처럼 아예 양립 불가능한 별개의 존재로 비춰질 지경임을 일컫는다. 즉, 과학은 문화 안에서 인간이 광대하고 객관적인 '외부세계'에 적응하도록 이끌어주는 학설 및 기술로 설명된다. 반면 종교는 문화 안에서 인간이 광대하고 객관적인 '내면세계'에 적응하도록 이끌어주는 신학 및 의례로 설명된다. 이와 같은 분절은 우리의 문화가 곤경에 처해 있다는 사실을 뒷받침해준다. 앞서 융의 말대로 "경험에서 알 수 있듯 전자의 기능이나 후자의 기능을 간과하는 것은 오직 잠깐 동안이나 가능할 뿐이다." 이는 개인 차원은 물론 문화 차원에서도 해당되는 말이다.

지금까지 필자가 환경적·전진적·외부 지향적 표상을 빌려 신화의 기능에 대해 기술해온 모든 내용은 심리적·내부 지향적 표상에도 고스란히 적용된다. 신화에는 정신과의 기능적 관계, 즉 내부 세계에 대한 적응 패턴도 담겨져 있는 것이다. 예컨대 농부가 계절의 변화와 옥수수의 성장 과정에 적응할 필요성을 느끼듯, 우리는 정신적인 '계절요건과 성장 패턴'에 대해서도 적응해야만 한다. 그렇다면 우리의 정신에도 옥수수나 여타 작물들 같은 객관적인 요건이나 패턴이 존재할까? 우리 정신의 원형을 몰개인적이고 '객관적인' 패턴이라 정의하자면, 물론 존재한다고 볼 수 있을 것이다. 원형이란 기초를 이루는 잠재적 형태이자 전형

프로이트와
이별하다

적 패턴이다. 전형적 패턴은 원이나 십자가, 만다라⁰⁰⁰ 같은 다양한 이미지(및 기타 방식) 속에서 드러난다.

이처럼 종교적 사안을 거론하는 과정에서 필자는 한 가지 사실을 깨닫게 되었다. '종교적인' 것은 모두 교의나 교리와 동일시하려는 성향이 우리 문화 속에 존재한다는 사실 말이다. 이러한 선입견은 너무나 심해서 종교(제도화된 종교를 의미한다)와 '영성'을 구분 짓는 일도 심심치 않게 일어난다. 필자의 생각에는 종교의 정의에 관한 한 1937년 예일대 테리 강연회에서 융이 설명한 내용을 받아들이는 편이 좋지 않을까 싶다. 융의 정의에 따르면 종교란 라틴어 어원에서 알 수 있듯 '신중하고 주의 깊은 관찰의 자세'로서, 철학자 루돌프 오토Rudolph Otto가 신성한 힘numinosum이라 칭한 실체를 관찰의 대상으로 삼는다. 다시 말해 종교는 의식적 의지와는 무관한 동적 작인作因 혹은 동적 작용이라는 것이다. 여기서 신성한 힘이란 강렬한 감정의 발화점이라 할 수 있다. 신성한 힘을 가리키는 라틴어 numiosum은 영어로 'numinosity(神性, 신성)' 또는 'the numinous(성스러움)'로 번역되곤 한다. 강렬한 신성을 경험하면 우리는 느낌이나 이미지에 사로잡힌 나머지, 이들 힘에 대한 일정한 적응형식을 찾아내야 한다는 긴박한 필요에 쫓긴다. 그 과정에서 우리의 의식과 행동

⌒⌒
산스크리트어로 불교 미술에서 신상 또는 신의 속성이 그려진 기하학적 도형.

은 높은 수준의 상태에 이르도록 내몰리고, 내면세계에선 이와 같은 폭풍이 마치 토네이도처럼 우리 자신을 휩쓸고 지나간다.

깊은 슬픔과 그로 인한 고통은 강력한 감정이다. 죽음은 미지의 불가해한 체험에 대한 경외와 공포, 매료의 감정을 불러일으킨다. 재차 말하는 바이지만, 만약 망자를 위한 의례 등 가까운 사람의 죽음을 맞이했을 때 슬픔을 표현해줄 신화/의식이 없다면 어떠할지 상상하기조차 어렵다. 이러한 신화/의식은 어디서부터 시작된 것일까? 먼 옛날 불과 하루 전 아이를 잃은 엄마를 상상해 보자. 엄마는 문득 아이의 시신을 묻어줘야겠다는 충동을 느끼고 그 충동에 따른다. 그녀는 일종의 원형에 사로잡혀 있다. 그녀의 마음속 일부가 이 행동으로 충족됨을 느낀다. 아이를 잃은 강렬한 감정이 그 형식을 찾아낸 것이다. 그러므로 이 여성은 다음번에도 시신을 묻었으며 그 다음번에도 또 시신을 묻었다. 자신의 슬픔에 대해 기능적 관계에 도달할 때까지 말이다. 그녀의 매장 패턴이 원형적 패턴을 찾아냄에 따라 다른 엄마들 역시 이를 따라하기 시작했을 것이다. 그리고 이러한 패턴이 결정화되면서 아마도 무수한 세대에 걸쳐 신화로 자리 잡게 됐으리라. 또한 이 마을에선 신화를 둘러싸고 이와 같은 적응을 보존해줄 문화적 형태가 발달했을 터이다. 그리고 이러한 문화적 형태는 수많은 정교화 과정을 거친 후 마침내 종교라는 이름으로 불리게 됐을 것이다.

고로 몰개인적 정신은 기후만큼이나 실질적이고 객관적인 요인이다. 몰개인적 정신은 우리로 하여금 신화/의식 속에서 이에 걸맞은 일정 형태의 은신처를 조성하도록 내몬다. 원시시대에는 날씨에 관한 '신중하고 주의 깊은 관찰'이 생존을 위해 필수적이었다. 반면 미발달된 정서적 삶에 있어서는 정신에 관한 '신중하고 주의 깊은 관찰'이 그만큼 필수적인 요건이 된다.

종교적 체험에 대해 루돌프 오토는 다음과 같이 말하고 있다. 융은 이를 고전적 정의로서 언급한 바 있다.

일체의 강력하고 신실한 종교적 감정에 있어 가장 심오하며 근본적인 요인을 생각해 보자. …… 바로 '지대한 불가사의'다. 이로 인한 느낌은 이따금 잔잔한 물결처럼 들이쳐 와 우리의 정신을 적요하기 그지없는 지극한 숭배의 분위기로 뒤덮는다. 이 느낌은 보다 확고하며 지속적인 영혼의 자세로 넘어가 소위 오싹한 떨림과 울림의 상태를 유지할지 모른다. 마침내 이 느낌이 사라지고 영혼이 '세속적'이며 비종교적인 일상의 분위기를 되찾을 때까지 말이다. 이 요인은 경련, 발작을 수반한 채 영혼의 심연으로부터 느닷없이 솟구쳐 터져 나올 수 있다. 혹은 가장 기이한 성격의 흥분, 격앙된 열광, 도취, 황홀경으로 이어질 수도 있다. 이 요인은 거칠고 악마적인 양상을 지니고 있으므로 한껏 침잠해서 섬뜩할 정도의 공포와 전율을 일으킬 여지도 있다. 이 요인과 관련해 조야하고 야만적인 선례先例는 물론 초기 단계의 여러 발현 면모가 전해지고 있다. 또한 이 요인은 다시 한 번 아름답고 순수하며 영광스러운 존재로 발전할 가능성도 있다. 피조물에게서는 숨죽인 채 한없이 떨며 할 말을 잃을 정도의 겸허함으로 나타날 수 있는 것이다. 그렇다면 그 공경의 대상은 누구 혹은 무엇이란 말인가? 그 대상은 모든 피조물의 위에 군림하며 어떤 말로도 형언할 수 없는 불가사의의 존재라 할 것이다.

—루돌프 오토, 《성(聖)의 개념》 중에서


융은 문화적 종교를 '부적'이라 칭한 바 있다. 종교는 강렬한 감정에 대한 심리적 적응형태이자 정신의 전선장치에 대한 보호·차단적인 접근인 셈이다. 즉, 문화적 종교는 신성한 힘의 직접적 체험을 차단하려 하는데 이는 과학이 직접적인 자연체험을 차단하고자 여러 경로를 통해 '경험적 현실'을 축조해온 방식과 매우 흡사하다. 필자는 이와 같은 신화의 과정을 살펴보는 데 책의 나머지 부분을 모두 할애하고 싶은 심정이다. 이때 신화의 과정이란, 순수하게 현상학적으로 받아들여지던 체험이 결정화된 신화의 영역으로 이동함을 의미한다. 이는 실로 대단한 문화적 성과로서, 바로 이 점이 살아 있는 신화의 진실된 아름다움이라 할 수 있다. 종교행위는 인간적 삶의 방식에 관해 전 구성원이 공유하는 기억으로서, 신화 속에서 살아가는 구성원이 출생·성년·결혼·일·노화·사망 같은 인생 주기의 과도기에 접어들 때마다 익숙한 손길로 이끌어준다. 종교적 신화는 '제 기능을 잃지 않는 한' 문화적 지속력을 지닐 것이다. 즉, 종교적 신화가 기능적 관계를 가리키고 있는 한 생명력을 잃지 않을 것이다.

재차 언급하지만 결정화된 신화는 특정적이며 고유하다. 이 대목에서 우리는 난해한 명제와 맞닥뜨린다. 인간의 조건, 다시 말해 인간이 심리적으로 갖춰야 할 기본적 필요사항은 대개 정적인 것으로 간주되곤 한다. 하지만 일찍이 융이 알아냈듯 인간의 정신은 동적이고 진화하며 항상 현재와는 다른 그 무언가가 되어가는 과정 중에 있다. 정신환경에 일어나는 변동이 지리적 변동 또는 생물학적 변동만큼이나 심대한 경우도 종종 있지 않은가. 따라서 정신에 대한 기능적 관계의 요건 차원에서 새로운 신화의 형성이 요구될 수 있다.

이것이 바로 융이 생각했던 '심리의 법칙'이다. 일찍이 융은 그리스의 종교가 '무용지물'이 되자 기독교가 등장할 필요성이 생겨났다고 언급한 바 있다. 정신과의 관계에 대한 문화적 표상이 더 이상 지속력이 없어지면 몰개인적 정신에 대한 개별적 관계의 경계선을 따라 신화생성 과정이 전개돼야 한다. 기능적 관계에 대한 새로운 표상이 필요해지기 때문이다. 개인의 내면에 있는 종교적 표상, 개인의 종교행위라 할 수 있는 이러한 표상은 개인의 삶 속에서 이뤄지는 신성한 힘에 대한 신중하고 주의 깊은 관찰로부터 얻어진다. 그러므로 과학과 주술이 환경과의 관계를 표현하는 것과 동일한 방식으로, 종교는 정신과의 관계에 대한 문화적 표상이 되며 '신비주의mysticism'는 주관적·개인적 형태가 된다.

'신비주의'란 용어를 사용할라치면, 단어에 대한 선입견 때문에 좀 꺼림칙한 것이 사실이다. 이 단어에는 다소 저급한 어감이 있다. 신비주의란 말은 이국적인 의식을 연상시킨다. 얼마나 신비로운 경험이라야 '적응적' 성격을 갖출 수 있는지 이해하긴 어렵다. 하지만 역사적으로 볼 때 신비주의는 성스러움, 즉 개인의 종교적 체험과 직접적으로 조우하는 한 가지 형태로 자리매김해 왔다.

종교적 신화는 성스러움과의 관계형성 패턴을 충분히 담아내지 못하게 되는 순간 역기능적 존재로 전락한다. 그리고 그로 인한 결과는 문화에 있어 환경적응에 실패한 것만큼이나 치명적이다. 가뭄이 들면 작물이 시들고 사람들은 굶주린다. 질병이 창궐한다. 사람들이 기본적인 생존 패턴으로 내몰리면 내몰릴수록 삶의 조건은 점점 더 원시적 수준으로 낮아진다. 그러다 일정한 문화적 한계점에 다다르면 저간의 피해는 너무나 심각한 수준에 이를 것이요, 사람들은 문화적 퇴행상태에 머물게 될 것이다. 이러한 퇴행은 해당 과정이 스스로 새롭게 거듭날 때까지, 즉 구성원들이 환경과의 새로운 기능적 관계를 찾아내고 새로운 신화 및 문화를

프로이트와
이별하다

발전시킬 때까지 계속될 것이다.

이와 동일한 방식으로 의미의 가뭄 역시 기근과 질병으로 이어질 수 있다. 영혼은 굶주리고 심리적 질병이 창궐한다. 제1차 세계대전 이후의 독일, 나치즘이라는 집단 정신병 혹은 공산주의에 대한 편집병적 공포가 시작됐던 대공황 같은 사례를 떠올리지 않을 수 없다. 그러한 시기에 사람들의 심리적 적응은 점점 더 원시적 수준으로 저하되었고, 그 결과 지향적 사고로부터 신비로운 참여로 퇴행했다. 의식은 개인에게서 빠져나갈 때만큼 확실하게 문화에서도 빠져나간다. 그러다 다시 일정 한계점에 이르면 저간의 손상이 막대해질 것이고 암흑의 시대가 도래한다.

신화의 역기능은 오늘날 우리 문화에서도 뚜렷이 나타난다. 신화의 종교적 측면, 즉 우리를 정신 자체와 관계 지어주는 신화가 쇠퇴기에 접어들었다는 사실은 자명하다. 우리는 지금 종교적 상상력의 패배로 인해 고통 받고 있다. 그 징후는 다음과 같은 사람들이 늘어가고 있다는 사실에서 찾아볼 수 있다. 아버지 신의 가부장적 이미지가 더 이상 숭배의 대상이 될 수 없음을 깨닫고는 어찌 할 바를 모르는 사람들, 이제껏 거론되지 않던 신의 어두운 일면을 발견해낸 사람들, 형언하기 어려운 허기를 달래고자 새로운 전통을 찾아 나선 사람들, 혹은 아예 종교 없이 살아가는 사람들 같은 구성원이 늘고 있는 것이다. 이와 같은 쇠락이 모든 사람에게서 나타나는 것은 아니다. 그러나 불과 1백 년 전만 해도 상상할 수

조차 없었을 정도로 이러한 현상은 빠르게 번져나가고 있고, 오늘날 엄연한 현실로 자리 잡았다. 나는 이와 같은 낡은 종교형태의 붕괴가 굳이 슬퍼할 만한 일은 아니라고 생각한다. 오히려 새로운 종교형태를 기약하는 불가피한 과정이 아닐까 한다. 하지만 오늘날과 같은 공백기에는 여러 가지 위험이 수반되는 것이 사실이다. 예컨대 광신, 원리주의 등의 위험이 따르는데 그 중 가장 중요한 위험요인으로는 의미의 상실을 꼽을 수 있다.

이런 가운데 현대사회의 탈신화화 문제는 더욱 부각될 수밖에 없다. 우리가 신화 속에 살고 있는 동시에 또한 신화 속에 살고 있지 않다는 사실 말이다. 병을 고쳐줄 것이라는 믿음을 가지고 병원에 가거나, 먹을거리가 있을 것이라는 믿음을 가지고 슈퍼마켓에 가거나, 예상한 결과가 나올 것이라는 믿음을 가지고 과학실험을 할 때 우리는 아직 신화 속에 살고 있는 것이다. 외부적응이 아직까지는 제 기능을 하는 경우이다. 특히 과학적 연구방법, 즉 관찰과 가설·실험·증명에 관한 신화는 아직 유효한 듯 보인다. 사실 너무 유효한 나머지 과학적 세계관을 '신화'로까지 생각할 정도다. 현대인들이 이를 '실재'라 부르는 한, 과학에 대한 탈신화화는 아직 이뤄지지 않고 있는 것이다. 비록 기술로 인해 (인간과 환경의 관계가 형성되는 것이 아니라) 환경이 파괴됨에 따라 외부적응의 신화적 역기능 징후가 이미 드러나고 있지만, 과학은 여전히 살아 있는 신화

프로이트와
이별하다

로서 우리 곁에 남아 있다.

어느 정도 짐작했겠지만, 탈신화화는 신화의 한 가지 기능이 다른 기능을 삼켜버리는 상황과 관련이 있다. 지금까지 우리 문화는 외부적응에만 지나치게 관심을 가진 나머지, 내면적응에 대해서는 경시해 왔다. 종교에 대한 역사적 접근이나 신학의 정치화는 종교적 삶의 탈신화화가 얼마나 진전됐는지 여실히 보여준다. 종교가 더 이상 정신과의 기능적 관계를 표현하지 못하는 탓에 무수한 세대를 아우르는 종교의 사회적 소통은 실패하고 있다. 그 결과 종교 신화의 가치는 추락하게 될 것이다.

반대로 내면적응에만 치중한 나머지 외부적응이 도외시되고 와해되는 경우, 다시 말해 종교적 관심이 과학에 대한 관심을 능가할 경우를 가정해 보자. 이런 문화는 과연 어떤 모습일까? 그 모습을 상상하기란 그리 어렵지 않다. 암흑시대에 접어들면서 로마의 각종 체계(도심 수도, 도로 건설, 시멘트 제조 등)에서 파생된 지식, 기술, 적응 기능은 극소수 섬에서 보존된 경우를 제외하곤 서양문화 전반에서 그 자취를 감췄다. 종교의 발달이 정점에 이른 중세시대, 당시 사람들이 교회는 지을 줄 알아도 수도관은 설치할 줄 몰랐던 것이 대표적인 증거이다. 외부적응에 대한 이와 같은 경시로 인해 결국 문화의 추는 급격히 이동할 수밖에 없게 됐다. 문예부흥과 함께 시작된 가차 없는 과학발달의 여세는 20세기까지도 계속 이어졌다. 그리고 오늘날 문화의 추는 이에 버금가는 여세로 너무 오랜 기간 경시돼온 쪽을 향해 다시 움직여가고 있다.

문화의 춤은 이런 모습을 연출한다. 즉, 신화는 외부균형과 내면균형과의 살아 있는 관계 속에서 한 번은 전자 쪽 한 번은 후자 쪽으로 기울어지며 흥망성쇠를 갈마든다. 때때로 중심점을 통과하면서 말이다. 인간 정신의 자기조절 역학은 개인에게 있어, 또한 문화에 있어 환경발달과 심리발달 사이의 균형을 향해 작동한다.

우리는 외부의 삶과 내면의 삶의 관계를 복구해야 한다. 몰개인적 정신과 관계 맺기에 실패할 경우 종국에는 환경과의 관계 맺기에서도 실패할 수밖에 없다. 이유인즉슨 첫째, 우리는 정신을 통해 환경과 조우하기 때문이며, 둘째, 환경의 변화에 지속적으로 적응해나갈 필요가 있기 때문이다. 환경변화에 뒤처지지 않기 위해서는 적응 과정 자체와 보조를 맞춰야만 한다.

따라서 우리는 오늘날 신화적 딜레마에 관심을 기울일 필요가 있다. 융은 현대사회에서 신화의 종교적·개체적 기능이 도외시되고 있다는 사실을 인식했다. 이는 비단 융만의 생각이 아니다. 개체화 과정이 계속되고 정신은 여전히 기능하고 있으나 신화 뒤에 가려진 살아 있는 신비를 구현한 표상형태는 그 에너지를 잃어버린 상태다. 종교적 삶의 형태가 그 효능을 상실한 것이다.

여기에는 커다란 위험이 도사리고 있다. 살아 있는 신화 없이는 우리 모두 자신의 발달 과정과 갈등을 겪을 수밖에 없기 때문이다. 몰개인적 정신과의 기능적 관계가 없다면, 즉 백만 살 된 동거인과 관계 맺기에 실패한다면 우리는 신화의 힘을 빌려 상황에 내재된 원형 패턴과 우리 사이를 연계시킬 수 없다. 신화의 도움 없이, 신화의 자기조절 없이 적응하기란 어려운 일이며 오히려 역기능을 일으키기 쉽다. 소위 '정신'이라 부르는 고래(이 장의 첫 번째 챕터를 상기하라.)에 대한 신중하고 주의 깊은 관찰이 없다면 환경과의 관계는 실패하고 만다. 이에 대한 균형감각을 구성원들이 서서히 잃어가기 때문이다. 재조정은 몰개인적 정신으로부터 시작된다.

이로 인해 우리가 환경에 끼칠 피해는 상상을 초월할 것이다. 현재의 체계가 그 피해를 어느 정도나 감당할 수 있을지 짐작조차 할 수 없기 때문이다. 더욱이 융이 지적했다시피 지금의 역기능적 관계가 인간의 정신에 얼마나 많은 피해를 끼칠지도 알 수 없다. 성공에 대한 보장도 없는 상태에서 우리의 의식형태는 과연 얼마만큼 진화적 실험이 될 수 있을 것인가?

다시 개체화에 대한 이야기로 돌아가자.(이는 궁극적으로 백만 살의 동거인에 내재된 약속에 대한 이야기이다.) 우리는 우리가 이뤄낸 적응이 의식적이고도 이성적이며 지향적 사고의 결과물이라는 가정 하에 살아간다. 이 가정은 과학의 신화에서 내려진 추론이다. 진보는 관찰, 가설, 실험, 증명으로부터 발생한다는 것이다. 그러나 과학적 방법만이 새로운 적응형태를 모색하는 수단은 아니다. 혁신은 무의식적·직관적·환상 사고에서도 생성된다. 다시 말해 창조의 과정에서도 생성되는 것이다. 아무리 슈퍼컴퓨터라도 기상 시스템이나 생태환경 시스템에서 정확한 모델을 생성해내지 못하는 경우가 흔히 있다. 마찬가지로, 이러한 환경 시스템을 정확히 그려내는 데 관련되는 각종 변수는 지향적 사고가 감당 가능한 수준을 넘어설 정도로 복잡하고 미묘하다. 기능적 관계를 발견하는 일, 환경(생태·문화·가정) 안에서 균형을 만들어내는 일은 의식의 범주를 넘어선 비이성적 과정에 해당된다.

　이처럼 적응 과정 자체가 의식적 혁신의 범주 너머에 있다면 과연 기능적 관계는 어디서부터 진화하는 걸까? 일찍이 융은 적응 과정이 무의식요인과 의식요인 모두에 걸쳐있다는 사실을 밝혀냈다. 즉, 정신 전반에 걸쳐 존재한다는 것이다. 기능적 관계는 원형 패턴의 정렬로 정의할 수 있다. 적응이란 개인이든 문화이든 일정 상황에 내재된 패턴을 기준으로 한 정렬 과정이다. 일정 상황에 내재된 패턴, 이것이 원형에 관한 정의로서 현재 필자가 내놓을 수 있는 최선이라 하겠다. 이러한 점에서 볼 때 정신은 내용이 아닌 과정에 가까우며 이미지 자체보다는 이미지를 생산해내는 능력에 더 가깝다. 미술관보다는 예술가의 작업실 쪽에 가깝다고나 할까.

이는 마치 우리 안에 나이 든 예술가가 있어 우리는 절대 볼 수 없는 창문 밖의 폭풍을 지켜보고 있는 것과 같다. 이 화가는 다름 아닌 정신이다. 잠드는 법이 없는 백만 살의 동거인이다. 무수한 세대에 걸친 우리 자신의 발달 과정이자 내면적 삶의 살아 있는 문화다. 지금까지 제 형태를 찾아낸 적응양식은 모두 이러한 문화 안에서 보존된다. 흡사 유리 케이스 속의 도자기처럼 말이다.

폭풍우를 헤치고 내면의 심연을 헤엄쳐 이렇게 갖은 우여곡절 끝에 숱한 길을 돌고 돌아 우리는 마침내 집에 돌아온다. 귀가하기까지의 수많은 여정은 이를 위해 반드시 필요한 배경이었다. 살아 있는 신화의 기능은 우리가 우리 자신의 발달 과정에 참여토록 허용하는 데 있다. 이런 점에서 개체화, 즉 우리 자신의 발달 과정에 대한 의식의 참여는 그 근간이 될 신화를 필요로 한다. 신화에 대한 우리의 참여를 통해 균형이 달성되는 한 신화는 살아 있다. 여기서 균형이란 내면 및 외부의 균형을 일컫는다. 신화에 대한 우리의 지속적인 참여를 통해 이러한 균형이 흐트러진다면 신화는 죽는다. 여기서 균형이란 생태환경의 균형 또는 심리적 균형을 의미한다. 다시 처음에 했던 라이프스타일에 대한 이야기로 돌아가보자.

라이프스타일은 환경조건으로부터 가해지는 각종 요구의 지속적 충족으로 이뤄진다고 볼 수 있다. 이는 오직 신화에 의해서만 가능해지는데 신화란 필연적으로 문화적 속성을 띠며 그 결과 일정한 편파성을 띨 수밖에 없다. 그러므로 신화가 더 이상 관계의 요구를 충족시키지 못하는 사태가 쉽사리 벌어질 수도 있다. 환경조건에 변화가 일어 종전과는 다른 신화를 필요로 하기 때문이다.

라이프스타일을 내면세계와의 기능적 관계로서 볼 때 이 또한 개인의 잠재력에서 가해지는 요구를 충족시키려는 절박한 필요에서 생겨난다. 사회 적응에 있어 늘 동일 수준을 유지한다는 점에서 우리는 기계가 아니다. 우리가 각자의 내면세계와 기능적 관계를 맺고 있는 한 (또는 내면세계에 적응해 있는 한) 외부적 필요성의 요구는 이상적 방식으로 충족시킬 수 있다. 우리 자신과 조화를 이루고 있는 한 말이다. 역으로 말하자면 우리가 외부 조건과 관계를 맺고 있을 때에만 내면세계와 관계 지을 수 있으며 조화도 이룰 수 있다. 경험에서 알 수 있듯 전자의 기능이나 후자의 기능을 간과하기란 오직 잠시 동안만 가능할 뿐이다.


이를 통해 우리는 신화적 기능의 전체 모습을 가늠해 볼 수 있다. 외부적·내면적 표상은 물론, 문화적·개인적 형태 모두에 있어서 말이다. 우리는 사방에서 신화에 둘러싸여 있다. 신화적 맥락 없이는 의미 있는 삶을 영위할 수 없다. 신화는 외부 및 내면의 균형을 그려내며 우리 자신

프로이트와
이별하다

의 발달정황을 제공해준다. 우리의 정신은 끊임없는 과정 속에서 계속 적응하며 균형점을 유지해 나간다.

신화가 우리 삶의 기틀이 되는 일련의 의미가 아니라면 대체 무엇이란 말인가? 삶을 구성하는 각각의 순간을 가져다 일정한 정황, 플롯, 통일된 악장 속에 놓아두는 스토리가 아니라면 대체 무엇이란 말인가? 우리의 발달은 신화로 인해 일정한 정황 속에 배치된다. 신화는 우리의 성장에 플롯의 맛을 가미한다. 신화는 스토리의 내용 속에 우리가 나이 들고 성숙해가는 과정을 담아낸다. 이것이 바로 '의미'에 대한 정의다. 의미는 신화성을 띤다. 신화가 곧 의미인 것이다.

문화적 신화가 실패할 경우 삶의 배경이 되는 정황은 사라져 버리고, 스토리도 플롯도 등장인물도 증발된다. 이것이 바로 탈신화화된 삶의 차갑고 적막한 풍경이다. 또한 영적인 허기이기도 하다. 실제로 내 주변의 많은 사람들에게서 이러한 영적 허기가 점점 더 절박하게 느껴지고 있다. 문화의 종교적 신화와 결별한 사람들은 경우 허기에 시달리는 영혼을 달래가며 혹독한 겨울 같은 시대를 버텨내고 있다. 사람들은 다시 불을 지피려 갖은 애를 쓰면서 동분서주한다. 기성 종교 전통에서 불이 꺼져버릴 경우 때로는 하늘의 별, 부처, 크리슈나, 수정 구슬을 지닌 뉴에이지 점술가 같은 다른 종교 전통 쪽으로 달려가기도 한다. 자신의 안에서 찾을 수 없다고 생각하는 그 무엇을 바깥에서 찾고자 노력하는 것이다.

문화의 불이 꺼져버리면 오직 개인의 불빛만 남는다. 이 대목에서 필자는 융의 꿈을 상기해 본다. 일찍이 융이 꿈을 꿨는데 한밤중 폭풍 속에서 간신히 길을 비출 작은 촛불 하나만 손에 든 채 홀로 서 있었다고 한다. 꿈속에서 융은 전부가 아니면 불가능할 거라는 사실, 즉 가차 없는 바람 속에서 작은 촛불을 지켜내기 위해서는 자신의 집중력과 목적의식 모두를 쏟아 부어야 한다는 사실을 깨닫는다. 기울어가는 문화적 신화의 황혼 속에서 사방은 이미 폭풍 속에 길을 가는 사람이 든 촛불의 가치(개인적 신화의 가치)가 식별될 만큼 어두워진 것이다.

나는 더 이상 내가 믿지 않는 대상을 섬기지 않으리라. 그것이 집이건 조국이건 교회건 간에 말이다. 또한 가능한 한 자유롭게, 가능한 한 전일적으로 삶의 방식 혹은 예술방식을 빌려 나 자신을 표현하려 노력할 것이다. 그리고 나 자신을 지켜내는 데에는 스스로 사용을 허락한 무기들만 쓸 작정이다. 무기란 다름 아닌 침묵과 유랑 그리고 교활한 잔머리다.

—제임스 조이스, 《젊은 예술가의 초상》 중에서

신전은 사람들의 꿈속에 등장하는 주된 이미지 중 하나다.

이러한 보편적 이미지는 우리 무의식에 관한 근원적 궁금증을 불러 일으킨다.

문득 고개를 들어 바라보니 새카만 까마귀 네 마리가 여인의 머리보다 약간 높은 나뭇가지에 나란히 앉아 조용히 여인을 응시하고 있는 것이었다. 여인은 그 자리에 얼어붙었다. 조금도 움직일 수 없었다. 그렇게 한참 까마귀 일행과 여인은 말없이 서로를 바라보고만 있었다. 여인은 나뭇가지 위에 앉은 까마귀들로부터 채 1미터도 되지 않는 거리에 서 있었다. 그런데 까마귀들이 일순간 한 번의 날갯짓으로 동시에 하늘로 날아올라 울어대기 시작했다. 여인은 화들짝 놀랐다. 까마귀들은 원을 그리며 돌고 돌다 마침내 길 바로 앞쪽에 선 네 그루의 나무에 저마다 날아가 앉았다. 여인은 홀린 듯이 그 뒤를 따라갔다. …… 까마귀들은 우짖고 또 우짖었다. 마침내 그녀는 울음을 터뜨렸다. 그리곤 마치 까마귀들이 자신의 말을 알아듣기라고 하는 양 그녀가 낼 수 있는 가장 인간적인 음성으로 눈물에 젖은 채 이렇게 말했다.

# 까마귀와 춤을 춘 여인

**3**

내 삶은 무의식의 자기실현에 관한 한 편의 이야기다. 무의식에 속한 모든 것은 밖으로 드러나길 갈구한다. 인격 역시 무의식적 조건으로부터 진화해나가 스스로를 온전한 전체로 경험하고 싶어 한다. 내 안에서 이와 같은 성장 과정을 추적하는 데 과학의 언어를 사용할 수는 없다. 왜냐하면 나 자신을 과학적 문제로서 경험할 수는 없기 때문이다.

내면의 시각에 비치는 우리의 모습 그리고 보편적 형태 속에 비치는 인간

프로이트와
이별하다

의 모습은 오직 신화를 통해서만 표현될 수 있다. 신화는 과학에 비해 보다 개인적인 속성을 띠며 보다 정확하게 삶을 표현해낸다. 과학은 평균의 개념을 다룬다. 이러한 평균 개념은 너무나 일반적이라서 개인 삶의 주관적 다양성을 제대로 담아내지 못한다.

따라서 나는 83세인 지금 나 개인의 신화에 대해 얘기하기로 마음먹었다. 이 신화에 대해 전달하기 위해선 오직 직설적 방식으로 그저 '이야기'만 하는 수밖에 없다. 이야기가 '사실'인지 아닌지는 문제가 되지 않는다. 여기서 유일하게 가능한 질문은 내가 하는 이야기가 과연 나의 설화, 나의 진실이냐는 것이다.

—칼 융, 《기억, 꿈, 회상》 중에서


## 그들이 나를 불렀어요

문화의 장벽 밖에서 우리는 어두운 숲을 만난다. 그리고 숲 속을 홀로 걷는다. 문화의 장벽 너머 있는 그 숲의 이름은 '개인적 신화'이다. 개인적 신화의 숲길을 걷는 그 과정에서 우리는 융 심리학의 근본적 통찰력을 보여주는 한 가지 개념과 맞닥뜨린다. 주관적 경험의 타당성이 바로 그것이다. 인류의 보편적 경험뿐 아니라 우리 자신의 개인적 체험 또한 오로지 개인적 신화를 통해서만 표현되고, 하나의 의미가 될 수 있다. 일반적·외부적 사실은 삶의 경험을 제대로 담아내지 못하는 게 사실이다. 개개인의 삶은 일반적 방식이 아닌 주관적 방식으로만 영위될 수 있기 때문이다.

우리의 삶, 즉 행동·감정·갈망·일·놀이에 담긴 의미는 애초 미완성 상태로 우리에게 주어진다. 따라서 우리는 물려받은 의미를 보존하는 것보다는 진행 중인 의미 과정에 참여하는 데 더 치중해야 한다.

여기에는 역설이 깔려있다. 개인적 신화의 의미에 대한 인식이 주관적 경험인 반면, 진행 중인 그 과정은 몰개인성을 띠기 때문이다. 적절한 화학적 상황이 갖춰졌을 때 수많은 분자가 격자 패턴을 따라 늘어서고 결정화되듯, 신화의 갖가지 이미지도 개개의 내용은 다양하지만 조직 패턴은 몰개인적이다. 개인적 신화는 보다 심층적이고 몰개인적인 패턴에 의해 조직된 일련의 주관적 상을 결정화한 것이다. 따라서 개인적 신화는 신화적(집단적·보편적·몰개인적)이면서 동시에 개인적(개별적·독보적·주관적)이다.

이러한 점을 염두에 둘 때 개인적 신화는 몰개인적 정신의 주관적 경험들이 결정화된 결과, 삶의 방식으로 변화된 개별적 창작물이라 할 수 있다.

개인적 신화는 흔치 않은 속성을 띤다. 개인적 신화와 관련된 학설은 객관성을 내세우지만, 이로 인해 내면적 삶의 자취가 뿌리에서 잘려나간

꽃처럼 시들어버리는 점은 문제이다. 그래서 심리학에서는 삶 속의 경험을 그려낼 언어를 반드시 찾아내야 한다. 살아 있는 신화는 결코 객체가 될 수 없기에, 학설이 될 수도 없다. 살아 있는 신화의 바깥으로 나가는 순간, 우리는 신화가 유물이나 화석처럼 이미 죽어 있음을 발견하게 된다. 따라서 안에서 밖을 내다볼 필요가 있다. 우리의 경험이 이미 그 자체의 타당성이 되는 정황 속에 자리 잡은 상태에서 이야기를 꺼내야 하는 것이다.

독자 여러분에게 어느 여인의 이야기를 들려줄까 한다. 휴양지에 있던 한 여인이 어느 날 아침 일찍 일어나 숲 속으로 산책을 나섰다. 이 여인은 그곳 지리에 문외한이었으나 동쪽으로 난 길에서 안전하다는 느낌을 받았다. 생각에 잠긴 여인은 한동안 행복한 기분에 젖어 계속 걸어갔다. 그런데 문득 고개를 들어 바라보니 새카만 까마귀 네 마리가 여인의 머리보다 약간 높은 나뭇가지에 나란히 앉아 조용히 여인을 응시하고 있는 것이었다. 여인은 그 자리에 얼어붙었다. 조금도 움직일 수 없었다. 그렇게 한참 까마귀 일행과 여인은 말없이 서로를 바라보고만 있었다. 여인은 나뭇가지 위에 앉은 까마귀들로부터 채 1미터도 되지 않는 거리에 서 있었다.

그런데 까마귀들이 일순간 한 번의 날갯짓으로 동시에 하늘로 날아올라 울어대기 시작했다. 여인은 화들짝 놀랐다. 까마귀들은 원을 그리며 돌고 돌다 마침내 길 바로 앞쪽에 선 네 그루의 나무에 저마다 날아가 앉았다. 여인은 홀린 듯이 그 뒤를 따라갔다. 그녀가 도착한 곳은 자그마한 공터의 한가운데였다. 까마귀들은 마치 동서남북을 표시하듯 각기 한 방위씩 차지하고 앉아 공터를 둘러싸고 있었다. 불현듯 여인은 기이한 충동이 일었다. 바로 까마귀를 위해 춤을 춰야겠다는 생각이 든 것이다. 그녀는 주저 없이 마치 새의 날갯짓처럼 양팔과 다리를 내저으며 원을 그리듯 춤추기 시작했다. 춤을 추는 것은 그녀였지만 몸을 움직인 것은 그녀의 의지가 아니었다. 여인은 얼마나 오래 춤을 췄는지 알지 못했다. 그러나 몸이 움직이고 싶어 하는 한 계속해서 춤을 췄다. 그 사이 까마귀들은 조용히 앉아 그녀를 지켜보았다.

마침내 춤이 끝나자 까마귀 한 마리가 길 위쪽의 다른 나무로 날아가 여인을 기다렸다. 여인은 따라갔다. 그러자 다른 까마귀가 다른 나무로 옮겨가서는 그녀에게 어서 오라는 신호를 보냈다. 여인은 또 따라갔다. 한 마리 한 마리씩 까마귀들은 그녀를 숲 속으로 이끌고 들어갔다.

여인은 어디로 이끌려 가는지 도무지 알 수 없었다. 하지만 까마귀들이 벌이는 이 게임이 자신에게 중요한 것이라는 느낌만은 지울 수 없었다. 그 중요성에 대한 느낌은 여인에게 너무도 강렬하게 와 닿았다. 그래서 여인은 이 느낌을 간직한 채 계속해서 걸어간다. 여인이 이렇게 계속 따라가던 중 갑자기 까마귀들이 가던 길에서 비켜나 덤불을 지나 아스팔

트 포장 도로로 그녀를 이끌었다. 이른 아침 햇빛 아래 도로는 적막하기만 했다. 지나가는 차도 전혀 없었다. 까마귀들은 건너편 나무에 앉아 그녀를 기다렸다. 여인이 건너편으로 가니 가파른 제방이 보였다. 여인은 과연 제 힘으로 제방을 올라갈 수 있을지 잠시 의문에 빠졌지만, 이내 흙 속에 열 손가락을 박은 채 네 발로 기다시피 해 몸을 끌어올렸다. 그녀가 제방을 오르는 사이 까마귀들은 계속 울어댔다. 기어코 여인이 까마귀들을 따라잡았을 무렵에는 더 이상 한 발자국도 못 움직일 지경이 되고 말았다.

  그녀가 고개를 들자 눈앞엔 난생 처음 보는 거대한 참나무가 위용을 드러냈다. 한 층 한 층 소용돌이처럼 하늘로 치솟은 나무는 거의 끝이 보이지 않을 정도였다. 여인의 무릎 높이보다 길게 드러난 뿌리는 땅속, 즉 신성한 대지 속으로 곧장 뻗어 내려가 있었다. 신성한 대지라 함은 여인의 마음속에서 그곳이 성지, 즉 경의를 바치는 장소란 깨달음이 일었기 때문이다. 완벽한 고요 속에 있다면 흡사 봄철에 솟아나는 수액을 빨아 올리듯 두 다리를 통해 그 순간의 에너지를 바로 빨아올릴 수 있을 것만 같은 기분이 들었다. 경이로움에 젖은 채 그녀는 한참 그렇게 서 있었다. 이 모든 과정 내내 그녀는 놀랄 만한 친밀감을 느꼈다. 예전에도 이런 일을 경험해 본 양, 그 장소와 시간에 대한 아련하지만 향그러운 느낌이 마음 깊숙한 데서 피어올랐다. 마치 오랫동안 잊고 지낸 고향 집의 은은한 내음처럼. 이제 여인은 까마귀들이 왜 자신을 이곳으로 데려왔는지 그 이유를 깨닫기 시작했다.

시간이 조금 지나자 까마귀들이 다시 앞으로 날아가기 시작했다. '더 있다고?' 여인은 생각했다. '어떻게 더 있을 수가 있지?' 하지만 정말 뭔가가 더 있었다. 까마귀들은 여러 나무에 앉아 기다리고 있었다. 여인은 성지를 떠나기 싫었지만 다소 두려운 마음을 안고 뒤를 쫓았다. 정체를 알 수 없는 두려움이 생겨났다. 두려움이 그녀의 발목을 잡는 듯 느껴져 그녀는 조금 주저하며 걸어 나갔다. 천천히 모퉁이를 돌아가자 또 다른 장관이 그녀를 기다리고 있었다.

여인 앞에 펼쳐진 것은 풀이 수북하게 자라난 넓고 확 트인 벌판의 광경이었다. 마침 일몰 후에도 이슬이 남아 있는 여름날 아침인지라 벌판 여기저기서 보석 같은, 아니 별 같은 반짝임이 눈에 띄었다. 그때 저 높이서 까마귀들이 일렬로 줄지어 빠르게 날아갔다. 까마귀들의 움직임을 쫓던 여인의 눈에 저 너머 숲이 들어왔다. 숲의 나무들은 앞서 본 참나무보다도 훨씬 컸다. 아주 오랜 옛날부터 그곳에 서 있었던 나무들임에 분명했다. 강건한 참나무들이 고대부터 지금까지, 무수한 시간을 지나 자라고 있는 것이었다. 그곳에서 까마귀들이 어서 오라는 듯 우짖기 시작했다.

하지만 그녀는 갈 수 없었다. 조금도 움직일 수 없었다. 두려움에 옴짝

달싹할 수 없었던 것이다. 까마귀들은 우짖고 또 우짖었다. 마침내 그녀는 울음을 터뜨렸다. 그리곤 마치 까마귀들이 자신의 말을 알아듣기라고 하는 양 그녀가 낼 수 있는 가장 인간적인 음성으로 눈물에 젖은 채 이렇게 말했다.

"난 건너갈 수 없어. 난 건너갈 수 없어."

까마귀들이 잠잠해지자 그녀는 어찌해야 할지 고민에 빠졌다. 계속 머물 것인지 아니면 떠날 것인지 결정하지 못한 채 여인은 시간의 끄트머리에 간신히 서 있을 뿐이었다. 그때 불현듯 까마귀 한 마리가 총알처럼 재빨리 날아와 여인의 머리 위를 지나 그 동안 걸어온 방향으로 거슬러 가기 시작했다. 마치 여인에게 그 순간을 지나가게 두라고 허락해주듯 말이다. 이렇게 해서 여인은 그 자리를 떠나 한 걸음 한 걸음 다시 일상의 풍경 속으로 돌아오게 됐다.

돌아오는 길목에서 발견한 깃털만이 그날 아침의 일을 증명해주고 있었다. 그 깃털은 공통의 공간 건너편에 있는 존재의 분명하고도 실재적인 증거가 되어주었다.


## 영감과 광기 사이

개인적 신화에 들어설 때는 뒷문, 즉 주관적 경험을 통해야만 한다. 주관적 경험 안에서 개인적 신화는 '신화'가 아닌 '삶 속의 경험'이다. 이는 현상학적 접근법으로서 경험이 어떻게 스스로를 드러내느냐에 대한 질문이다. 앞서 여인이 까마귀를 만난 것도 이와 같은 방식을 통해서였다. 바로 자신의 주관적 경험으로부터 시작된 것이다. 만약 바깥으로부터 시작한다면, 즉 객관성을 통해 거리를 유지하는 상태라면 까마귀들이 사람에게 길을 인도한다든지 춤을 추길 원한다든지 하는 일은 결코 벌어질 수 없을 것이다. 우리는 이 사실을 잘 알고 있다. 그러나 이야기 속 여인은 그 순간 그런 경험을 했다. 그녀의 이야기에 그려진 모든 사건은 현상학적으로 여성 본인에게 일어난 사실 그대로인 것이다.

문제는 주관적 경험의 타당성을 주장하려 하면 난감해지는 경우가 자주 있다는 것이다. 주관적 경험에는 내면적 실재와 외부적 실재가 역설적으로 결합돼 있기 때문이다. 외부의 시각에서 보자면 역설이란 존재하지 않는다. 그것은 그녀의 내면적 경험이기 때문이다. 반면 이 경험이 일어날 당시 여인은 춤을 췄다. 자기 집 의자에 가만히 앉아 명상에 잠겨있었던 것이 아니라, 까마귀들과 함께 외부환경 속에 있었다는 뜻이다. 여인에게 있어 까마귀는 내면적 존재이면서 동시에 외부적 존재로 경험됐다. 여성의 경험은 내면적이면서 외부적이거나 혹은 내면적이지도 외부적이지도 않다고 볼 수 있다. 그녀의 경험이 과도적 상태로부터 나왔기 때문이다.

프로이트와
이별하다

필자는 과도적 상태가 신화적 경험의 근간이라 생각한다. 이는 성장을 마친 객관적 의식과는 판이한 의식상태다. 소아과 전문의 출신 정신분석가인 위니코트D. W. Winnicott는 내부와 외부를 둘러싼 이러한 수수께끼야말로 우리가 평생을 두고 씨름해야 할 문제라고 생각했다. 그는 이를 과도적 현상이라 명명하며 다음과 같이 설명했다.

> 태어나면서부터…… 인간은 객관적으로 지각하는 내용과 주관적으로 상상하는 내용 간의 관계라는 문제를 안고 있다. 또한 이러한 문제의 해결에 있어 어머니의 도움으로 제대로 시작하지 못한다면 그 개인은 결코 건강할 수 없다. 과도적 대상 및 과도적 현상은 개개인에 있어 항상 중요한 존재, 즉 도전 받지 않을 경험의 중립지대를 각자 시작하게 해준다. …… 여기엔 다음 사항이 전제된다. 현실수용이란 과업은 결코 완수할 수 없다는 점, 내면과 외부의 실재를 연결 짓는 긴장으로부터 자유로운 사람은 없다는 점 그리고 이러한 긴장은 도전 받지 않는 경험의 중간지대에 의해 제공된다는 점 말이다. 이와 같은 중간지대는 한창 놀이에 '빠져' 있는 어린아이의 놀이터와 직접적 연속선상에 놓인다…….
>
> —《놀이와 현실》 중에서

정신분석학에서는 주관적 세계와 객관적 세계 간의 관계, 내면과 외부

사이의 관계를 대상관계object relations라 지칭한다. 위니코트의 경우 처음에는 유아의 경험적 실재를 언급했지만 오래지 않아 과도적 상태라 불리는 미묘한 상태가 성인의 경험에 있어서도 상당 부분을 차지한다는 사실을 파악했다. 인간은 처음엔 유아로서 이후엔 성인으로서 위니코트가 말한 '환영'을 지니게 된다. 환영이란 그 대상에 관한 내면의 이미지가 '원하는' 대로 외부 대상이 정확히 움직여주는 것을 뜻한다.

하지만 여기서 위니코트의 환영이란 용어가 역설적으로 사용됐음을 알아둘 필요가 있다. 우선 위니코트는 환영이란 말을 '비실재非實在, nonreality'란 의미로 사용함으로써, 내면과 외부를 구별 짓는 각성의 필요성을 암시했다. 다른 한편으론 '도전 받지 않는' 환영의 필요성을 정확히 가리키기도 했다. 주관적 타당성을 허용해주는 상상적 중간공간의 필요성을 피력한 것이다.

이러한 '환영'이 어떻게 그리고 왜 도전으로부터 자유로워야 하는지, 사람이 까마귀들과 춤을 추게 된 이유가 무엇인지 생각하다 보면 놀이의 심리적 가치 문제와 마주치게 된다. 놀이에 관한 고찰은 뒤의 제5장에서 다룰 예정이니, 여기서는 놀이란 인간이 상상을 통해 자신의 발달 과정에 참여하는 것을 가리킨다는 정도만 짚어두도록 하자. 아이들이 놀이를 통해 성숙해지듯 성인도 놀이를 통해 성숙해진다. 단, 놀이가 잠재적 발달과 실제의 '일' 사이의 중간 단계를 표상화할 경우에만 말이다.

춤을 춘 여인의 경험에는 상상의 현상이 존재한다. 상상은 이야기 속 여인과 대상 사이에 끼어들어 여인의 상상 속 세계와 현상세계가 갑자기 일치되는 듯 보이게 했다. (말하자면) 그녀가 '놀이공간'에 발을 들여놓은 바로 그 순간, 내면의 까마귀 무리와 외부의 까마귀 무리가 함께 등장한 것이다. 놀이공간, 즉 외부 대상이 내면의 대상과 흡사하리만치 동일하게 움직이는 공간에 발을 내디딘 순간에 말이다.

이렇게 해서 여인은 춤을 추게 되었다. 마치 까마귀의 인도를 받고 있는 것 마냥 춤을 췄다. 상상에 입각해서 삶을 영위하고 환상을 행동으로 옮기는 바로 이 점에 위험성이 도사리고 있다. 그렇다면 개인적 신화와 망상체계 사이엔 어떤 차이가 있는 걸까? 두 경우 모두 심리적 강렬함을 띤 생생한 경험에 기원을 두고 있으며, 자율적 상상이 취할 수 있는 놀랍고도 기발한 형태를 거듭 보여준다. 두 경우 다 세상에서 취해지는 행위 및 적응 · 조율된 라이프스타일의 기저를 이룬다. 주관적 경험을 평가할 때 객관적 병리학의 영역으론 조금도 넘어가지 않고서 어떻게 가늠디가는 그 경계선 위로만 발을 디뎌가겠는가?

위니코트는 이렇게도 표현했다.

만약 성인이 자신의 주관적 현상의 객관성을 받아들여 달라고 요구한다면 분명 광기 들린 사람으로 치부되거나 진단 받을 것이다.

여인의 까마귀 춤은 광기인가 혹은 놀이인가? 이는 자신의 경험을 견지하는 일정한 자세나 마음가짐과 밀접한 관련이 있다. 마음 한 구석에서 여인은 자신이 '놀고 있다'는 사실, 위니코트가 말한 대로 개인의 중간지대에서 '즐기고 있다'는 사실을 의식한다. 놀이나 창의성, 예술, 종교가 여기에 해당한다. 이런 경우 까마귀와 춤춘 여성을 미쳤다고 평가하진 않는다. 오히려 천재로 간주할지 모른다. 위니코트가 말한 광기란 주관적 체험 상태로 퇴보해 의식의 참여 없이 환상 사고에 갇혀버리는 경우이다.

여기엔 다음과 같은 위험이 수반된다. 양쪽 어느 경우이든 자신의 개인적 경험을 좇는 순간, 즉 자신의 까마귀 무리를 좇는 그 순간 자신이 소속된 문화에서 이탈할 위험 말이다. 다른 문화, 예컨대 초기 문화에서라면 문제의 경험이 지닌 '객관성'에 대해 그녀가 어떤 주장을 하건 무조건 광기로만 치부되지 않았을 수 있다. 되레 지혜로 받아들여졌을지도 모를 일이다. 인디언 부족이라면 그녀 자신만의 토템 동물을 찾아낸 거라 말하곤 더 이상 관심을 기울이지 않을지 모른다. 신비로운 참여에 어느 정도 빠져들 경우 광기로 치부되는지는 문화에 따라 그때그때 다르다.

하지만 우리로서는 이 딜레마에 대해 별다른 선택의 여지가 없다. 경험을 광기로서 마주하느냐 아니면 창조적 놀이로서 마주하느냐, 문화적 환경 안에서 마주하느냐 밖에서 마주하느냐는 의식적 결정의 몫이 아니기 때문이다. 우리가 문화적 신화로부터 구속 받을 가능성이 있느냐 없느냐는 선택의 문제가 아닌 말 그대로 운명의 문제다. 또한 교육 및 훈련의 문제가 아닌 주관적 경험과 주관적 상황의 문제다. 더불어 사회 발달의 문제라기보다는 개인 잠재력에 있어 불가사의하고 설명할 길 없는 구성요인의 문제라 할 수 있다.

## 천재성과 신경증

지금까지 개인의 삶에서 주목할 만한 환상 경험이 발생하는 경로를 살펴봤다. 이런 유의 경험에는 여러 가지 심리적 위험이 팽배해 있다. 가장 흔한 위험은 문화적 '실재'와 갈등이다. 환상 경험은 극히 내면적인 속성을 지니는 탓에 타인들과 소통하기 어려운 성격을 띠므로 고립감으로 이어지는 경우가 빈번하다. 이런 경험을 한 사람들은 종종 자기 정체성에 대한 재평가의 압박을 느낀다.

하지만 이런 경험에는 위험만큼이나 심리적 잠재력도 가득하다. 환상은 우리를 낡은 경계선, 즉 현실의 한계 너머로 이끌고 간다. 우리는 이러한 경계 주변에서 성장한다. 개인적인 면은 물론 문화적인 면에서도 말이다.

'항상 불완전하기만 한 문화의 벽에 생긴 틈새나 균열'에 관한 말리노브스키의 설명을 상기해 보자. 말리노브스키는 뛰어난 인격, 즉 천재성을 지닌 사람인지 아닌지는 문화의 구멍에 빠진 경험을 바탕으로 방법과 의미를 창안해내는 불가해한 능력을 통해 식별할 수 있다고 했다. 문화적 신화 사이에 생겨나는 이처럼 위험천만한 간극間隙의 지점에서 비로소 개인에 대한 가늠이 이뤄진다. 일부는 벽에 매달린 채 간신히 간극에서 빠져나가는 데 성공한다. 일부는 간극 속으로 휩쓸려 들어가 사라진다. 한편 생각을 간명하게 정리해 이런 신화적 경험을 타인에게 전달해줄 능력이 있는 사람들은 독자적인 지위를 획득한다. 그들은 문화의 균열 속으로 휩쓸려가긴 했으나 마침내 귀환해서 타인에게 자신의 여행담을 들려주는 자들이다.

다시 말해 강력한 내면경험의 분출이 고장 난 상태로 그칠지 아니면 획기적 약진의 계기가 될지는 이러한 경험 분출에 형태와 의미를 부여하는 당사자의 능력, 즉 신화화하는 능력에 달려있다. 바로 이런 일이 까마귀를 위해 춤춘 여인에게 일어났던 것이다. 필자는 앞서 여인의 이야기를 여러분에게 들려주었고, 신화로 만들었으며, 그로써 다시 이것을 문화의 경계 안으로 끌고 들어왔다. 하지만 당시 경험의 순간 속에 있던 여인 자신, 그리고 공통의 공간 건너편에 있는 자신을 발견하게 되는 모든 사람들에게 있어서 성패는 미지수다. 문제의 여인이 그런 식으로 까마귀를 경험하느냐 마느냐는 본인의 의식적 선택 너머의 일이었다. 그녀는

프로이트와
이별하다

단지 사로잡혀 있었을 뿐이다. 하지만 그녀가 신화화하는 능력을 가지고 있다면, 개인적 노력을 통해 이처럼 강력한 조우로부터 하나의 의미를 만들어낼 수 있을 것이다. 이러한 의미는 그녀 자신뿐 아니라 (그녀의 잠재력을 감안할 때) 주변의 사람들까지도 지탱해줄 힘을 발휘할 것이다. 바로 이것이 발달의 잠재력이다. 일찍이 융이 보다 충만하고 완벽하게 자기실현을 이루려는 정신의 부단한 충동이라 일컬었던 것으로서, 바로 이것이 결정요인으로 기능한다.

이런 연유에서 필자는 위와 같은 유의 경험을 '핵심' 경험, 즉 신화의 날生소재라 칭한다. 이러한 경험은 발달 과정의 출발점이 될 수 있지만, 말 그대로 출발점일 뿐이다. 핵심 경험은 성숙되고 무르익을 필요가 있다. 이러한 약진은 소소하게나마 항상 진행 중이다. 우리의 세계, 우리의 문화적 지평은 유년시절 고향 집의 푸근한 안락함으로부터 끊임없이 확장되고 있다. 그 시절 우리에겐 집이 위치한 거리가 세상의 한계였으며 건너편 거리만 해도 온통 미지의 존재였다. 우리는 성숙해가면서 의미의 기틀, 즉 신화가 확장됨으로써 점점 더 다양한 경험들을 수용해간다. 더불어 경험이 기틀을 넘어서는 지점이 항상 우리의 한계선이 된다. 또한 이와 같은 기틀이 확장돼 새로운 경험을 수용하려드는 지점이 심리적 발달의 출발점이 된다.

그러나 앞장에서 살펴봤듯이 문화는 이미 그 자체의 한계로 작용하고 있다. 문화는 특정한 적응, 심리적 성숙에 있어 특정 수준을 표현하기 때문이다. 바로 여기서 우리는 문화 대 개인의 근본적 딜레마에 직면한다. 기틀을 확장하는 개인의 역량이 문화적 역량을 능가할 때 과연 어떤 일이 벌어질지 상상해 보라. 이 두 역량은 서로 충돌하게 된다. 개인의 발달 잠재력이 문화의 한계를 뛰어넘는 지점에선 새로운 의미에 대한 필요가 터져 나온다.

창의성과 광기의 관계, 천재성과 신경증의 관계가 주목을 끄는 것은 바로 이 때문이다. 프로이트의 제자인 오토 랑크Otto Rank는 '천재성' 인격에 관해 아인슈타인과 같이 단순히 독보적인 지성인이 아닌, 사회 적응을 못하는 인물이라 설명했다. 이는 반드시 최상의 인격을 의미하진 않는다. 사실 상당수의 경우 적응에 실패한, 적응이 불가능한 인격이라 할 수 있다.

랑크는 다음과 같은 세 가지 인격유형을 제시했다. 첫째, 적응형(의무의식형)이다. 이 유형은 외부의 강요와 기대에 순응한다. 둘째, 신경증형(죄의식형)이다. 이 유형은 외부의 강요나 기대에 대해 방어적 태도를 취한다. 셋째, 창조적 천재형(자기의식형)이다. 이 유형은 외부의 강요에 맞서 스스로 자신만의 현실을 창조해냄으로써 독립적 존재가 되며 동시에 갈등 없이 살아갈 수 있는 경지에 이른다.

따라서 랑크에게 있어 '천재'란 '자신만의 현실'을 창조해내고 또한 그렇게 함으로써 사회와 차별화된 개인이 된 존재다. 다시 말해 외부의 요구보다는 내면의 이상에 따라 살아가는 존재, 문화적 환경에 적응하는 것이 아니라 되레 문화환경을 자신의 내면적 현실에 적응시켜가는 존재다. 이는 외부의 요구에 따르기 위해 내면의 이상을 희생시키는 적응형과 대조를 이룬다. 한편 신경증형은 이 둘 사이에 끼어 있는 부류로서 가장 중요하다. 신경증형이란 외부의 요구에 적응하지 못하면서도 자신에게 걸맞은 이상 또한 확신하지 못하는 부류다. 이렇게 이해할 때 신경증은 의무의식형으로부터 자기의식형으로의 이전에 실패한 경우라 볼 수 있겠다.

융 역시 신경증형을 성숙에 실패한 부류로 간주했다.

> 무의식에 현혹돼 미적거리다가 결국 신경증에 걸리고 마는 사람들이 수없이 많다. 이런 사람들은 무의식이 고안해낸 신경증 덕택에 무감정상태에서 간신히 벗어나게 되는데 이는 당사자들의 나태와 필사적 저항에도 불구하고 이뤄진다. …… 이와 같은 운명에 낙찰된 극소수의 경우 실상 '상위' 유형에 속하는데 이 유형은 이런 저런 이유로 원시적 단계에 너무 오래 머물렀다 할 수 있다. …… 또한 이 인격과 관련해 성숙의 지체에 대해서도 논의할 수 있다.
>
> ─《C. G. 융 전집》, 〈분석심리학에 관한 두 편의 에세이〉 중에서

여러 가지 면에서 볼 때 개인이 되는 데 실패함으로써 신경증이 유발된다는 생각에는 융과 랑크 모두 공감하고 있다. 그러나 천재성에 대한 이해와 관련해서는 현격한 입장 차이를 드러낸다. 랑크는 창조적 동력이 '개인의 의지를 뒷받침하고자 형성된 삶의 충동으로부터' 나온다고 주장했다. 그에게 천재성이란 자아 내에서의 의지의 승리, 즉 개인주의를 뜻했다. 랑크는 '개인 이데올로기'의 발달을 역설했는데 이러한 개인 이데올로기에 의해 개인이 집단 이데올로기와 가족 이데올로기를 넘어서게 된다고 생각했다.

반면 융은 인간을 문화의 신화 밖으로 밀어내 개인성의 영역으로 이끄는 힘은 의지가 아닌 정신에서 나온다고 설파했다. 개인 이데올로기와는 대조적으로, 융에게 있어 진정한 발달은 '개인적 신화'의 발견을 의미했다. 따라서 융의 관점에서 볼 때 문화를 넘어서서 문화인식의 장벽에 난 균열 속으로 뛰어들 수 있는 '천재성'은 다름 아닌 정신 그 자체다. 라틴어에서 천재성genius이란 문자 그대로 '낳게 하는 사람begetter'를 뜻한다. 고대 이집트의 카이며 지고의 령이자 그리스의 다이몬daimon(악마)이기도 하다. 또한 우리 곁에 서 있는 분신, 도플갱어다. 천재성은 사람이 태어난 날의 신(여성의 경우 '주노'라 불린다), 즉 수호천사라 일컬어지기도 한다. 그 실체는 다름 아닌 정신이다. 천재성은 바로 백만 살의 동거인인 것이다.

한 청년이 다음과 같은 꿈을 꿨다.

나는 이웃 한복판에 생긴 벌판을 보고 있다. 웬 노인이 벌판을 따라 걸어가며 작은 폭죽들을 던진다. 땅에 떨어진 폭죽은 터지기 시작했다. 터지고 난 폭죽은 작은 풍선처럼 점점 더 부풀어간다. 멈출 줄 모른 채 계속 커진다. 주위 사람들과 마찬가지로 나도 겁에 질린다. 왠지 저 폭죽들이 계속 커지다 마천루보다도 더 거대해져서는 끝내 모든 가옥과 사람들을 짓눌러버릴 거라는 직감이 든다. 이것은 세상의 종말이다. 끝인 것이다.

그런데 키가 3미터쯤 되는 한 남자가 성큼성큼 걸어온다. 남자는 인디언이다. 그는 성스러운 춤을 추기 시작한다. 그가 춤을 추자 풍선이 모두 줄어든다. 마침내 남자는 그 상황에서 우리를 구해냈다. 그리고는 나를 포함한 사람들 모두에게 그 춤을 추는 방법을 가르쳐준다.

여기서 우리는 백만 살의 동거인이 춤추는 모습을 보게 된다. 더불어 그 상황을 구해낸 천재성도 보게 된다. 이는 의지의 행위를 통해서가 아니라 자비의 행위를 통해서 나온다. 종전에 여성이 까마귀를 위해 춤췄을 때 여러 가지 면에서 여성은 제정신이 아닌 상태였다. 길을 벗어나 숲으로 혼자 걸음한 장본인은 그녀 안에 존재하던 고래古來의 일부분이었다. 그 순간 춤을 춘 장본인은 바로 그녀의 정신인 것이다.

고로 천재성 인격에 대한 융의 생각은 랑크와 상당히 동떨어져 있다. 천재성이란 자아 밖에 서 있는 존재이다. 주인공은 그로부터 가르침을 받아야 한다. 현재의 상황을 넘어서기 위해 춤을 추는 사람은 그에 의해 춤추도록 조종 받는다.

위니코트는 우리에게 '좋은 어머니'가 '적정 순간에, 아기가 창조해낼 준비가 된 바로 그 지점에 실제의 가슴'을 갖다 댐으로써 아기에게 젖을 먹이는 방식을 상기시켰다. 융이라면 다음과 같이 말했을 것이다. 우리에겐 정반대의 경로로 그만큼 확실하게 젖을 먹여주는 또 다른 어머니, 아기가 젖을 먹을 준비가 된 바로 그 지점에 가슴의 내면적 이미지를 만들어주는 어머니가 있다고 말이다. 아기의 울음소리를 듣고 '가슴'을 상상해내는 것은 정신의 천재성이다. 정신의 천재성은 무수한 세대를 거슬러 와서 삶의 자양분이 될 이미지를 제공해준다. 우리는 외부의 어머니에 대한 의식을 통해 '성장'하는데 외부의 어머니는 자신만의 삶이 있으며 우리와는 별개의 존재다. 또한 우리는 내면의 어머니에 대한 의식을 통해서도 성장하는데 내면의 어머니 역시 자신만의 삶을 지닌 별개의 존재로서 원형적 인물이다.

그러므로 외부적인 듯 보이는 요소에서 자양분을 취하는 사람들도 항상 있을 것이요, 내면적인 듯 보이는 음식에서 영양분을 얻을 사람들 또한 있을 것이다. 한편 문화를 통해 정신과 관계를 맺으려는 사람들도 있을 것이요, 정면으로 마주하고 관계를 형성하려는 사람들도 있을 것이다. 우리의 또 다른 어머니가 문화의 옷을 차려입은 모습으로 나타나는 시기도 올 것이다. 이때 정신의 외면적 얼굴은 역사로부터 뒤돌아보고 있으리라. 한편 또 다른 어머니가 이질적이나마 앞으로 유행이 될 차림으로 기묘하게 단장한 채 출현하는 시기도 분명 있을 것이다. 이때 정신의 내면적 얼굴은 잠재력의 자취를 찾아 그쪽을 향해 있으리라.

## 독특한 개인이 되기 위한 신화의 길

까마귀와 춤춘 여인은 마치 이끌리듯 길을 건너 가파른 제방을 올라야만 했다. 그곳에서 여인은 거대한 참나무가 서 있는 성스러운 땅을 찾아냈다. 자신의 의지에 반해 여인은 또 다시 걷기 시작했고 마침내 벌판과 마주하게 됐다. 그녀로선 이 벌판을 도저히 건널 수 없었고 다만 자신의 너머 저 멀리에 선 색다른 나무들을 보게 됐다. 그리고 이 모든 일이 끝나자 놀랍게도 작은 징표를 발견한다. 깃털은 그녀로선 도저히 설명할 길 없는 그날의 기억을 떠올리게 할 물건이었다. 그녀는 이 깃털을 집어 들었다. 마치 깃털에 어떤 의미가 스며있는 것처럼 말이다.

우리 삶에는 의식적 놀이, 그 이상의 움직임이 있다. 우리 모두에겐 자신만의 환상이 있으며, 각자의 '개인적 중간지대'에서 삶의 지침으로 삼는 가공의 이야기가 있다. 이러한 이야기를 신뢰하는 주변인들과 공유할 수도 있고 그렇지 않을 수도 있지만 삶의 어느 순간인가는 우리의 요구를 표명해야 할 때, 단순한 통찰에 따라 라이프스타일이 모색될 때가 도래한다. 즉, 이런 저런 가능성을 상대로 오랜 시간 놀만큼 놀았으니 드디어 단순한 놀이를 의미 있는 삶을 위한 제諸 규칙이 수반된 게임으로 전환할 때가 당도하는 것이다.

이처럼 우리로 하여금 개인적인 만족 이상을 요구하도록 만드는 것은 바로 우리 너머에서 연원하는 각종 경험 속에 내재된 신비임에 틀림없다. 혹은 그 반대로 이와 같은 경험 자체가 우리에게 요구해오는 것인지도 모른다. 이러한 경험은 그 본질상 표현되고 다듬어지길 종용한다. 마치 우리를 통해 자신의 존재를 알릴 때까지 우리를 붙잡고 놔주지 않을 것처럼 말이다. 이것이 바로 의미다. 즉, 일정한 주장을 천명하고자 하는 상위의 대상에 대한 참여다.

이러한 경험에서 표명될 수 있는 유일한 주장은 (굳이 정의를 내리자면) 신화적 주장이다. 가령 '까마귀 네 마리가 나를 이끌었다'와 같은 주장을 예로 들 수 있다. 이러한 주장은 당사자가 신화 속에 머무는 한 도전을 받지 않을 뿐 아니라 애초에 도전을 받을 수도 없다. 더불어 스스로에 대한 권리는 물론 우리에 대한 권리까지 요구하며, 더 나아가 창의적 작업을 통해 문화적 형태를 찾아내기라도 할 경우 이내 타인들에 대한 권리까지 요구하고 나선다.

우리 자신의 경험이 각자에게 강제하는 요구사항에 대해 우리는 어떻게 응답해야 할까? 응답은 각자의 의견이 아니라 실질적인 삶을 통해 제시된다. 우리의 응답은 일관성도 없고 모호하며 긴장감이 팽배해 있다. 아마도 이는 종교적 라이프스타일과 세간의 라이프스타일 사이의 근본적 차이인지도 모른다. 여기서 종교적이라 함은 어떤 외부 제도를 뜻하는 것이 아니라 살아 있는 고래의 정신과의 살아 있는 관계를 의미한다.

여인에 대한 까마귀의 권리 주장에서 우리는 개인적 종교의 맹아를 발견할 수 있다. 자신에게 일어난 일에 관해 스스로에게라도 설명하려면 우선 그 경험을 일정한 기틀 안에 놓아야 한다. 이를 위해서는 환상 경험과의 관계형성 방법을 알려줄 틀이 필요하다. 다시 말해 자신의 살아 있는 정신과의 관계에서 그녀를 인도해줄 종교적 신화가 필요한 것이다. 까마귀를 위해 춤춘 일은 종교적 경험, 성스러운 경험이었다. 이는 핵심 경험을 형성한다. 융은 종교적 기능에 대해 '신성한 힘에 대한 신중하고 주의 깊은 관찰'이라 정의한 바 있다. 여인의 경우 자신의 체험을 문화적인 종교의 틀 속에 놓으려 할지 모른다. 가령 개인적 신화를 만들어내느라 고심하기보단 미국 원주민의 신화를 받아들여 도움을 구할 수도 있다. 오늘날에는 이처럼 자신의 문화 밖에 있는 종교형태나 종교행위에 의지하는 사람들이 많다.

우리로서는 이와 같은 '개종'이 앞서 말한 요구를 상쇄할 만큼 충분할지 알 길이 없다. 개종은 스스로를 더욱 완전하게 알려고 드는 정신의 부단한 충동과 관계가 있다. 개인과 정신의 관계에 있어 그 잠재력이 문화의 잠재력을 능가하는 바로 그 지점에서 개체화 과정이 펼쳐질 무대가 마련된다. 그 문화가 과거로부터 온 문화건 살아 있는 문화건 간에 말이다. 이야기 속 여인은 이런 관계에 대한 규칙을 자신의 내면에서 찾아봐야 할지 모른다. 즉, 그녀가 속한 문화보다는 자신의 정신에서 전달되는 가르침 속에서 찾아봐야 할지 모른다는 뜻이다. 그녀가 이런 경험의 개인적 발달을 끝까지 밀고 나가야 할지 말지는 그간 문화형태가 이런 경험에 내재된 잠재력을 충분히 발전시켜왔는가 여부에 달려 있다. 만약 그렇지 못하다면 개종은 일종의 대체수단을 표상화하는 데 그칠 것이고 이러한 대체수단은 끝내 그녀의 개체화에 방해가 될 것이다. 이런 경우 우리 자신의 발달 과정에 대한 살아 있는 의식의 참여가 절대적으로 필요해진다.

결론적으로 그 여인에겐 문화로부터의 개체화 과정에서 자신을 이끌어줄 개인적 신화, 살아 있는 신화가 필요해질 것이다. 융의 견해에 따르면, 만일 성공할 경우 그녀는 심리적 발달과 의식 면에서 성장하게 될 뿐 아니라 문화의 발달도 자극하게 될 것이다.

프로이트와
이별하다

심리학적 견지에서 볼 때 문화의 모든 발전은 의식의 확장이다. ······ 따라서 발전은 항상 개체화에 더불어 시작된다. 다시 말해 자신이 고립됐음을 의식한 개인이 지금까지 누구의 발길도 닿지 않은 미지의 영역에 새로운 길을 개척하는 것에서 시작된다. 이를 위해서 개인은 먼저 자신이란 존재를 이루는 근본적 사실요소로 돌아가야 한다. 일체의 권위나 전통에는 개의치 않는 상태에서 말이다. 또한 스스로 자신의 고유 독특성을 의식하게끔 허용해야 한다. 만일 넓어진 의식에 집단적 타당성을 부여하는 데 성공한다면 그 결과 대립구도로 인한 긴장감이 조성되는데 이를 통해 문화는 추후의 진일보를 위한 자극을 제공 받는다.

― 〈정신의 구조 및 역학〉 중에서

이 대목에서 융은 개체화의 가치를 역설한다. 이제까지 우리는 각자의 발달 과정에 대한 의식의 참여 또는 상위 인격의 실질적 인격에 있어 의식적 실현 과정으로서 개체화에 대한 정의를 다뤄왔다. 융은 '모든 삶은 전체의 실현, 즉 자기의 실현이다. 이런 이유로 실현은 개체화라고도 불릴 수 있다,' '모든 삶은 삶을 떠안고 실현해 가는 개인에게 예속된다. 고로 이러한 개개인 없이는 상상할 수도 없다' 라고 기술한 바 있다. 융이 말하는 개체화란 과정 그 자체, 정신의 자기실현을 가리키고 있는 듯 보인다. 그러나 초창기 융이 개체화에 관해 보다 전문적인 정의를 내린 것을 보면 그가 개인의 고유 독특성을 강조하고 있음을 알 수 있다. 개체화란 '이와 같은 운명에 낙찰된' 사람들, 각자의 개인적 잠재력이 문화를 넘어서는 사람들의 내면에서 전개되는 과정이다. 이런 맥락에서 융은 문화와 개인 간의 상이점을 강조했다.

이처럼 세분화된 의미에서 볼 때 개인적 신화는 개인 내면의 잠재력이 그 모습을 드러낸 결과라 하겠다. 여기서 개인이란 독특한 개체가 되도록 운명적으로 떠밀리는 사람을 일컫는다. 이는 우리가 선택한 것도, 선택할 일도 아니다. 이는 삶이 우리에게 강요하는 사안이다. 잠재력은 의식적으로 선택하는 것이 아니라 주관적으로 인지하는 것이다. 그리고 '만들어' 지는 것이 아니라 개인적 신화로서 출현한다. 개인적 신화는 이러한 사람이 개인이 되는 데 필요한 수단이라 할 수도 있다. 신화는 잠재력을 끌어낼 수 있도록 합당한 삶의 길을 열어준다.

조지 패튼 장군은 숱한 기이한 행적으로 유명한 대전차군단 지휘관이었다. 패튼은 자신의 개인적 신화를 삶 속에 구현해낸 인물이기도 하다. 청년 시절부터 자신이 '영원한 존재로서 어느 시대에 태어나건 너끈히 살아낼 능력이 있으며 군인으로서 영웅이 될 운명'을 타고났다고 믿었다. 그 결과 군인 이외의 다른 직업은 생각해 본 적조차 없었다. 그는 평생 마음속에서 느껴지는 자신의 잠재력을 실현하지 못할까 봐 수없이 절망하며 고뇌했다. 이러한 절망은 1918년 그가 아르곤 숲 전투에서 부상을 입는 바람에 당시 전쟁에서 미군에게 가장 중요했던 전투를 놓치게 되면서 중대 고비를 맞는다. 패튼은 회복기간 중에 〈거울을 통해 어둡게 Through a Glass, Darkly〉라는 시 한 편을 썼는데 시 속에서 그는 '군인의 환생'에 대한 자신의 환상을 표현했다.(톨킨도 이와 매우 유사한 위기를 겪고 시를 남긴 바 있다. 자세한 내용은 제6장을 참조하라.) 패튼이 가본 적 없는 여러 장소에 대한 비상한 기억들도 곳곳에 드러나 있었다.

자신의 환생에 대한 패튼의 신화는 그 자신을 독립된 개인으로 만들어준 한편, 그만의 라이프스타일을 제공했다. 그로 인해 이후 25년간 투사로서의 잠재력을 삶 속에 실현할 수 있게 됐던 것이다. 그는 군인으로서의 삶이 스스로의 선택이라고 믿지 않았다. 오히려 소명을 받았다고 느꼈다. 환생에 대한 이러한 신화는 그에게 여타 장성들과는 판이한 '틀'을 부여했다. 패튼은 자신의 잠재력을 충분히 실현했다는 생각이 들자 곧 죽음이 닥쳐올 것 같은 예감이 들었다. 1945년 말 죽음에 대한 예감으로 괴로워하던 그는 '회고'라는 제목으로 글을 집필하기 시작한다. 여기서 그는 '전쟁은 고래古來의 주제다. 또한 나는 고래의 인간으로서 40여 년간 전쟁을 연구하고 몸소 치러왔다'라 적고 있다. 그리고 지인들에게 자신의 죽음을 예견하고 있음을 털어놓고는 그로부터 얼마 후 목이 부러지는 사고를 당해 60세를 일기로 생을 마감한다. '군인에게 어울리는 최후는 마지막 전투에서 마지막 탄환에 맞아 즉사하는 것이다.' 패튼은 이렇게 말했다.

개인적 신화의 형태는 일단 결정화되고 나면 개인의 삶 속에서도 문화 속 삶에서와 동일한 패턴을 좇는다. 다듬는 단계, 기능적 절정 단계, 이어지는 쇠퇴 단계, 재탄생의 단계를 거치는 것이다. 개인적 신화의 형태는 각각의 순간에 있어 최상·최적화된 표현으로 등장한다. 그것의 생명력은 그 순간 그 형태에 실린 에너지로부터 나온다. 신화의 형태는 '살아 있는' 상징이다. 그러나 어떤 상징도 영원히 살아남을 순 없다. 집단적 신화는 특정 시점에 특정 문화로부터 생겨나와 문화적으로 인식가능한 패턴으로 결정화된 다음 기능적 관계의 변동에 따라 사라져간다. 이와 마찬가지로 개인적 신화의 특수 형태도 일정 기간 동안만 개인에게 소용되다가 끝내 자체의 에너지를 잃고는 빈껍데기가 돼버린다. 신화란 영원하지 않다. 하지만 그 기저를 이루는 잠재력은 계속 남는다.

바로 여기에 명백한 차이가 있다. 발달의 잠재력은 불가사의한 요인이다. 일반적으로 이런 잠재력은 삶 속에서 핵심적인 경험들을 통해 분출된다. 이러한 핵심 경험은 권한을 부여해주는 한편 상처를 안겨주기도 한다. 그러나 이와 같은 불가사의한 경험은 다양한 형태로 나타나므로, 평생에 걸쳐 우리는 하나의 개인적 신화로부터 살아간다기보다 개인적 신화의 종언과 재탄생을 삶 속에서 겪어간다 볼 수 있다. 우리는 한평생 수차례에 걸쳐 신화 속에 들어가기도 하고 또 신화 밖으로 나오기도 한다. 핵심 경험은 계속 남아 있지만 평생에 걸쳐 거듭해서 조정 과정을 거쳐야만 한다. 그 과정에서 각기 다른 형태, 각기 다른 이미지, 각기 다른 은유가 좀 더 발달된 수준으로 실현된 핵심적 불가사의에 접근한다. '만일 (개인이) 넓어진 의식에 집단적 타당성을 부여하는 데 성공할 경우, 그 결과 대립구도로 인한 긴장감이 조성되는데 이를 통해 문화는 추후의 진일보를 위한 자극을 제공 받는다.'[○○]

　뒤에서 살펴보겠지만 융의 일생은 개인적 신화의 연속적 순환 주기를 보여주는 실례라 할 만 하다. 개인적으로 크나큰 변화와 혼란을 겪어야 했던 1916년, 융은 '망자를 위한 일곱 편의 설교문Seven Sermons to the Dead'이란 제목으로 간략한 종교적 글을 쓴 바 있다. 여러 면에서 볼 때 이 글은 융의 신화에 있어 첫 번째 결정화일 뿐 아니라 분석심리학의 중심 사상을 엿볼 수 있는 단초를 상당수 포함하고 있다. 이를테면 1912년부터 1916년까지 지속된 일련의 환상 등 융의 삶 속 핵심 경험을 가다듬은 여타 이미지와 은유가 속속 등장하는 식이다. '일곱 편의 설교문'에서 융이 사용한 문체는 비교적 종교적으로, 분석심리학서에서의 과학적 문체와는 상이한 여러 은유를 사용하고 있다. 이처럼 그의 개인적 신화 주기 속 각 결정화의 내용이 평생에 걸쳐 변화하는 반면, 그 기저를 이루는

○○
칼 융, 《정신의 구조와 역학》 중에서(141쪽 인용문 참고)

패턴은 한결같이 중심 주제를 표현한다.

개인적 신화에 천착하다 보면 유효시기가 지난 신화에 매달리는 경우도 비일비재하다. 이 점은 강력한 은유, 강력한 진실의 고질적 문제다. 개별 신화를 실현하기 위해서는 신화를 삶 속에 끌어내야 하며 특수화해야만 한다. 그러다 보니 우리는 언제든 신화의 위치를 알아볼 수 있도록 그 주변에 사당이라도 세우려 드는 경향이 있다.

그러나 살아 있는 신화는 내용뿐만이 아니라 과정이기도 하다. 살아 있는 신화는 강물처럼 흘러간다. 개인적 신화는 백만 살의 동거인을 향해 설치된 '생명줄'이나 또는 '문제의 순간에 (나의) 생명줄이 가리키는 방향'에 대한 느낌으로 간주하는 편이 더 바람직하다. 융은 정신분석방식에서 바로 이러한 과정을 마음에 두고 있었다. 융의 정신분석에는 필자가 종교적 기능이라 칭하는 요소가 존재했던 것이다. 융에게 있어 분석은 정신 그 자체와의 관계복구를 목표로 하는 것이었다. 하지만 생명줄에 관해 융이 기술한 다음의 내용은 개체화의 길을 걷는 사람이라면 분석 상에서건 밖에서건 누구에게나 적용된다.


'생명줄'의 설치는 의식에게 끊임없이 변화하는 리비도의 흐름을 드러내 준다. …… 생명력을 띤 강렬함의 감소, 리비도의 두드러진 소실 또는 정반대로 감정의 고조. 이런 현상들은 하나의 줄이 중단되고 다른 새 줄이 시

프로이트와
이별하다

작되는 순간, 아니 다른 새 줄이 시작돼야 하는 순간을 가리킨다. 때로는 새로운 줄을 찾기 위해 무의식과 결별하는 것만으로 충분하다. …… 고로 필자는 여느 심리학자들과 달리 환자가 증상의 재발을 원치 않는다면 분석 이후에도 자신의 무의식과 접촉 상태를 유지할 필요가 있다고 본다. 필자는 환자가 자신의 무의식과 접촉을 유지할 수 있는 방법에 관해 충분한 지식을 얻었을 때, 환자가 문제의 순간에 자신의 생명줄이 가리키는 방향을 분간해낼 수 있을 만큼 충분한 심리적 이해에 다다랐을 때 비로소 분석의 목적이 달성되는 것이라 믿는다. 이러한 과정 없이 환자의 의식적 정신은 리비도의 흐름을 따라갈 수 없을 것이요, 그가 성취해놓은 개성을 의식적으로 지탱할 수도 없을 것이다. 심각한 신경증 증세에 시달리는 환자의 경우 자신의 치료 과정을 인내할 각오만 돼 있다면 이런 방식을 통해 무장을 갖출 필요가 있다.

이렇게 이해할 때 분석은…… 심리적 삶의 예술이며 기법이자 과학이다. 완치된 환자는 자신은 물론 주변 사람들을 위해서도 이와 같은 작업을 계속 해나가야 한다.

— 〈분석심리학에 관한 두 편의 에세이〉 중에서

이를 통해 우리는 개인적 신화를 삶 속에서 체현하는 경험, 즉 개체화에 대한 넓어진 의식을 지탱해줄 '문제의 순간 속 생명줄'에 대한 느낌에 좀 더 근접하게 된다. 이러한 경험은 정신에 대해 넓어진 의식을 지탱해준다. 여기서 정신은 개인적으로뿐 아니라 주변인을 위해서도 끊임없이 스스로에 관해 보다 완전하게 파악하려 드는 속성과 관련이 있다.

오늘날 우리의 문화는 신화의 종언을 경험하고 있다. 신화의 종언이란, 융이 이전 세대의 노후한 신화가 사라질 무렵이 되면 개개인의 삶에 신화생성 과정이 자리 잡는다고 언급했을 때 전하고자 했던 바로 그 의미다. 개개인의 상상 속에서 이뤄지는 개인적 신화의 탄생이 문화의 상상에 있어 더 큰 차원에 해당하는 신화의 재탄생으로 이어질 수 있기 때문이다.

'[개인]이 자신의 넓어진 의식에 문화적 타당성을 부여하는 데 성공할 경우 그 결과 대립구도로 인한 긴장감이 조성되는데 이를 통해 문화는 추후의 진일보를 위한 자극을 제공 받는다.' 이것이 바로 개인적 신화가 기약하는 바다. 이것은 개인의 차원을 넘어선다. 융은 개인적 신화를 개체화의 견지에서뿐 아니라 진화의 견지에서도 조망해볼 필요가 있다고 한 바 있다. 이때 진화란 문화적 진화뿐 아니라 인류의 진화까지를 일컫는다. 이는 개체화와 대척점에 서지 않으며, 오히려 개체화의 밑바탕을 이룬다. 융은 문화의 모든 발전은 인간 의식의 확장이라고 단언했다.

이런 점에서 볼 때 개인적 신화가 개개인의 삶에서 요구하는 것들, 즉 길고도 외로운 노력, 두려움과 의심, 무수한 실패는 자신뿐 아니라 남을 위해서도 감내하는 것이라 하겠다. 이처럼 새로이 진화하는 신화를 위해 얼마나 큰 무의식의 토대가 이미 만들어져있는지 개인이 깨닫기란 불가능한 듯싶다. 비록 이러한 무의식 상의 토대가 인정도 받지 못하고 아직 발견도 되지 못한 상태긴 하지만 말이다.

그러나 여기에도 위험이 도사리고 있다. '문화적 타당성'을 찾아내는 데 성공한 신화라 해도 이런 긴장감을 이겨내고 살아남을 신화가 그 중 얼마나 될지 자못 궁금증이 인다. 얼마나 많은 신화가 미지의 땅을 개척하는 대신 문화의 장벽 너머에 있는 어두운 숲에서 사멸하고 말까? 한 여성이 까마귀 무리를 위해 춤을 췄다. 이미 그녀는 그 강렬한 경험에서 물러서기에 너무 늦었다. 그렇다고 해서 그녀의 경험을 보존해줄 어떤 의미가 나타나리라는 보장도 없다. 앞으로 어떤 사태가 벌어지든 문제의 경험은 이미 그녀 자신을 예전 삶의 방식 저 너머로 데려가 버렸다. 마치 제임스 조이스의 소설 《젊은 예술가의 초상》에 등장하는 주인공 스티븐 디달러스처럼 말이다. 소설 속에서 스티븐은 어느 부활절 아침, 자신에게 맞지 않는 모든 것을 버리고 떠날 채비를 한다. 아일랜드의 고향 집과 가톨릭교에 대한 신앙심 전부를 버릴 결심을 한 것이다.


어서 오라, 삶이여! 나는 경험의 실재를 백만 번째 맞이하러 나선다네. 또한 내 종족(인류)에게 있어 미처 존재치 않는 양심을 만들려 내 영혼의 대장간으로 향한다네.

4월 27일 : 늙으신 아버지시여, 늙으신 조물주여, 이제 영원토록 제게 힘을

보태주소서.

—제임스 조이스, 《젊은 예술가의 초상》 중에서

프로이트와
이별하다

그들은 집단 신화가 쇠락해가는 칠흑 같은 밤, 모든 신화가 탄생한 바로 그 동굴 속으로 신화적 여행을 떠난다. 불빛 속에서 온갖 짐승의 모습이 그림자 사이를 넘나들며 춤추는 라스코의 동굴과 같은 곳으로. 이런 사람에게 이 같은 공간과 상황이 주어진다면 개인적 신화는 탄생할 수 있다.

필자는 이 꿈의 주인공인 여성을 꿈 토론 모임에서 만났다. 한참 동안 꿈에 대한 이야기를 나눈 후, 녹초가 된 나는 집으로 돌아와 양발을 올려놓은 채 월드 시리즈를 시청했다. 때는 1989년, 마침 오클랜드와 샌프란시스코의 경기가 펼쳐지고 있었다. 그러나 내가 TV를 켜자 동부 시간 8시 5분경 발생한 지진으로 인해 야구 경기는 이미 중단된 상태였다. 우리가 한창 산 안드레아스 단층이 등장하는 꿈 얘기에 빠져 있던 바로 그 시간 정말 지진이 발생했던 것이다.

구조적 공명은 이처럼 주관적 요인과 몰개인적 요인이 꿈에 함께 나오는 방식과 관련이 있다. 따라서 그녀의 꿈이 지진 발생을 예견했다고 생각하기보다는 그때까지 삶에 형성돼온 단층선으로 인해 이미 그녀의 정신이 지진 주파수에 맞춰져 있었던 것이라 본다. 여성의 주관적 경험이 공명함으로써 이를 통해 몰개인적 요인이 꿈속에 진입한 것이다. 그 공명이 너무나 강력한 결과 동시 발생의 경험이 생겨난 것인데, 이와 같은 경험에 나를 포함해 모임 전체가 참여한 셈이 됐다.

# 융과
# 프로이트,
# 무의식의
# 원더랜드

# 4

하지만 내가 우려하는 바는 다음과 같다. 과거의 신화적 이미지만 열성적으로 쫓다가 오늘날 우리의 정신 속에서 신화를 유발하고 신화를 생산해내는 실질적 특질을 상대로 관계 맺을 기회를 놓칠지 모른다는 점이다. 정신은 고유의 신화적 역량, 신화적 생성, 신화적 언어를 방기한 적이 없다. 신화는 오래 전에 일어난 것으로, 이제는 그저 반복되고 기억되고 다시 얘기되고 다시 꺼내지는 과거의 일일 뿐이라고? 결코 그렇지 않다. 신화란 마치 미래의 정신 일체를 이미 회자되는 이야기와 흡사하게 만들어버릴 작정인 양 단 한 번 기술된 걸로 끝나는 존재가 아니다. 신화는 어느 시대에서건 정신의 언어다. 따라서 과거의 신화적 목소리보다는 현재와 미래의 신화적 목소리를 의식하고 이에 관여하는 쪽이 더 중요하다 할 수 있다. 나의 소견으로는 과거로부터 존재해온 것들을 의식적으로 '다시 보기' 또는 '다시 말하기' 하는 일은 현 시대에 자발적 정신에서 발로하는 목소리와 비전을 직접 체험하는 데 의식적으로 관여하고 전념하는 일만큼 중요치 않다고 본다.

—러셀 록하트, 《영혼은 말한다》 중에서

## 죽은 상징의 땅

한 남자가 꿈을 꾼다. 남자는 자신이 아는 여자와 함께 있다. 두 사람은 협곡에서 걸어 나오는 중이다. 마침 남자에게 "이걸 하지 마"라고 말하는 목소리가 들려온다. 남자가 뒤를 돌아보자 콘크리트에 뒤덮인 그랜드 캐년이 시야에 들어온다. 이 꿈에서 제기되는 문제는 다음과 같다. 그랜드 캐년이 콘크리트로 뒤덮이고 있는 중이라는 사실이 과연 중요한가?

우리 삶의 가장 힘겨운 순간은 상상이 실패할 때이다. 심오하고 오래된 뭔가를, 형언할 수 없는 아름다움을 지닌 뭔가를 상실한 때다. 각자가 삶 속에서 은유를 찾아내지 못하기 때문에 상징은 구체적 언어concrete language(콘크리트 언어)의 포장 속에 가려지고 만다. 스스로와 우리 너머의 존재를 관계 지어주는 다양한 배음倍音을 더 이상 듣지 못하는 탓에 일상 생활의 단순한 행위들도 아무런 소리를 내지 못하는 상태에 이른다. 각자 상상의 변화에 대한 공명을 느끼지 못하는 탓에 결국 우리는 말끔하게 포장되었을 뿐 지향점도 없는 도로 위에서 길을 잃을 위험에 처하고 만다.

돌아가는 길, 즉 귀환은 상징을 거치게 된다. 하지만 각종 기호와 기장旗章, 회사 로고 등 죽은 상징의 잔해들로 어질러진 세상에서 설령 살아 있는 신화와 마주친다 한들 이를 알아보기란 어려운 노릇이다. 신화를 체험하기 위해서는 우선 상징과 타협해야만 한다. 사고회로장치를 통해 번역되지 않은 상태에서 '정신이 하는 말'에 대한 개방, 일종의 '제2의 순수'를 경험할 필요가 있다. 그러기 위해서는 상징이 형성될 수 있는 자세나 마음가짐을 기억해야 한다. 기본으로 돌아가야만 한다.

상징이란 불가사의한 것이다. 상징을 움켜잡으려하는 순간, 그것은 땅 속의 잔가지처럼 이성이라는 단단한 지표면 아래 정신이라는 뿌리 속으로 보다 깊숙이 우리를 이끌고 들어간다. 이미지는 이미지 자체 그 이상을 가리킨다. 낱말은 그것이 의미하는 바를 말하지만 그 의미에는 말로써 표현되는 것 이상이 담겨 있다.

상징은 살아 있는 존재다. 상징은 고유의 자연서식지, 즉 정신 속에서만 산다. 상징은 '둘 다/그리고', '그것이다/ 그것이 아니다', '하나/여럿'과 같은 긴장상태를 통해 살아간다. 긴장은 상징을 생명력 넘치게 만드는 역할을 한다. 상징은 중재·연계·소통을 통해 살아간다. 이런 중재·연계·소통은 의식을 통해서는 볼 수 없는 대상 사이사이에 상징이 만들어놓는 것이다. 상징은 에너지를 통해 살아간다. 이 에너지를 가지고 상징은 심층적 인식 차원에서 여러 대상을 한데 묶는다.

한편, 상징은 좌절감은 안겨준다. 비이성적이긴 하나 비논리적이진 않기 때문이다. 또한 구체적이긴 하나 말 그대로인 것은 아니다. 상세하긴 하나 명확한 것도 아니다. 다중적 의미를 지녔지만 그렇다고 해서 모호하지는 않다. 상징은 이성적 사고와는 판이한 의식의 차원이라 하겠다. 객관적 의식이 변별하는 반면 상징적 의식은 한데 섞는다. 객관적 의식이 차이점에 주목하는 반면 상징적 의식은 닮은 점만을 본다. 객관적 의식이 분할하는 반면 상징적 의식은 통합한다. 심층적 면에서 볼 때 객관적 의식의 입장에서 상징은 결단코 용납할 수 없는 존재다. 합리적 정신이 상징을 이성의 밝은 빛 속에서 잡으려드는 찰나 상징은 과다노출된 필름처럼 타버리고 만다. 나비가 그러하듯 상징도 책 속에 핀으로 찔러놓아두면 죽는다. 상징은 '둘 다/그리고'라 말하지만 구체적이고 운용적 사고는 '둘 중 하나/또는'이라 말한다. 상징은 '이것이며 이것이 아니기도 하다'라 말하지만 그 순간 지성은 '결정을 내려'라고 말해온다. 흐르는 물에 대한 꿈을 꿨다고 하자. '알았다. 물이 바로 에너지야'라고 하는 순간 상징은 이렇게 말한다. '아니, 틀렸어. 그 이상이 더 있어.' 상징은 아무리 닿으려 애써도 붙잡지 못하는 데서 오는 필연적 좌절감을 불러일으킨다. 우리가 지닌 '앎'의 방식에는 붙잡은 대상을 질식시키는 경향이 있다. 그 결과 알 수 없는 요소에 대한 인지가 허물어지고 만다. 우리는 창문을 닫는다. 붙잡히기 싫어하는 상징은 불가사의에 대한 개방을 강요한다. 마치 생경한 풍경을 향해 열리는 창문과 같이 말이다.


## 융과 프로이트의 암호

상징이 폐쇄되길 꺼리는 이유는 융이 말했듯 우리의 환상과 신화가 '에너지가 왕성한 과정의 자기표현'이기 때문이다. 에너지는 늘 움직인다. 따라서 상징은 늘 진화하는 중이다.

에너지의 개념에는 조절된 과정이란 생각이 반드시 포함된다. 과정이란 늘 상대적으로 높은 잠재력에서 낮은 잠재력으로 흘러가기 때문이다. 이는 리비도 개념의 경우도 마찬가지다. 리비도란 다름 아닌 삶의 과정의 에너지를 뜻하기 때문이다. 물리적 에너지처럼 리비도도 상상 가능한 모든 변형을 거친다. 신화는 물론 무의식의 환상에서 이를 뒷받침하는 증거를 얼마든지 찾을 수 있다. 이러한 환상은 주로 에너지가 왕성한 과정의 자기 표현인데 이 과정은 고유의 구체적 법칙을 따르며 명확한 '경로'를 고수한다. 이러한 경로는 에너지의 최적 방출과 그로 인해 파생되는 상응 결과를 그려내주는 직선이나 곡선이다. 따라서 이 경로는 유유히 흐르는 가운데 자기를 표명하는 에너지의 표현에 불과하다. 이 경로는 리타$_{rta}$$^{\circ\circ}$이자 올바른 길이며 생명 에너지 혹은 리비도의 흐름이고 끊임없이 자기를 재생하는 물결이 향하는 예정된 수로라 하겠다. 이와 같은 경로는 또한 인간의 운명이 자신의 마음에 달려있는 한 운명이라 말할 수도 있다. 바로 우리 운명이 나아갈 길이자 우리 존재의 법칙이기도 하다.

—《C. G. 융 전집》, 〈심리적 유형〉 중에서

프로이트와 융은 팔씨름을 했다. 두 사람은 꿈이 어떻게 꿈이 되는가, 상징은 어떻게 상징이 되는가란 문제를 논쟁거리로 삼았다. 두 사람은 상상의 본질과 상상에 부여되는 신뢰를 놓고, 거기서 우리가 발견하는 바가 환영인지 창의성인지를 놓고 씨름을 벌였다. 한동안 앞뒤로 서로를 당겨대다 마침내 프로이트가 한 쪽으로 기울자 융도 반대쪽으로 기울어

∞
산스크리트어로 우주 만물의 법칙을 일컫는다.

졌다. 당시 두 사람은 이를 리비도 이론이라 칭했다.

리비도는 일종의 분석암호다. 리비도는 복잡한 전문용어의 미로 속에 숨어 있는 경우가 많지만, 일단은 감정의 강렬함과 관련 있다고 이해하면 도움이 될 것이다. 리비도는 정신은 물론 육체 안 깊은 곳에서부터 나온다. 우리는 매일 다양한 강도의 강렬함을 경험하거나 또는 강렬함의 결여를 느끼고 결국 리비도가 관여하게 되는 상황을 맞닥뜨린다. 사랑과 증오, 분노, 열정, 흥미, 매료는 강렬함이 분산되고 활용되는 방식과 관련이 있다. 따라서 사랑, 증오, 열정 등에 관해 말할 때 '나의' 라는 표현을 쓰는 것은 것은 그리 정확한 표현이 아니다. 이러한 차원의 강렬함은 의지력과 무관하게 순간순간 우리를 사로잡으며, 우리는 여러 가지 방식으로 강렬함을 체감한다. 열정을 키워갈 때, 어떤 행위로부터 흥분을 맛보고서 다시 그 행위를 하고 싶어질 때가 대표적인 경우이다.

일찍이 프로이트는 다음과 같은 사실을 알아차렸다. 첫째, 강렬함은 집중되는cathected 듯 보인다. 즉, 특정 상황에 스스로 달라붙는 듯 보인다. 둘째, 상황에 결부된 강렬함으로 인해 해당 상황은 다소간의 문제성을 띠게 된다. 가령 공포증의 경우 두려움의 대상인 사물이나 상황에 에너지가 과도하게 실린다. 다시 말하지만 대체로 강렬함이 결부되는 대상은 우리로부터 어떤 의식적 통제도 받지 않는다. 고로 우리는 '리비도의 변형' 이란 문제, 강렬함이 어떤 식으로 한 상황에서 다른 상황으로 옮겨

가는지의 문제를 당면한다. 예컨대 오후가 될 수록 일할 기운과 에너지가 점점 사라지고 있다고 치자. '일에 대한 열정이 조금만 더 생겨도 한결 나을 텐데'라고 혼자 생각한다. 하지만 아무리 노력하더라도 자신을 억지로 일에 '빠져들게' 할 수는 없는 일이다. 그러다 퇴근 후가 되면 게임에 매료돼 컴퓨터 앞에서 돈과 시간을 화수분으로 써대고 있는 자신을 발견하는 것이다. 물론 이런 식의 애착은 훨씬 더 복잡하고 훨씬 심각한 문제성을 띠는 경우가 많다.

리비도는 발달과 관련이 있다. 아이들이 흥미를 갖게 되는 대상은 발달의 목적을 구비하기 때문이다. 이는 성인의 경우도 마찬가지다. 우리는 철저하게 발달 지향적이다. 인생 주기의 여러 단계에서 우리가 흥미를 갖게 되는 대상, 애착을 갖게 되는 대상, 우리의 열정을 불러일으키는 대상은 우리가 상상하는 만큼 의식적 선택의 문제는 아니다. 매 연령에서의 발달임무는 거센 강물에서 나타나는 종잡을 수 없는 변화처럼 전개된다. 앞으로 갔다 뒤로 갔다, 합쳐졌다가 갈라졌다 하면서, 그러나 잠재력을 향해 불가피하게 흘러가는 식의 변화 말이다.

그러므로 강렬함은 인격의 본질적 구성요인이다. 강렬함은 스스로 재생하고 스스로 조절하는 에너지다. 정신 에너지는 상당 부분 이미 정신이 기본적으로 필요로 하는 바에 할애되고 있는 것으로 간주할 수 있다. 즉, 정신 에너지의 상당 부분이 리비도란 예산안에서 미리 확정된 '고정

항목'에 할애되며 극히 소액의 잔여분만 자아의 '재량 지출'(융은 이를 '가처분 리비도'라 칭했다) 몫으로 돌아간다 볼 수 있겠다.

그러므로 상징에 대해 언급할 때는 그 이미지가 불러일으키는 에너지, 매료, 주의력이 항상 수반됨을 알 수 있다. 이러한 사실은 상징을 '정신 에너지의 변형자'로 조망했던 융의 견해에서 중심을 이룬다. 상징을 살아 있는 상징으로 만드는 것은 다름 아닌 에너지다. 상징은 관찰자가 감지는 했으나 아직 알지 못하는 대상을 최상 · 최고로 표현해낼 때 진정으로 생명을 얻는다. 고로 상징은 관찰자의 무의식적 참여를 종용하는 한편 생명력을 부여하고 생명력을 증대시키는 효과를 갖는다.

이와 같은 강렬함이 생활 속에 구현되기 위해서는 형태를 취해야 하기에 강렬함은 패턴으로서 스스로를 드러낸다. 본능적 유형이라 생각되는 가장 원초적인 강렬함—싸우거나 도망가기fight or flight, 성性, 양육조차도 패턴을 동반한다. 이는 단순히 아드레날린이 혈액 속에 방출되고 심장 박동 수가 급증하는 것만 뜻하지는 않는다. 여기엔 또한 패턴에 대한 본능적 인지도 수반되어야 한다. 본능적 인지란 예컨대 우리 안의 뭔가가 우선 상황을 살펴본 뒤 싸우거나 도망가기 패턴에 적합하다고 인지하면 그 후 우리에겐 공포감이 엄습해온다는 의미다. 단순히 성적 느낌이 든다는 뜻이 아니라 어딘가에 성적 반응에 신호를 주는 이미지가 존재한다는 말이다.

형태와 에너지를 통해 우리는 원형의 개념, 즉 정신 에너지의 패턴이란 개념에 한층 더 다가설 수 있다. 상징은 언제나 강렬함을 수반한 이미지, 에너지가 왕성한 이미지다. 만일 강렬함이 결여된 이미지라면 이는 상징이라 할 수 없다. 광고 회사들 가운데는 바로 이 점을 이해하지 못하는 경우가 흔히 있다. 단순히 어떤 로고를 특정 상품의 표시로 할당하는 것은 임의적 조치로 이러한 로고는 어떤 매료도 유발하지 못한다. 그저 선전이며 과대광고일 뿐이다. 예컨대 '미국적 품질의 상징'이라느니 '우수성의 상징'이라느니 떠들어대는 자동차 광고처럼 말이다. 위험은 조종세력이 살아 있는 상징을 잡아내는 그 순간 발생한다. 이렇게 되면 나치주의 행렬이 거리를 행진하는 것과 같은 사태가 벌어진다.

　이는 종교적 '상징'에도 적용된다. 십자가의 상징, 성배, 제단, 이슬람 사원, 다윗의 별, 기도문 통筒°°, 티베트의 만다라, 장승, 뉴에이지 상점에서 파는 수정 구슬─여기에 과연 강렬함이 깃들어 있을까? 이 상징이 잠자고 있는 상상력을 깨울 수 있을까? 우리를 매료시킬 수 있을까? 만약 그렇다면 이 상징은 살아 있는 것이고, 그렇지 못하다면 이 상징은 죽은 것이다. 전자의 경우 이 존재는 상징적 존재가 된다. 후자의 경우 이 존재는 그저 역사적 존재로 남을 뿐이다.

°°
라마교에서의 기도문을 넣은 회전 원통을 말한다.

4─융과 프로이트, 무의식의 원더랜드 | 163

이는 신화에도 똑같이 적용되며 예술에도 동일하게 적용된다. 상징적 존재가 될지 그저 영리한 선택에 그칠지는 저 깊은 곳에서 유유히 흐르는 강렬함의 물길로부터 유래한 것이냐 여부에 달려있다. 심리학에도 마찬가지다. 비록 서로의 행동에서 상징적 행위를 봤다거나 대화 속에서 숨겨진 의미를 찾았다고 주장하는 경우가 허다하긴 하지만. 실상을 보면 영리한 선택에 그치는 경우가 많다. 도처에 원형이 널려있다. 도처에 오래된 신과 여신이 즐비하다. 허나 살아 있는 신화는 대체 어디에 있단 말인가?

## 두 대가의 논쟁

프로이트와 융은 리비도를 흐르는 강물에 비유했다. 강물이 그렇듯 강렬함도 일정한 방향으로 흐른다. 강물처럼 강렬함도 저항이 가장 적은 선형(자연적인 '경사면')을 따라 흐르다 간혹 댐에 가로막혀 물길이 끊기기도 한다. 이렇게 되면 물이 쌓여 수압이 높아져 결국엔 댐을 뚫고 나가거나 또는 댐 주위에서 새로운 길을 찾아 흘러든다. 이것이 두 사람이 주로 사용한 비유의 내용이다.

살다 보면 우리가 하는 일—프로젝트나 도전, 학습 과정 등에 정말로 몰두하게 되는 날이 있다. 반면 일을 억지로 하게 되는 날, 일에 좀처럼 몰두하지 못하고 지루해하며 겉돌기만 하는 날도 있기 마련이다. 이런 차이는 의식적인 집중보다는 무의식적 흐름과 관련이 있다. 각기 다른 대상물이 서로 다른 시점에서 소규모 또는 대규모로 우리의 에너지를 끌어당기며, 정신 에너지는 마치 바닷물처럼 쓸려나갔다 밀려들어온다. 간혹 정신 에너지는 외부 삶의 투영적 반향—관계나 일, 외부 프로젝트 등에 이끌려 세상 밖으로 흘러나오기도 하며, 물길을 거슬러 정신으로 되돌아 흘러들기도 한다. 이처럼 평생에 걸쳐 우리의 에너지 흐름은 수없이 바뀐다. 경우에 따라 바깥세상의 일을 위해 우리 자신을 외부로 이끌기도 하고 내면에 관한 일을 위해서 정신 속으로 인도하기도 하는 것이다. 이런 점에서 현대인들의 생활에는 다음과 같은 위험요인이 존재한다. 첫째, 외향적 측면에만 치우치다 보니 각자의 에너지가 늘 외부에만 집중돼 있어야 한다고 생각한다는 점, 둘째, 그 결과 각자의 마음속에서 일어나는 내면으로의 에너지 흐름에 저항하게 된다는 점이다.

융은 이러한 정신의 간조干潮와 만조滿潮 현상을 정신 에너지의 전진과 후퇴로 설명했다. 강물의 흐름처럼 에너지의 전진도 우리를 둘러싼 외부 환경을 향해 이뤄진다. 전진의 목적은 적응에 있다. 따라서 전진은 진화적 충동이다. 생명체가 종의 생존을 위해 변화하는 환경요구에 적응하는 데 쏟아 부어야 할 막대한 양의 에너지를 뜻한다. 융이 '리비도의 전진'에 관한 설명에서 말하고자 한 바는 다음과 같다. 전진이란 우리 인생에 있어 내면의 강렬함이 가정, 직업, 성과, 사회화, 문화발전 등과 같은 외부세계로 흘러듦으로써 외부의 삶이 더욱 흥미롭게 보이도록 만드는 시점에 해당한다는 것이다.

그러나 강물이 댐에 막히듯 삶을 향한 정신 에너지의 전진도 이따금 좌초되곤 한다. 외부세계에 대한 적응에 실패하는 것이다. 사실 이처럼 적응에 실패해야 할 필요도 있다. 외부적 적응이 특정 환경에 대한 반응을 표상화하는 한 이렇게 편파적인 발달이 새로운 요구에 제대로 대응하지 못하는 건 불가피한 현상이기 때문이다. 마치 조수의 경우에서처럼 말이다. 우리가 당면하는 새로운 요구가 전진적 적응의 한계를 넘어선다면 정신 에너지는 그 흐름을 되돌리고 더 이상 외부환경을 향해 움직이지 않는다. 다만 정신을 향해 다시 되돌아갈 뿐이다. 융은 이러한 현상을 리비도의 후퇴라 칭했다.

리비도의 후퇴 또는 내향內向은 리비도의 전진만큼이나 진화적 소임이다. 내면의 정신적 삶에 대한 적응 역시 문화에 대한 적응만큼이나 필요하다는 뜻으로, 내향의 목표는 개인의 인격이 오직 잠재력의 상태로만 존재하는 공간, 영혼의 공간으로 회귀하는 것이다. 이 공간은 개인의 발달로부터 잔류된 온갖 가능성이 고이 잠들어 있는 곳이기도 하다. 이처럼 간조현상이 일어날 때 정신 에너지는 정신 내부에서 새로운 적응을 이뤄내는 일에 할애된다. 이러한 내면의 적응이 달성된 후라야 비로소

프로이트와
이별하다

에너지의 흐름도 다시 바뀐다. 새로운 내면의 균형으로 인해 외부 세상과의 새로운 절충이 필요해지는 상황에서 에너지가 바깥의 삶을 향해 그 흐름을 바꾸는 것이다. 즉, 진전이 에너지가 외부의 삶 속으로 치닫는 상태를 가리킨다면 내향은 에너지가 정신을 향해 본능적으로 치닫는 상태를 의미한다 하겠다. 융이 리비도의 후퇴에 관한 설명에서 말하고자 한 바는 다음과 같다. 후퇴란 우리 인생에 있어 내면의 강렬함이 환상, 내면의 이미지, 사적 경험과 같은 내면세계로 흘러들어 내면의 삶이 더욱 흥미롭게 보이도록 만드는 시점에 해당한다는 것이다.

융은 전진과 후퇴에 대등한 가치를 부여했다. 우리의 인생 주기를 통틀어 겪게 되는 에너지의 간조, 만조에 대한 경험을 한 번 되새겨보자. 예컨대 20대 시절, 자신만의 삶을 만들어갈 수 있음을 우리 스스로에게 입증하게끔 가공할 만한 에너지가 우리로 하여금 부모님 그늘을 벗어나도록 떠밀어댔다. 그리고 중년 시절, 그간 우리가 그토록 공들여온 모든 것이 허무하게만 느껴지는 시간이 늘어간다. 끝으로 노년기, 해가 갈수록 각자의 관심사가 줄어들면서 그에 대한 흥미도 점차 사라진다.

이 대목에서 우리는 문제의 핵심에 다다른다. 프로이트와 융은 강렬함이 새로운 방향, 새로운 관심사, 새로운 매료거리, 새로운 애착거리 쪽으로 진로를 바꿀 수 있는 것은 오직 상징을 통해서만 가능하다는 데 공감했다. 이러한 상징으로는 우선 장애물, 한계선, 금기, 억압을 꼽을 수 있으며 역류, 가동 중단, 후퇴도 이에 포함된다. 이와 같은 모형에 따르면 장애물로 인해 길이 막히고 막대한 양의 에너지가 쌓이게 돼 가공할 만한 긴장상태가 조성된다. 이어서 불안감 혹은 우울감이 생겨난다. 이런 상태는 상징이 새로운 길을 만들어낼 때까지, 에너지가 따라 흐를 수 있는 새로운 경사를 만들어낼 때까지 계속된다. 축적된 에너지 전부는 위력적 세를 과시하며 상징 속으로 쏟아져 들어가고, 그 결과 상징은 그 자체의 힘을 획득하기에 이른다. 이렇게 해서 에너지는 다시 본연의 흐름을 되찾는다. 하지만 이러한 후퇴 현상의 본질에 대해서는 프로이트와 융의 의견이 서로 엇갈렸다. 우리가 근원으로 돌아갈 때 과연 무엇을 만지게 되는가라는 문제를 놓고 이견을 보인 것이다.

우리가 환상을 통해 경험하게 되는 각종 이미지라는 물살이 우리를 앞으로 끌고 갈 것인가 아니면 뒤로 끌고 갈 것인가, 이것이 문제가 된다. 과연 이러한 이미지의 물살은 발전을 표상화하는가 아니면 퇴행을 표상화하는가? 먼저 신경학자의 입장에서 프로이트는 이러한 강렬함이 본래 생물학적 현상이라 주장했다. 강렬함은 육체에 나타나는 성적 흥분으로 거의 측정 가능한 현상이며 오르가즘의 경우에만 경험할 수 있다고 역설했던 것이다. 이와 같은 강렬함은 그 진로가 가로막히면 일정한 중세, 대체물, 승화昇華 속으로 흘러든다. 우리가 꿈, 종교, 신경증 속에서 대면하게 되는 내용물의 실체는 바로 이것이다. 반면 정신과 의사 입장에 선

융은 문제의 강렬함이 본래 정신적 현상이라 주장한다. 다시 말해 강렬함은 중성적 정신 에너지이며 각기 다른 수많은 모습으로 나타날 수 있다고 역설했다. 진로가 막힐 경우 강렬함은 구별이 가해지지 않은 모체matrix로 돌아가 상징으로서 스스로를 재조형한다. 이때 상징은 발전적 성격을 띠며 문제의 에너지에 새로운 형태와 표상을 부여해준다. 우리가 꿈, 종교, 정신질환 속에서 대면하게 되는 내용물의 실체는 바로 이것이다. 하지만 융에게 있어서는 모체로의 귀환 역시 잠재력으로의 귀환을 의미했다. 바로 이 점이 상징을 '상징적' 존재로 만드는 결정적 요인이다. 즉 상징은 잠재력을 가리키는 존재인 것이다.

기호와 상징 간에는 근본적 차이가 있다. 기호는 어떤 것의 대역, 대용물, 암호이자 일종의 디지털 요소라 할 수 있다. 여기서 디지털 요소란 그 안의 모든 구성물이 이진법 체계로 단순화된다는 의미에서 거론된 것으로 이러한 체계 하에서 A라는 이미지는 B만을 지칭한다. 그러므로 프로이트의 관점에서 볼 때 상징 및 상징화 과정은 전위轉位, 왜곡, 승화 같은 용어와 관련이 깊다. 실제로 프로이트는 상징의 형성보다는 증세의 형성에 대해 언급하는 경우가 더 많았다. 프로이트가 상징에 관해 어떻게 이해했는지 살펴보자.

……진정한 상징과 성욕은 특히 긴밀한 관계를 보인다. 따라서 원시인의

경우 자신의 일을 성적활동의 등가물 또는 대용물로 다듬음으로써 일의 호감도를 높였다. 그러므로 공동작업 과정에서 사용되는 이 단어에는 두 가지 의미가 공존한다. 첫째, 성행위를 가리키며, 둘째, 이러한 성행위와 등가가 된 노동을 가리킨다. …… 상징관계는 오래된 정체성이 단어 속에 살아남은 모습을 보여준다. 다시 말해 과거 생식기와 동일한 명칭을 지녔던 개체가 오늘날 꿈속에서는 생식기를 암시하는 상징체로 등장하게 되는 것이다.

—지그문트 프로이트, 《정신분석입문》 중에서


디지털 시스템에서 이미지는 영리한 위장에 불과하다. 기호 역시 이런 방식으로 작용한다. 가령 각종 신이나 여신의 이미지는 우리 아버지, 어머니를 가리키는 암호이며 터널 속으로 들어가는 기차는 성행위를 빗댄 알레고리이고 검은 개가 나오는 꿈은 죽음을 뜻하는 암호다. 만약 어떤 남자가 고혹적인 여성에 관한 꿈을 꾼다면 자기 안에 숨어 있던 여성성anima<sup>○○</sup>을 대면하게 된 것이다.

이러한 위장을 벗겨내기 위해서는 과연 해당 경우 사용 중인 해석 체

○○
융의 분석심리학파에서 말하는 인간 무의식의 의인화된 두 가지 주요 원형 중 하나다. 이러한 무의식의 원형은 남성의 무의식 속에 존재하는 여성 인격체인 '아니마(anima)' 그리고 여성의 무의식 속에 존재하는 남성 인격체인 '아니무스(animus)' 로 대별할 수 있다.

프로이트와
이별하다

계가 어떤 것인지부터 파악해야 한다. 문제의 해석 체계 언어가 파스칼의 것인지 디베이스dBase(데이터베이스관리 시스템의 일종) 아니면 코볼 COBOL(사무데이터 처리를 위한 프로그래밍 언어)이나 프로이트, 융 중 어디에 해당되는 것인지부터 파악해야 한다. 어느 쪽이든 간에 우리가 이미 알고 있는 경험과 특정 이미지 사이에 1:1 소통관계가 엿보이는 듯하면 거기엔 반드시 은유가 아닌 기호 언어나 알레고리(우의)가 사용되고 있음을 짐작할 수 있다.

융은 상징이 기호와 완연히 다른 존재라는 점을 지적한 바 있다. 융은 하이테크 디지털 시스템 대신 구식 아날로그 시스템을 사용했다. 융에게 상징은 미지의 요소, 본질적으로 불가해한 요소를 의미한다. 상징은 상징 그 이상인 것이다. 기호가 1:1 소통방식이라면 상징은 다차원적 소통방식을 원용한다. 다시 말해 A라는 이미지 하나가 B, C, D, E, F, G 등 다양한 대상을 내포하고 있는 것이다.

필자의 관점에서 볼 때 상징의 개념은 기호라는 개념과 엄격히 구분해야 한다. 상징적 의미와 기호적 의미는 완전히 별개의 성격을 지닌다. ……상징은 늘 다음과 같은 사항을 전제한다. 즉, 표현을 선정하려면 그 대상이 되는 사실을 가장 잘 그려내거나 형식화한 표현을 골라야 한다는 것이다. 표현 대상인 사실은 상대적으로 알려져 있진 않지만 그럼에도 불구하고 우리가 그 존재를 인식하고 있거나 아니면 그 존재를 가정하고 있는 사실을 말한다.

만일 상징적 표현을 아날로그 또는 알려진 대상에 대한 축약된 지칭으로 해석한다면 이는 기호적 관점이다. 반면 상징적 표현을 상대적으로 알려지지 않은 대상에 대한 최상의 형식화로 해석한다면 이는 상징적 관점이다. 나아가 상징적 표현을 놓고 이미 알려진 대상에 대해 의도적으로 말만 바꿔 풀이하거나 형태만 변경하는 것으로 해석한다면 이는 우의적 관점이다. ……상징이 살아 있는 존재인 한 상징은 다른 어떤 방식으로도 규정할 수 없는 대상을 위한 가장 적합한 표현이다. 상징은 의미를 배태하는 한 생명력을 지닌다. 그러나 상징으로부터 의미가 태어나 밖으로 나오게 되면…… 이후 상징은 죽음을 맞는다. 역사적 중요성만 간직하는 존재로 전락하는 것이다. 하지만 우리들 사이에서 그 상징은 계속 상징이라 회자될 것이다. 다만 문제의 상징은 그보다 더 적합한 표현이 그 상징으로부터 태어나기 이전 과거의 상태로만 언급된다는 암묵적 가정 하에서 말이다.

―〈심리적 유형〉 중에서

융은 기호적 접근방식의 유용성을 부인하진 않았으나 한편으론 상징이야말로 우리에게 귀환의 길뿐 아니라 그보다 더 중요한 전진의 길을 안내해준다고 주장했다. 기호를 그것이 맨 처음 가리키는 대상에 국한시

프로이트와
이별하다

킬 경우 정신발달의 여지는 사라지고 만다. 그로부터 수십 년 후, 신학자 폴 틸리히Paul Tillich는 기호는 그것이 가리키는 대상만을 의미하는 반면, 상징은 상징 그 자체를 넘어서는 상황에 실제로 참여한다고 했다. 상징이란 완전한 파악이 불가능한 갖가지 연상이 널려있는 너른 공간을 내포한다. 따라서 상징 그 자체는 우리가 이 공간에 들어가려 할 때 절대 없어서는 안 될 필수적 수단이다. 상징은 우리와 미지의 그 공간 사이의 문을 열어젖히고, 우리를 공간의 경계까지 데려다주는 안내자이다. 이때 우리는 다음과 같은 의문을 품게 된다. 문이 열린다 치자. 그렇다면 우리에겐 정말 그 너머로 들어가고 싶은 마음이 있는 것인가?

## 무의식의 방문을 열며

우리는 창조적 순간의 경계에 다다른다. 창조적 순간에는 이미지, 기억, 행위는 물론 관계까지도 한층 더 깊은 차원으로 불현듯 거듭난다. 곧이어 우리는 의미의 문제와 직면하게 된다. 예컨대 어떤 이유로 꿈에 상징적 의미가 있다고 말할 수 있는 걸까? 꿈에 관해 해석할 땐 당연히 꿈은 상징성을 띠며 의미를 지닌다는 가정 하에 접근하는 경우가 대부분이기에 이러한 질문이 생소하게 와 닿으리라. 우리는 대개 꿈이 무의식으로부터 발현된다고 알고 있기 때문이다.

그러나 실제로는 반드시 그렇지만도 않다. 굳이 정의를 내리자면 우리의 기억 속에 남는 꿈은 무의식이 아닌 의식에 해당한다. 일찍이 융이 말했다시피 '무의식의 문제는 바로 여기에 있다. 무의식은 정말로 무의식적일 수밖에 없다는 사실에 말이다.' 그 내용에 대해 기록할 수 있는 꿈, 그 내용을 두고 서로 얘기를 나눌 수 있는 꿈은 기실 무의식상태에서 나타나는 꿈과는 매우 동떨어진 것이다. 후자의 꿈, 즉 무의식상태에서 꾸는 꿈일 경우 우리는 결코 그 내용을 알 수 없다. 마찬가지로 상징에 '상대적으로 알려지지 않은 사실을 가장 잘 그려내거나 형식화한 표현을 선정해야 된다는 전제가 늘 따른다' 가정해 보자. 이 경우 역시 우리는 그 꿈을 모른다고 말해야 할 것이다. 한 남자가 콘크리트로 뒤덮인 그랜드캐넌에 대한 꿈을 꿨다고 했을 때 과연 이 꿈이 '상징하는' 바는 무엇일까? 물론 꿈이 상징하는 바는 상대적으로 알려지지 않은 사실, 바로 그것일 게다.

발현몽(우리가 기억하는 꿈)과 잠재몽(무의식상에 나타난 상태 그대로의 꿈)을 구분할 당시 프로이트 또한 이 점을 고려하고 있었다. 프로이트가 볼 때 창조적 순간이란 잠재몽과 발현몽 간의 놀이 속에 존재했다. 그가 생각하는 창조의 순간은 내면의 삶이 의식적 삶에 마주하는 잠재의 공간이었다. 이처럼 잠재몽이 발현몽으로 변환하는 과정을 프로이트는 꿈 작업 dream-work라 명명했다. 이러한 꿈에 대한 작업은 우리가 깨어나기 전 무의식 속에서 이뤄진다. 유명한 저서 《꿈의 해석》에서 프로이트는 우리의 기억 속에 잔류하는 꿈, 발현몽이 꿈 작업에서 탄생한다고 설명했다. 무의식적 꿈인 잠재몽의 경우 우리는 결코 이를 볼 수 없다. 꿈 작업은 잠재몽이 응축, 전위, 표현, 수정 단계를 거쳐 발현몽으로 거듭나는 과정을 의미한다. 프로이트는 응축, 전위, 표현, 2차적 수정에 걸친 전 과정이 실제로 환상 활동에서 진행되고 있다고 생각했다. 꿈 분석에 있어 프로이트의 목적은 무의식적 꿈 작업에서 그 구성단계를 하나씩 제거하는 데 있었다. 그러므로 그에게 꿈의 이미지란 꿈 작업에서 이뤄낸 절충을 담아내는 존재였다. 이에 반해 융은 상징의 작용 방식에 대해 사뭇 다른 견해를 갖고 있었다. 융에 의하면 상징이 그려내는 바는 절충이 아닌 발달이라고 한다. 따라서 융에게는 잠재몽과 발현몽 사이의 구분은 전혀 불필요한 것이었다.

하지만 필자로선 놀이나 신화뿐 아니라 꿈에 등장하는 잠재적 요소에 대한 생각을 완전히 배제하고 싶지는 않다. 필자의 소견으론 무의식적 꿈이 정신 에너지의 순수한 패턴들로만 구성된다는 상상이 절대적으로 필요하지 않나 싶다. 기억 속에 잔류하는 꿈 뒤에 실현을 지향하는 잠재적 가능성이 도사리고 있음을 상상해 볼 필요가 있다는 뜻이다. 다시 말해 우리가 어떤 식으로든 무의식을 관찰할 수 있다고, 이때 관찰자로서 아무런 영향력도 행사하지 않는다고 가정해 보자. 그 결과 문제의 꿈에

선 의식적으로 인지할 수 있는 이미지가 완전히 실종되고 만다. 꿈은 오직 패턴들로만 가득 찬다. 일부 꿈의 경우 이와 유사하게 이야기 없이 형태들로만 구성되기도 한다. 예를 들어 한 여성이 다음과 같은 꿈을 꿨다고 치자. 그녀의 꿈속엔 하나의 이미지만 등장해 두 가지 모습을 보여준다. 먼저 오른쪽에 바닷빛 바탕으로 둘러싸인 주황색 원이 보이고 왼쪽에는 바닷빛 바탕으로 둘러싸인 청백색(달빛 색) 정사각형이 나타난다. 정사각형의 경우 그 오른쪽 하단 모서리에는 '4'라는 숫자가 적혀 있다.

잠재적 패턴이 상징의 형성 뒤에 있다는 생각은 원형의 중요성으로부터 우리의 시선을 돌리게 한다. 원형은 잠재적 형태이며 정신 에너지의 패턴, 개별 상황에 내재된 패턴이다. 이와 같은 모체의 특질로 인해 우리는 이제 상징을 단순한 전위 이상의 존재로 바라볼 수 있다. 하나의 이미지가 다른 이미지로 변모하는 과정이 하나의 이미지가 원형 속으로 돌아가 녹아듦으로써 다른 이미지가 '재결정화'되는 과정으로 대체되는 것이다. 하나의 이미지는 다른 이미지에서 파생되지 않는다. 하나의 이미지는 일차적이고 다른 이미지는 부차적인 그런 관계가 아니다. 두 이미지 모두 기초 구조를 충분히 표현하고 있다는 점에서 대등하다. 융은 원형에 관해 다음과 같이 정의내리고 있다.

원형은 그 내용이 아닌 형태의 측면에서만 결정되며, 그조차도 일정 한도 내에서만 이뤄진다. 초생初生 단계의 이미지는 내용의 측면에서만 결정된다. 단, 초생 단계의 이미지가 의식적 성격을 구비함으로써 그 결과 의식적 경험의 소재로 채워지는 경우에만 그러하다. 그러나 그 형태는…… 결정체의 축계軸系에 비유할 수 있다. 결정체의 축계는 모액母液 속에서 결정구조를 미리 형성하는 역할을 한다. 비록 그 자체의 물질적 형태는 갖추고 있지 못하지만…… 원형은 공허하며 순전히 형식적인 개념이다. 다시 말해 정신의 본유적本有的 능력이자 선험적으로 주어지는 표상의 가능성이라 할 수 있다. 이러한 표상은 물려받는 것이 아니며 전승되는 것은 오로지 형태뿐이다. 이와 같은 점에서 원형은 본능과 모든 방식을 통해 서로 소통한다. 본능 역시 형태의 측면에서만 결정되기 때문이다.

—《C. G. 융 전집》, 〈집단 무의식의 원형〉 중에서

다시 말해 상징이 그려내는 창 저 너머의 대상은 잠재력의 형식적 구조인 것이다. 이는 객관적이고 몰개인적인 정신 패턴으로서 우리가 경험하는 의식적 내용의 발원지이기도 하다. 융에 의하면 내향, 즉 인간의 정신에서 가장 깊숙한 곳에 위치한 자궁으로 돌아가기 위해서는 성性기능, 즉 자양滋養 기능의 밑으로 내려가야 한다고 한다. 이른바 사적 경험과 개인적 기억보다도 더 밑으로 내려가 집단 무의식의 차원에 다다라야 한다는 것이다. '이와 같은…… 환상 속에서 어떤 일이 벌어지는가 하면

바로 리비도가 무의식 속에 잠겨드는 상황이 연출된다. 그 결과 개인적 영역으로부터 미숙한 성격의 반응, 감정, 의견, 태도를 유발한다. 하지만 동시에 집단 이미지(원형)를 활성화시킴으로써 이러한 집단 이미지로 하여금 신화에 항상 수반되던 치유적 의미를 지니도록 한다.'○○

　그럼 이제 또 다른 꿈의 사례를 살펴보도록 하자. 다음과 같은 꿈을 꾼 남자가 있다.

　　나는 박물관에 가는 중이다. 1층 통로를 따라 건물에 들어가는데 통로 아래로는 지하로 향하는 층이 여럿 보인다. 나는 박물관 안에서 역사상 모든 시대, 모든 문화를 대표하는 온갖 예술품과 도구, 조각상, 유물을 두루 구경한다. 사실 이곳에는 인류의 역사가 전부 전시돼 있다. 나는 전시물의 아름다움에 넋을 잃었다. …… 그러다 문득 모든 것이 다 괜찮다는 생각이 든다. 모든 것이 예전 모습 그대로다, 모든 것이 고스란히 존재하고 있다, 이런 생각이 드는 것이다. 끝내 나는 울음을 터뜨리고 만다.
　　이제 나는 고향에 서 있다. 내 고향은 두 개의 언덕 사이 호숫가에 있다. 왼쪽 언덕 위에는 돌 하나가 있는데 이 돌에는 '1832'라 새겨진 표찰이 붙어 있다. 한편 오른쪽 언덕 위에는 주술사의 오두막이 서 있다. 두 개의 언덕

○○
칼 융, 〈변형의 상징〉 중에서

사이 호숫가의 벌판에선 온갖 이미지가 땅에서부터 빙빙 돌며 올라오고 있다. 마치 액상 스튜처럼 이미지들은 흐르고 형성되고 녹아든다. 나는 양손을 뻗은 채 서 있다. 순간 번개가 친다. 나는 울면서 잠에서 깨어난다.

바로 이러한 관문의 공간에서 상징이 형성되는 순간의 신비를 발견할 수 있다. 남자가 꿈속에서 본 두 개의 언덕 사이에 펼쳐진 벌판과도 같은 이곳에서 잠재적 가능성이 발현적 이미지로 결정화된다. 이러한 신비는 꿈의 공간에 숨어 있다.

고요한 아침, 새벽의 경계 바로 그 지점에서 두 세계가 맞닿는다. 가늘디가는 가장자리에서 두 세계가 너무나 짧은 순간 서로 맞닿으면 별개의 두 현실 사이에 틈이 생겨나는 것이다. 비록 잠에서 깨긴 했으나 자신이 깨어 있다는 사실을 지각하기도 전, 의식과 무의식이 비로소 공존하는 짧은 순간이 바로 그 틈이다. 이때는 의식과 무의식이 너무나 가까이 붙어 있기 때문에 우리는 그 둘 사이에서 교류되는 에너지를 감지할 수 있다. 마치 두 개의 자석을 적당한 거리를 두고 떨어뜨려놓으면 두 자석이 서로 끌어당기는 경우처럼. 북극광에서 볼 수 있듯 전류가 두 극 사이에서 흐른다. 양쪽의 힘이 균형을 잡는 바로 그 순간 각종 에너지가 춤을 추며 뒤틀기 시작하는 것이다.

상징적 순간은 꿈을 꾸는 순간이며 이미지가 상징으로서 살아나는 순간이다. 이러한 순간은 다음과 같이 특정한 과정 속에 존재한다. 특정한 과정이란 우선 무의식 속의 잠재적 패턴이 의식적 삶으로부터 여러 이미지를 받아들이는 시점을 말하며, 무의식이 꿈의 소재를 '선택'하는 시점을 가리키기도 한다. 이제 필자는 꿈에 상징성을 부여하는 것의 실체가 무엇인지 밝혀보고자 한다. 그 실체는 바로 잠재적 패턴과 발현적 이미지 사이에 생성되는 구조적 공명이다.

공명共鳴이란 난해한 용어다. 정신이 특정 '주파수'를 타고 의식적 경험을 '흡수'하려 드는 습성으로 이해해도 좋다. 공명은 자연상태의 수소 분자와 산소 분자가 결합함으로써 물을 생성하는 방식에 비유할 수 있다. 수소와 산소는 각각의 구조적 특성상 특수하며 예측가능한 방식으로 서로에게 들어맞지 않는가. 또한 공명은 자기장에 비유할 수도 있다. 여기서 자기장이란 양전하와 음전하가 적정하게 섞임으로써 두 개의 물체가 서로 결합하는 상태의 자기장을 뜻한다. 이 연장선에서 우리는 원형의 구조가 의식적 소재로부터 적절한 구조를 '끌어당기는' 모습을 상상해볼 수 있다. 아니, 실현 가능성이 좀 더 높은 경우로서 원형의 구조가 통합가능한 의식적 소재를 골라내는 상황을 상상해볼 수도 있겠다.

사실 앞서 소개한 꿈의 도입부에서 등장한 박물관은 정신의 역사적 측면을 보여준다. 즉, 기억 속에 남아 저장된 이미지를 가리키고 있는 것이다. 이러한 이미지는 과거에 형성됐으며 아직도 유용성을 잃지 않고 있다. 이는 문제의 이미지가 그 순간 작용하고 있는 힘들과 공명할 경우에 한해서만 가능하다. 따라서 의식적 소재와 원형형태 사이의 소통은 구조적 공명이라 할 수 있다.

공명을 통해 우리는 꿈이 특정 이미지를 '선택'하는 이유를 생각해볼 기회를 얻게 된다. 가령 한 여자가 다음과 같은 꿈을 꿨다.—여자는 할아버지를 만나러 샌프란시스코로 간다. 모든 건물이 오래됐는데 20세기 초쯤 지어진 것으로 보인다. 여자는 옛날식 술집에서 나오는 할아버지를 발견한다. 할아버지는 여자를 데리고 도심을 지나 언덕으로 올라간다. 어느 계곡 아래에 이르자 할아버지가 땅 밑을 가리킨다. 할아버지는 그녀에게 산 안드레아스San Andreas 단층을 보여주고 있다.

만약 내가 이 꿈을 분석하는 입장이라면 당사자인 여성이 '단층선'의 공명을 쫓아 자신의 내면으로 들어가길 바랄 것이다. 그녀의 삶을 관통하는 단층선과 관련된 주관적 경험 속으로 들어가길 원할 것이란 뜻이다. 더불어 여성이 '할아버지'의 공명을 따라감으로써 이 모든 사실을 알고 있는 자신의 일부, 보다 오래된 자신의 일부분과 관련된 경험 속으로 되돌아 들어가길 바랄 것이다.

필자는 이 꿈의 주인공인 여성을 꿈 토론 모임에서 만났다. 한참 동안 꿈에 대한 이야기를 나눈 후, 녹초가 된 나는 집으로 돌아와 양발을 올려놓은 채 월드 시리즈를 시청했다. 때는 1989년, 마침 오클랜드와 샌프란

시스코의 경기가 펼쳐지고 있었다. 그러나 내가 TV를 켜자 동부 시간 8시 5분경 발생한 지진으로 인해 야구 경기는 이미 중단된 상태였다. 우리가 한창 산 안드레아스 단층이 등장하는 꿈 얘기에 빠져 있던 바로 그 시간 정말 지진이 발생했던 것이다.

구조적 공명은 이처럼 주관적 요인과 몰개인적 요인이 꿈에 함께 나오는 방식과 관련이 있다. 따라서 그녀의 꿈이 지진발생을 예견했다고 생각하기보다는 그때까지 삶에 형성돼온 단층선으로 인해 이미 그녀의 정신이 지진 주파수에 맞춰져 있었던 것이라 본다. 여성의 주관적 경험이 공명함으로써 이를 통해 몰개인적 요인이 꿈속에 진입한 것이다. 사실 이러한 꿈의 경우 그 공명이 너무나 강력하다. 따라서 그 결과 동시 발생의 경험이 생겨난 것인데 이와 같은 경험에 나를 포함해 모임 전체가 참여한 셈이 됐다.

의식이 전면에 등장하는 순간 우리의 정신 속엔 하나의 공간이 만들어진다. 그렇다면 우리의 기억 속에 잔류하는 꿈을 이러한 공간으로 인해 빚어지는 하나의 결과로 생각해 보면 어떨까? 무의식적 에너지 패턴과 의식적 기억, 인상과 이미지가 가깝다 할 만큼 서로에게 다가간다고 가정해 보자. 전자의 패턴은 그 패턴만의 특정한 정렬 상태에 가장 가깝게 공명하는 이미지를 끌어당긴다. 이 과정에서 선택된 이미지는 경우에 따라 패턴에 들어맞도록 '구부리기' 또는 '비틀기' 단계까지 거치기도 한

프로이트와
이별하다

다. 이러한 정황에서 볼 때 무의식을 잠재적 형태들의 집합체로 간주할 수 있다. 여기서의 잠재적 형태는 꿈의 내용에 대해 특정 방식으로 그 형태를 결정한다. 마치 앞서 말한 남성의 꿈에 등장했던 박물관에 인류의 '예술'이 총집결돼 있었듯 말이다. 그러므로 우리의 기억에 잔류하는 꿈은 심리적 사건이 상징의 공간에 남긴 결정적 흔적들을 남김없이 담아낸다. 초등학교 물리학 수업 시간, 자기장 한복판에 쇳가루를 쏟자마자 우리의 눈앞에 모습을 드러내던 각양각색의 패턴처럼 말이다. 무의식적 꿈을 기억에 잔류하는 꿈과 구분 짓는 일 그리고 무의식적 꿈을 의식과 무의식 사이의 상징적 공간에서 이뤄지는 꿈 작업과 구분 짓는 일은 반드시 필요하다. 다만 그러기 위해서는 단순한 흔적에 불과한 것들로부터 실제 사건을 변별하는 단계를 거쳐야만 한다.

여기서 실제 사건이란 게슈탈트gestalt○○ 즉 상징을 형성하는 순간을 가리킨다. 만일 무의식과 의식 사이에 형성된 공명의 공간에 상징이 출현한다는 생각을 심각하게 받아들인다면 신화나 이미지, 기억에 잔류하는 꿈은 그 자체로 '신화성'을 띤 존재가 되지 못한다. 하지만 이들은 우리의 정신이 사건이 일어나고 있는 공간으로 되돌아갈 때 길잡이의 역할을 담당한다.

○○
심리학 용어로서 '형태', '지각의 대상을 형성하고 있는 통일적 구조'를 의미한다.

설령 통찰력을 전부 동원해 발휘한다고 치자. 또한 모든 '상징'의 정체를 밝혀내고 소망이나 동기, 힘, 이드id<sup>○○</sup>, 원형의 실체도 파악한다 치자. 그렇다 해도 심리적 '작업'은 전혀 이뤄지지 않을 수 있다. 기억에 잔류하는 꿈은 스냅사진에 불과하다. 계속 진행 중인 과정이 어느 날 밤 잠시 결정화된 것에 지나지 않는다. 이러한 꿈은 상상으로의 초대라 할 수 있다. 상징형성의 목적은 상상의 해방에 있다. 이런 식의 접근을 통해 우리는 특정 이미지의 가치를 과대평가하는 우를 범하지 않게 되며, 더불어 우상 숭배의 함정을 피할 수 있게 된다. 상징의 가치는 이미지 자체에 있는 것이 아니다. 상징의 가치는 이미지가 원형 패턴과 함께 만들어내는 공명에 있다. 상징이 우리의 정신 저 밑에 존재하는 힘과 의식 사이에 생성해내는 관계에 있는 것이다.

꿈이 곧 상징의 공간은 아니다. 꿈은 길잡이로서 우리를 그 공간으로 안내할 뿐이다. 더불어 우리가 그 공간으로 입장하기에 적절한 태도를 갖출 경우 그곳으로 들어가는 데 유용한 수단이 돼줄 수 있다. 꿈은 우리를 위해 상상과의 연결고리를 열어준다. 무의식은 의식적으로는 경험할 수 없으며 늘 상상을 통해서만 경험할 수 있기 때문이다. 꿈이 담아내는 변형을 체험하기 위해서는 꿈을 따라 그 꿈이 한창 진행되고 있는 공간

○○
정신분석에서 '개인의 본능적 충동의 원천'을 지칭한다.

속으로 되돌아갈 필요가 있다. 바로 이 순간이 공명의 순간이며, 우리가 꿈의 의미를 탐색할 때 꼭 다시 찾아봐야 할 드림타임dreamtime이다. 뭔가가 매번 처음인 양 느닷없이 모습을 드러내는 바로 그 순간인 것이다.


## 협곡에서 들려온 목소리

그러므로 꿈이 상징성을 띠는 것은 우리의 생활 속에서다. 꿈은 무의식에서 생겨나는 것이 아니라 우리가 의식적으로 각자의 내면경험에 참여하는 방식이라 할 수 있다. 따라서 상징은 의식적 노력과 무의식적 에너지가 빚어낸 결과물이다. 융은 이에 관해 다음과 같이 언급한 바 있다.

> 대립세력 간의 대면과 충돌로부터 생겨나므로 해결책은 보통 의식과 무의식의 헤아릴 수 없는 혼합체로 구성된다. 따라서 상징, 즉 동전은 절반으로 쪼개지는데 두 개의 조각은 정확하게 서로 들어맞는다. 해결책에는 의식과 무의식이 협동해서 작업한 결과가 담긴다……. 내면의 경험이 최초의 충동을 끌어낸 대상이 이를 상징화한다. 이러한 대상은 앞으로 계속 성스러운 중요성을 보존해나간다. 아니면 고유의 성스러움과 이러한 성스러움의 압도적 힘으로 특징지을 수도 있다. 이런 방식을 통해 상상은 대상의 실재성實在性으로부터 스스로를 해방시킨다. 더불어 육안으로 볼 수 없는 존

재의 이미지를 현상 뒤에 숨은 무언가로 그려내길 시도한다.

― 《기억, 꿈, 회상》 중에서

이미지에 대한 의식의 참여는 상징의 세 번째 측면을 제시해준다. 에너지와 이미지라는 앞선 두 가지 측면은 무의식에서 연유하지만 세 번째 요소는 '관찰적 의식'에서 나와야 한다. 세 번째 요소란 리비도의 변형이 일어나기 위해 필요한 적절한 태도, 즉 에너지가 왕성한 이미지와의 올바른 관계를 가리킨다.

보통 이러한 의식적 태도가 상징에 기여하는 바는 간과되기 쉽지만, 실상 그 가치는 절대적이다. 간혹 참여의 요소가 너무 즉각적이고 적극적일 경우 우리는 잠에서 깨는 즉시 방금 꾼 꿈이 자신의 인생에서 가장 중요한 꿈이 될 수 있다는 사실을 인지한다. 하지만 가장 왕성한 에너지를 지닌 이미지라 하더라도 의미와 단절된 상태에서는 생소하고 이질적으로 느껴진다. 더욱이 공명을 체험하기 위한 참여 작업은 결코 짧지 않은 과정이다. 이처럼 우리의 정신은 리비도의 내향을 가능케 하고, 정신으로 유입되는 에너지는 갖가지 강력한 이미지를 쏟아내지만 적절한 의식적 태도가 나타나 강력한 이미지들을 잡아두지 못한다면 '리비도의 변형'은 좌초될 수밖에 없다. 융은 이러한 내향의 목적이 내면의 삶에 대한 새로운 적응이라고 지적했다. 또한 내면의 삶에 대한 새로운 적응을 달성

프로이트와
이별하다

하면 그로 인해 리비도가 다시 외부의 삶을 향해 전진할 수 있다고 했다.

지금 우리가 살펴보고 있는 과정은 위험하고도 어려운 과정이다. 이 모형에서의 상징형성은 상상의 과정이다. 다만 여기에는 다음과 같은 단서가 붙는다. 외부세계로부터 에너지나 주의력을 완전히 철수시킨 상태에서 계속 진행되는 상상의 과정이라는 것이다. 감각박탈에 대한 실험에서 알 수 있듯 이러한 과정은 결국 방대한 양의 이미지를 생성한다. 이로 인해 우리의 내면에는 믿을 수 없을 만큼 팽팽한 긴장감이 생겨난다. 융이라면 이를 대립구도로 인한 긴장감이라고 설명했을 것이다. 순간 의식적 삶, 다시 말해 우리가 스스로를 정의하는 방식이 에너지가 왕성한 이미지의 대결에 맞서 대치점에 놓인다. 우리가 영위하는 실재의 삶이 잠재적 삶, 현실이 아닌 삶과 마주하게 되는 것이다. 과연 어느 쪽이 먼저 무릎을 꿇을 것인가? 이는 아주 큰 도박이 될 가능성도 있다. 상징의 공간이 완전히 충전되기 전에 위의 끔찍한 긴장감으로부터 탈피하려는 성향이 위험요인으로 작용하기 때문이다. 이것은 축적된 에너지가 진로를 가로막는 장애물을 비켜 다른 길을 찾다가 결국 대체물 형성에 투입되는 쪽으로 선회하려는 성향이다. 여기서의 대체물 형성이란 무의식적 소재를 다른 영역으로 아예 옮기거나 소재 자체를 보이는 그대로 해석하는 행태를 가리킨다. 이와 같은 방식을 통해 일찍이 융이 말한 '부적합한 상징'인 기호적 부호, 질환적 증세가 형성된다. 손을 씻는 강박증 역시 이제까지 말한 상징유형과 마찬가지로 무의식적 죄책감이 전위된 경우라 할 수 있다.

그런데 앞서 언급한 긴장감이 지속될 수 있다고 가정해 보자. 이 경우 앞서 이야기한 것과는 판이한 상황이 벌어진다. 이러한 긴장감이 지속되도록 우리의 의식이 붙들고 있는 동안 상징의 공간은 완전한 '충전' 상태에 이른다. 그 결과 등장하는 상징은 우리에게 길을 보여준다. 두 대립극 사이에 존재하는 제3의 길, 즉 에너지의 새로운 흐름과 새로운 균형을 가능케 해주는 대안을 제시하는 것이다. 융은 이러한 상징에 대해 양측의 합작품으로 이해했다. 순수한 본능과 신경증적 전위 사이에 끼인 상태에서 상징은 리비도를 '영성화'함으로써 긴장감을 초월할 수 있으며, 우리에게 정신발달의 길을 보여주는 역할을 한다. 이처럼 충전을 마친 상징의 공간이 새로운 차원의 발달을 향해 스스로 문을 여는 능력을 일컬어 융은 초월기능이라 칭했다. 그리고 초월기능이 '에너지의 최적 방출과 그에 상응해 진행되는 결과를 표상화한다'고 주장했다.

초월기능으로 인해 우리는 상징의 신비와 비로소 대면한다. 초월기능에는 역설이 담겨 있다. 예컨대 참호 속에 있을 때는 양쪽 사이에 어떤 해결점도 예견할 수 없다. 전투의 한복판에서는 언제 눈앞의 갈등 국면을 벗어날 만큼 성장할지, 과연 그것이 가능하기는 할지 도통 알 길이 없는 것이다. 새로운 차원의 발달은 의식이 무의식적 발달 과정에 참여하길 요구한다. 바로 이러한 성격의 참여가 상징이 지닌 초월기능으로, 보다 넓은 환경으로 연결시켜주는 역할을 한다. 이와 같은 의식의 전폭적 참여는 초월기능이 개입하기 위해 반드시 필요한 선결조건이다.

한 남성이 꿈을 꾼다. 남자는 자신이 아는 여자와 함께 있다. 두 사람은 협곡에서 걸어 나오는 중이다. 마침 남자에게 "이걸 하지 마"라고 말하는 목소리가 들려온다. 남자가 뒤를 돌아보자 콘크리트에 뒤덮인 그랜드 캐년이 시야에 들어온다. 그랜드 캐년이 이 남성의 꿈에 등장한 이유는 남성이 평소 그곳을 '세상에서 가장 아름다운 장소'라 여겼기 때문이다. 또한 동행하는 여자가 등장한 이유는 남성 속에 숨은 '성적 갈망' 때문이다. 이 꿈의 경우 의식의 참여는 세상에서 가장 아름다운 장소라 믿은 곳의 이미지가 실제로 콘크리트에 뒤덮이는 듯한 경험을 하는 것으로 이뤄진다. 그리고 강렬함은 갈망의 형태로 되돌아온다. 꿈을 꾸는 순간 속에서 별안간 갈망과 슬픔이 서로 충돌한다. 융은 이렇게 설명했다.

논리학의 배중률tertium non datur, 排中律○○이 제 가치를 입증한다. 즉, 어떤 해결책도 보이지 않는 것이다. 만약 모든 일이 잘 풀린다면 해결책도 마

○○
논리학의 사유 법칙 중 하나로 중간 배척의 원리를 뜻한다. 예컨대 P이거나 P가 아니거나일 뿐 그 중간에 제 3의 가능성은 존재하지 않음을 가리킨다.

치 저절로 생겨나듯 어디선가 불쑥 나타날 것이다. 이런 연후에야, 오직 이렇게 된 다음에라야 해결책은 설득력을 얻으며, 이러한 해결책은 은총으로 느껴질 것이다.

— 《기억, 꿈, 회상》 중에서

이처럼 상황을 초월하는 것 또한 초월을 위해 의식의 전폭적 참여를 요구하는 것은 우리 자신보다 더 큰 존재에 대한 인식에서 비롯됐다. 위의 꿈속에서 남자에게 "이걸 하지 마"라고 말하는 목소리가 들려온다는 부분에서 우리는 일종의 암시를 감지할 수 있다. 이 경우 미지의 요소가 소통을 위한 노력을 암시해주고 있었던 것이다. 필자의 생각엔 지금까지의 문제가 이 장면을 계기로 완전히 새로운 차원으로 격상됐다고 본다. 즉, '목소리'와의 관계형성 가능성을 암시한 것이다. 융이 말했듯 '이런 방식을 통해 상상은 대상의 실재성實在性으로부터 스스로를 해방시킨다. 더불어 육안으로 볼 수 없는 존재의 이미지를 현상 뒤에 숨은 무언가로 그려내길 시도한다.'

## 오래된 영혼과의 동행

마침 남자에게 들려온 '이걸 하지 마'라는 목소리는 과연 누구의 목소리

프로이트와
이별하다

였을까? 혹시 그 목소리의 주인공은 백만 살 먹은 동거인이 아니었을까? 그는 이렇게 말하려던 것이 아닐까? '네가 무슨 짓을 했는지 똑똑히 봐. 저 그랜드 캐년이 콘크리트로 뒤덮이는 모습을 말이야.'

그러나 이것 못지않게 중요한 질문이 또 하나 있다. 그렇다면 이 말을 듣고 있는 사람은 과연 누구인가?

아마도 살아 있는 상징에 있어서 가장 중요하게 생각할 점은 관계형성 수단으로서의 기능이다. 이런 식으로 상징은 영혼으로 난 창이 된다. 여기에는 두 명의 파트너, 보길 원하는 사람과 보이길 원하는 사람이 있어야 한다. 그러므로 상상이 창문의 역할을 맡아 이 두 사람으로 하여금 그 창을 통해 서로 인사를 건넬 수 있게 해준다. 이번 장에서 필자는 특정한 심리적 과정을 이해하는 데 필요한 배경을 구축하려 애써왔다. 특정한 심리적 과정이란, 각자의 개인적 신화를 실제 삶 속에 구현하기 위해 필요한 일련의 과정을 의미한다. 이와 관련해 다음 세 가지 사항을 생각해 볼 필요가 있다.

1 강렬함: 신화의 가능성은 강렬함이 관계되는 환상, 꿈, 이미지의 경험에서 비롯된다.

2 공　명: 상징이 저변의 패턴에 공명함으로써 소통의 창구가 될 틈새가 형성된다. 이러한 공명으로 인해 더 큰 차원의 신화가 상상의

창에 모습을 드러낸다.

3 참　여: 이와 같은 강렬함이 '삶의 의식적 영위' 측면에서 치유효과를 갖는지 여부는 각자가 그 과정에 의식적으로 참여하는 능력에 따라 결정된다. 즉, 강렬함이 심리적 발달을 표현하는지 여부는 개인의 의식적 참여 능력에 좌우되는 것이다.

　위의 세 가지를 생각하다 보면 거듭 신화생성 과정이 끝나지 않았음을 자각하게 된다. 신화가 죽어가는 현 시대에 우리는 각자의 상상과 절충을 이뤄내는 일 그리고 반대편에 존재하는 무언가를 향해 창문을 계속 열어놓는 일을 완수해내야 한다. 이와 관련해 러셀 록하트는 다음과 같이 말했다.

　현재 우리의 마음속에서 움직이고 있는 것을 기존의 형태에 맞춰 순응시킨다면 각자의 앞에 놓인 소임을 완수하지 못할 수 있다. 기존의 것을 지속하거나 재연함으로써 새로운 신화를 발전시키기란 거의 불가능하다.

　…… 우리의 자의식은 정신의 자발적 표현에 나타나는 이미지의 고유성을 기존의 신화 패턴에 맞춰 일반화함으로써 일종의 안온감을 느낀다. 이러한 일반화는 신화적 이미지의 치유력이 작용하는 토대와 신화적 기원을 자아와 연결시키는 데 있어 필수적 과정이다. 하지만 많은 경우 절묘하게 짜

프로이트와
이별하다

인 피류에서 실 한 두 가닥을 뽑아 당김으로써 내밀하고 세세한 면은 간과하는 경향이 있다. 마찬가지로 패턴 측면에서는 '알아볼 수 없지만' 특질 면에서는 고유 독특한 이미지의 세부사항을 상당수 놓치고 만다. …… 이처럼 알아볼 수 없는 미지의 세부사항을 쉽사리 파악하거나 이해하기 어렵다고 해서 그냥 잊어서는 안 된다. 우리가 취해야 할 보다 합당한 자세는 이들 세부사항 앞에서 침묵을 지키며 그것이 말을 건네오도록 기다리는 것이다.

—《영혼은 말한다》 중에서

앞서 언급했던 호숫가의 꿈에서 확인한 바와 같이 인간 정신의 두 가지 측면은 공존하는 듯 보인다. 즉, 기억으로서의 정신과 과정으로서의 정신, 박물관과 '이미지의 액상 스튜'가 어깨를 나란히 하고 있는 것이다. 현대를 살아가는 개개인은 영혼의 빈곤에 시달리고 있다. 그러다 보니 빈곤한 영혼을 채우기 위해 고대의 분묘를 도굴하거나 박물관을 약탈할 우려가 있다. 더 이상 진귀한 보물들을 손이 닿지 않는 곳에 모셔둘 수만은 없기 때문이다. 오늘날 세상 어디에서나 사람들은 자신이 속한 종교적 전통에서 이미 꺼져버린 불길을 찾아낼 목적으로 신화와 다시 관계를 맺으려 하고 있다. 그러나 불길은 우리의 정신 속에서 계속 타오르고 있다. 우리가 갈 길은 우리 등 뒤에 있지 않다. 사실 뒤돌아가기란 불가능하다. 오래된 신화가 특정한 환경(내면환경 또는 외부환경)에 대한 특정한 적응을 그려내는 한 이들 신화는 우리에게 별 소용이 없다. 따라서 길은 우리 앞에 놓여있다. 우리는 살아 있는 정신과 살아 있는 신화와의 관계에서 길을 찾아야 한다. 이러한 관계는 끊임없이 진화를 거듭하며, 살아 있는 신화는 오늘날에도 한결같이 그 관계와 관련해 새로운 패턴을 결정화하는 일에 매진하고 있다.

더불어 상징은 이러한 길을 우리에게 안내해준다. 그럼에도 불구하고 아직 우리의 것을 신화라 볼 수는 없을 때, 마침내 "이걸 하지 마"라는 목소리가 들려온다. 이 목소리는 실제로 행해지고 있는 것, 삶 속에 실현되는 것, 행동으로 나타나는 것과 관련된다. 당황스러운 일이긴 하나 꿈은 삶 속에 들어올 때까진 결코 완성됐다 말할 수 없다. 삶 속에 실현되는 것, 이것이 바로 꿈의 의미에 대한 잣대이자 해석이다. 그것이 삶의 방식이 되기 전까지는 정신으로부터 들려오는 것은 결코 신화가 될 수 없다.

알프레드 시슬레, 〈루브시엔의 마쉰 길〉

길은 우리 뒤에 있지 않다.

우리는 박물관 속의 오래된 신화가 아닌,

살아 있는 신화를 통해 우리 앞에 놓여진 길을 찾아야 한다.

"저기 남자가 있어, 형체는 보이네. 야구선수 유니폼을 입었는데 좀 구닥다리야."

"맨발의 조야. 조 잭슨."

꿈의 구장에 조 잭슨의 유령이 홀연히 나타나고, 이를 계기로 일단의 이미지가 나타난다. 놀이의 심리적 공정이 시작되는 것이다. 이처럼 현실에서 이루지 못한 잠재적 삶의 이미지가 등장한다는 점에서 볼 때 킨셀라의 소설은 일종의 적극적 상상으로 이해할 수 있다. 조 잭슨의 유령은 하나의 상징이다. 잭슨은 전성기 지절 베이브 루스에 버금가는 잠재력을 지닌 선수였지만 1919년 월드 시리즈 당시 신시내티 레즈와의 경기에서 일부러 패함으로써 승부 조작에 연루됐다는 죄목으로 야구계에서 축출된 인물이기 때문이다. 그러므로 맨발의 조는 우리 모두에게 이루지 못한 삶의 패턴과 공명하는 이미지로 기억된다. 이러한 맥락에서 맨발의 조는 주인공의 기억 속에서 끌려나온 이미지라 할 수 있다.

# 조잭슨 유령과의 기이한 조우

5

## 기울어지는 집의 딜레마

오늘날 우리는 단층선 위에 지어진 집에 살고 있다. 우리가 속한 문화의 기존 신화가 하나 둘 효용성을 잃어감에 따라 구성원 각자의 내면에는 균열이 생겨 서서히 커져가고 있다. 최첨단의 스칸디나비아풍 디자인으로 꾸며진 위층들이 오른쪽으로 점점 기울어가고 있는 모습에 비유할 수 있겠다. 반면 지하층은 각종 골동품으로 어질러진 채 아예 왼쪽으로 자

프로이트와
이별하다

리를 잡고 앉았다 보면 된다. 그러던 어느 날 예고도 없이 지지용 들보가 모조리 무너지고 만다. 엄청난 긴장을 이기지 못하고 주저앉은 것이다. 들보를 한데 붙들어주고 있던 것은 바로 신화였다. 신화는 이런 들보 전부를 적절히 정렬, 배치하는 역할을 한다. 신화는 삶의 방식이 될 수 있었던 기능적 관계를 알려준 당사자이기도 하다.

균열은 (한 편의) 주관적 내면세계와 (다른 한 편의) 객관적 외부의 삶 사이에 발생한다. 다시 말해 환상적 사고와 지향적 사고 사이에서 생겨나는 것이다. 그러므로 병원에 감금된 정신분열증 환자나 연구실에 갇혀 지내는 왜소한 교수나, 최소한 한 가지 사실에서만은 닮은꼴이다. 둘 다 무언가로부터 물러나 균열의 한 쪽에서만 살아가고 있다는 점에서 말이다. 정신분열증 환자는 외부의 삶으로부터 물러나 있다. 그가 보기에 외부세계는 전적으로 삶을 꾸려나갈 장소로선 왠지 미덥지 못한 곳이기 때문이다. 반면 교수는 내면의 삶으로부터 물러난 상태다. 실제적 가치의 원천으로서 내면세계를 신뢰할 수 없었기 때문이다. 문제는 두 인물이 우리 모두의 내면에 함께 존재한다는 점이다. 이들은 단절된 자아, 부분적인 자아로서 개개인의 내면 구석에 갇혀 지내고 있다.

우리에겐 중간지대, 즉 두 세계 사이의 공간이 반드시 필요하다. 이 공간에선 내면의 삶이 스스로를 지탱한다는 사실이 받아들여지며, 동시에 외부의 삶이 상상을 향해 문을 열어젖힐 수 있다. 이때 상상은 풍요로움을 토대로 우리의 정신에 의미를 제공해준다. 앞서 위니코트의 말대로 '중간지대'란 주관적 상상과 객관적 실재가 만나는 지점이다. 다시 말해 삶의 방식이 될 만큼 돈독한 신뢰 속에서 놀이를 할 수 있는 곳이다.

킨셀라W. P. Kinsella의 소설 《맨발의 조》는 놀이에 대한 신뢰를 되찾은 한 남자의 이야기다.

3년 전 어느 봄날 저녁 땅거미가 질 무렵이었다. 하늘은 온통 청록색으로 물들고 바람은 갓 부화된 병아리의 솜털마냥 부드럽기 그지없었다. 그때 나는 아이오와 동부에 있는 내 농장 집 베란다에 앉아 있었다. 그런데 문득 귓가에 이런 말이 들려왔다. 그것도 아주 또렷한 음성으로. "당신이 그걸 짓는다면 그가 올 겁니다."

그건 야구 경기장 아나운서의 음성이었다. 이 말을 듣는 순간 내 머릿속에는 언젠가부터 마음 깊이 스며들어 있던 구상이 완성된 모습으로 떠오르기 시작했다. 눈앞에 먼 옛날 뱃사람이 쓰던 모자처럼 생긴 사각의 검정 스피커들이 도열하기 시작했다. 스피커는 알루미늄 페인트로 도장된 조명등에 부착된 채 줄지어 늘어섰다. 경기장을 둘러싼 조명등이 일제히 마운드로 빛을 쏟아내는 가운데 나는 한복판 본루 바로 뒤에 자리를 잡고 있었다. 하지만 실상 내 앞에 펼쳐진 현실의 풍경이라곤 고작 민들레나 구주개밀°° 따위로 뒤덮인 볼품없는 잔디밭이 전부였다. 그나마 이것도 집에서 9미터

남짓한 거리에서 끝나버리는데 이유인즉슨 그 지점에서 옥수수 밭이 시작되기 때문이다.

―《맨발의 조》 중에서

《맨발의 조》는 개인적 신화의 진화를 소재로 한 이야기다. 의미생성 과정으로의 초대를 다룬 이야기인 셈이다. 주인공 레이 킨셀라는 우리 모두가 한 번쯤 맞닥뜨리는 딜레마에 봉착한다. 우리의 발밑에서 내면의 삶과 외부의 삶이 균열을 일으키는 순간 겪게 되는 딜레마에 대면한 것이다. 그는 단층선에 어떻게 적응해야 할지, 우리와 동떨어진 외부에 존재하면서도 우리 삶의 지형을 새롭게 바꿀 힘을 가진 '과정'을 어떻게 신뢰해야 할지 고민한다. 이와 관련해 이번 장에서는 환상 과정 자체를 살펴보고 수많은 변화 과정을 거쳐 신화로 결정화되려 하는 상상의 습성을 탐구해 보고자 한다. 그러기 위해 《맨발의 조》에 나타난 환상 과정의 여러 이미지뿐 아니라 융과 위니코트의 저술에서도 실마리를 찾아갈 작정이다.

우선 신화생성 과정의 네 단계를 소개하고자 한다.(물론 여기서 단계라 함은 이론적 방편에 불과하다.) 개인적 신화의 진화는 사실 개체화 과정이라

〇〇〇
벼과 개밀속 여러해살이풀로 유럽이 원산지며 현재 우리나라 전국의 길가나 들에서 무리지어 자라고 있다. ―역주

해도 무방하다. 개체화 과정이란 주관적 심리요인과 객관적 심리요인의 독특한 통합에 관한 문제로서, 개인적 등식等式과 상위 차원의 몰개인적 패턴 간의 특별한 절충 문제를 의미한다. 필자는 이와 같은 심적 갈등 때문에 고통 받는 사람들을 매일같이 상대하던 중 한 가지 사실을 발견할 수 있었다. 개인의 정신에는 특정한 발달 패턴을 따라 전개되고 싶어 하는 성향이 있다는 사실이다.

## 추락 직전의 남자

상상은 언제 시작되는가? 바로 발달이 벽에 부딪힐 때, 의식이 한계선에 걸려 비틀거릴 때 시작된다. 정신의 일생은 쭉 뻗은 발달가도로만 이뤄지지 않는다. 비록 우리 자신은 짐짓 그런 척 하는 경우가 태반이지만 말이다. 흔히 하는 말로 '나는 매일 모든 면에서 점점 더 나아지고 있어'라는 식으로 허세를 떨어대는 것이다. 대체 이유가 뭘까? 정체 국면에 들어서길 원하는 사람, 퇴보하길 바라는 사람은 어디에도 없기 때문이다. 그러나 융의 주장대로 이처럼 불편한 순간이야말로 우리의 인생에 중요한 전기(터닝포인트)가 마련되는 시점이다. 즉, 이제까지 의지해 온 삶의 방식이 가능성의 한계치에 도달하는 순간 우리에겐 완전히 새로운 경험이 찾아들 수 있다.

융은 심리적 후퇴의 가치 내지는 필요성을 역설한 바 있다. 여느 때처럼 출근하는 대신 느릿느릿 움직이기, 침대에서 뒹굴기, 바보 같은 게임하기 등 일탈행동(보다 수위가 높은 행동도 포함한다)을 한다면 이는 우리가 안고 있는 문제의 연장선으로 비쳐지지 해결책으로 보이진 않는다. 하지만 이런 경우 후퇴는 우리를 외부의 삶으로부터 자유롭게 만들어준다는 점에서 그 가치가 있다. 이와 관련해 융은 의식적 정신이 퇴행적 내용물을 받아들이지 않으려 저항하는 것은 자연스러운 현상이며, 이러한 이식적 정신도 결국엔 후퇴의 가치를 인정하게 된다고 설명했다. 즉, 결국엔 후퇴로 인해 정신이 내면세계에 적응할 필요성이 생겨난다는 것이다.

앞장에서 살펴봤듯 전진의 순간이 도래하면 우리의 정신 에너지는 강물처럼 외부세계를 향해 흘러나간다. 하지만 강물이 댐에 가로막히듯 외부의 삶을 향한 정신 에너지의 전진도 이따금 좌절당하곤 한다. 적응에 실패하는 것이다. 새로 등장한 요구가 전진적 적응이 감당할 수 있는 범위 밖일 경우, 이러한 실패는 당연한 것일 수도 있다. 이제 정신 에너지는 그 흐름을 되돌려 더 이상 외부환경 쪽으로 움직이지 않는다. 대신 정신의 내부로 다시 흘러들기 시작한다. 이러한 현상을 일컬어 융은 '리비도의 후퇴'라 명명했다. 정신 에너지가 외부의 삶을 향해 진전하는 시점은 우리의 신화가 살아나 활기를 띠는 순간들이다. 반면 신화가 수명을 다할 때가 오면 에너지는 정신의 내부로 후퇴한다. 융학과 정신분석학자인

데니스 메릿Dennis merritt은 이렇게 기술하고 있다.

과학자의 정신은 당면한 문제에 집중코자 원칙적·지향적·의식적 노력을 기울인다. 하지만 이러한 노력의 효용은 딱 거기까지다. 이후로 과학자는 벽에 부딪치고 아무런 소득도 없이 제 자리 걸음만 하게 된다. 의지력이나 에너지를 아무리 쏟아 붓는다 해도 통찰력이나 해결책엔 아무런 영향도 미치지 못한다. 바로 이런 시점에 과학자나 예술가는 그때까지의 과정을 무의식 영역으로 넘겨버려야 한다. 이러한 시기를 당한 사람이라면 상처난 손가락에 대한 꿈을 꿀지도 모른다. 대체로 손가락은 창의성을 상징하므로 상처 난 손가락이라 함은 창조 과정에 지나치게 의식적으로 접근하고 있다는 사실을 암시한다 볼 수 있다. 이때 필요한 것은 수용적인 음陰의 태도, 즉 '가만히 기다리는' 태도다. 창의적 과학자라면 이와 같은 단계의 중요성을 인식하고 있어야 한다. 또한 이러한 단계에 걸맞을 만한 작업습관과 태도를 갖추도록 노력해야 한다. 비이성의 영역엔 특유의 리듬이 존재한다. 그러므로 창의적 과학자라면 이러한 리듬에 적응하는 법을 배워야만 한다.

어떤 통찰력도 해결책도 얻을 수 없을 때 과학자는 우울감, 불안, 불확실성에 둘러싸인다. 이는 '침체에 빠진' 시인이나 작가의 경우와 별반 다르지 않다. 이런 경우 과학자는 자신의 연구가 과연 의미가 있는 것인지 의문을 품게 될지 모른다. 존재론적 차원에서 작은 위기를 맞이하게 되는 것이다. 여기서 정말 중요하게 생각할 점은 정신분석가로서의 위기대처방식이다. 정신분석가로서 취해야 할 행동은 우울감을 샅샅이 분석하려 드는 게 아니다. 오히려 우울감이 창조 과정과 어떤 관계에 놓여 있는지를 이해하려 노력해야 한다. 무의식 영역에 존재하는 리듬은 무시할 수도 강요할 수도 손상을 가할 수도 없는 상대다. 창의적 과학자를 비롯한 창의적 피분석자들의 내면에서 바로 이러한 리듬을 파악하는 일은 전적으로 정신분석가의 몫이다.

—《분석적 삶》 중에서


그 결과 개인적 스타일은 실패할 수밖에 없다. 이로써 우리는 벽에 부딪치고 만다. 청소년기부터 20대 시절까지 우리는 문화, 가족, 사회 집단에 적응하고자 엄청난 에너지를 소모한다. 이러한 노력은 성과를 거두기도 하지만 때로 기대에 미치지 못하기도 한다. 개인적 적응은 객관적 반응양식, 관계형성의 패턴, 인식의 스타일과 같은 의식적 인격을 의미한다. 하지만 의식적 인격의 입장에서는 수용할 수 있는 최대치, 즉 한계가 있다. 또한 의식적 인격이 외부의 삶에서 실현할 수 있는 잠재력은 몇 가지에 불과하다. 따라서 개인적 스타일은 여타 대안의 배제를 토대로 성립된다. 다시 말해 심리적 적응은 내면환경과 외부환경이 이뤄내는 타협, 독특한 고유요소와 예상요소 간의 절충인 셈이다. 이렇게 해서 우리는 특정한 방식으로 우리 자신을 내보이는 데 점차 익숙해진다. 단, 벽에 부딪치기 전까지만.

발달은 우리의 인생 주기 전체에 걸쳐 쉼 없이 진행된다. 하지만 장애물에 걸려 발달이 저지되는 순간 우리는 그로 인해 타격을 입을 수밖에 없다. 그 순간, 이제까지 우리 삶을 둘러싸고 있던 정황은 효용성을 상실한다. 삶의 정황이란 개인의 의도와 행동의 바탕이 되는 갖가지 가정의 집합체를 말한다. 여기서의 가정은 구두를 통해 표현된 것이나 그렇지 못한 것도 모두 포함하는 것으로, 우리 삶에 본보기 또는 '지침이 되는 가공의 이야기guiding fiction' 역할을 한다. 예컨대 결혼은 삶의 정황의 일종이다. 결혼이란 단순히 두 사람이 관계를 맺는 차원이 아니라 두 사람이 항상 일정한 정황 속에서 관계를 형성하는 차원에 해당되기 때문이다. 직업 역시 삶의 정황이다. 직업은 단순한 일의 차원이 아닌 늘 일정한 정황 속에서 이뤄지는 일의 차원이기 때문이다. 언제나 '어떤 목적'을 위해 특정한 삶의 방식을 고수하는 데 대한 가정이 우선 자리한다. 그런 다음 정황이 나타나고 그런 다음 문화적 신화가 출현한다. 지금까지 살펴봤듯이 신화가 제 기능을 잃지 않는 한 개인은 인생의 단계를 넘어갈 때마다 무사히 다음 단계에 진입하도록 전승 받은 갖가지 가정으로부터 충분한 도움을 받을 수 있다. 느닷없이 어떤 것이 충돌해 와 이러한 정황을 박살내기 전까지는.

여기서 어떤 것이란 앞서 위니코트가 말한 '각성'의 의미와 동일하다. 한 마디로 주관적 상상과 객관적 실재가 서로 일치하지 않는다는 사실을 깨닫는 데서 오는 좌절이라 할 수 있다. 위니코트의 주장에 따르면 각성은 심리발달을 위해 우리가 완수해야 할 긴요한 과제이다.

소설 《맨발의 조》의 도입부에서 레이 킨셀라가 직면한 문제도 다름 아닌 이것이었다. 처음 몇 장을 읽다 보면 레이의 삶이 정체 국면에 봉착했다는 인상을 받게 된다. 소설은 운명적인 음성이 들려오기 직전까지 그가 처한 상황이 어떠한지 알려주고 있다. 레이는 본래 대학에 다니고자 아이오와에 왔지만 농촌 지역인 그곳에서 자신의 전공을 살릴 만한 일을 찾지 못하고 하는 수 없이 생명보험 판매 일을 시작한다. 그는 몰려드는 근육통을 애프터 쉐이브 로션으로 간신히 달래가며 '빠른 속도로 절박하게 미친 듯이' 보험을 팔아나간다. 그러다 보니 레이의 인생 절반은 원치 않던 직업에 매인 채 허비되고 만다. 자신의 '천직'이 뭔지 그로서는 도통 알 길이 없었기 때문이다. 천직이란 온 맘과 영혼을 바칠 수 있는 소명을 의미하지만 인생의 전반을 천직으로 채우지 못하는 게 대부분의 현실이다. 앞서 융이 말했듯이 인생의 전반기에 개인이 완수해야 할 과업은 결혼, 가정, 직업과 같은 외부의 삶에 뿌리를 내리는 일이기 때문이다.

레이가 농장을 샀을 때 그의 과업은 완수된다. 하지만 레이는 땅을 사랑할 뿐 농부로서의 소질은 별로 없었다. 자신의 집을 좋아하지만 실상 담보대출이자도 제대로 내지 못하는 형편이다. 그렇다고 해서 애프터 쉐이브 로션 하나로 버티던 예전 생활로 다시 돌아갈 수도 없는 노릇. 레이의 진전은 이미 멈춰버렸다. 밖으로 흐르지 못한 에너지는 무의식 영역에 차곡차곡 쌓여만 간다.

많은 경우 진전이 멈추는 바로 그 순간 정신요소는 관문을 넘어가도록 압박을 받는다. 프로이트 식으로 말하면 '감정 에너지를 집중할cathect' 대상이 생겼다고 할 수 있다. 융의 표현을 빌리자면 '고유의 진형陣形으로 자리 잡은constellate' 존재가 나타났다 말할 수 있다. 사실 심리적 증세의 주된 특징은 본인의 의지만으로는 벗어날 수 없다는 것이다. 그 증세가 갑작스런 공포증이건 공황발작이건 아니면 우울증, 환청, 환영, 트라우마 중 무엇으로 나타나건 간에 우리 내부에서 어떤 존재가 뚫고 나오는 것만은 분명하다.

이러한 돌파로 인해 하나의 과정이 시작된다. 과정의 시작 단계는 두 개의 발달기간 사이에 존재하는 과도적 상태다. 따라서 적용되는 규칙도 상이하다. 소년, 소녀, 남편, 아내, 지도자, 추종자 등 그때껏 지녀온 정체성은 무너져 버린다. 반면 이를 대체할 새로운 정체성은 아직 등장하지 못한 상태다. 이 경우 입문자는 두 정체성 사이에 끼인 여행자 신세가 된다. 마치 '터널의 입구와 출구 사이 그 중간에 갇힌 것처럼'◌◌ 말이다.

'터널' 속에서 보내는 이러한 시기야말로 앞으로 개인적 신화의 생성에 밑거름이 될 핵심 경험이다. 예컨대 톨킨이 병원에 누워 있을 때 경험한 것도 바로 이와 같은 돌파였다. 다음 장에서 살펴보겠지만 당시 톨킨은 제1차 세계대전에 참전 중 참호열에 걸려 입원한 상태였다. 또한 융이 정신적 지주인 프로이트와 결별했을 때 경험한 것도 마찬가지로 돌파였다. 이와 같이 돌파는 기존의 삶이 어그러지는 순간 동시에 찾아든다. 여느 입문 단계가 모두 그러하듯 핵심 경험 역시 상처의 발생을 수반한다.

어느 날 한 남성이 치료를 받으러 왔다. 이유인즉슨 직장에서 프레젠테이션을 할 때마다 난데없는 공황감에 사로잡히기 때문이었다. 남자는 꿈을 꿨다고 했다. 가파른 벼랑 꼭대기에 해병대 일개 소대와 함께 서 있는 꿈이었다.

우리에겐 중요한 임무가 있다. 임무 달성을 위해서 나는 완전 무장을 갖춘 채 밧줄에 의지해 벼랑을 타고 내려가야만 한다. 그런데 뛰어내리는 순간 밧줄이 버티질 못해 그만 추락하고 만다. 마침내 바닥에 떨어지지만 나는 아직 살아있다. 그러나 내가 있는 이곳 바닷가엔 인적조차 없다. 나는 홀로 걸어가야만 한다.

∞

제임스 홀이 《케이론: 역치성과 과도적 현상》에서 사용한 표현이다.

남자는 자신의 사명에 대한 감각, 즉 그를 지탱해줬어야 하는 밧줄을 잃어버리고 만다. 남자가 프레젠테이션 때마다 공황상태에 빠지는 이유는 행여 추락할까 두려운 마음이 들기 때문이다. 하지만 사실 그는 이미 추락한 상태였다. 신화 밖으로 떨어져 나온 것이다. 그 결과 남자는 바닷가에 홀로 서 있어야 하는 신세가 돼버렸다.


## 무의식을 위한 야구장

엄마는 아기의 필요에 맞춰 적응한다. …… 이러한 적응은 엄마의 신뢰성을 가늠하는 잣대가 된다. …… 아기는 엄마에 대해 믿음을 갖게 되고 이로 인해 다른 사람이나 사물에 대해서도 신뢰할 수 있게 된다. 이런 가운데 비로소 아我와 비아非我의 분리가 가능해진다. 그러나 한편으론 잠재의 공간을 창조적 놀이로 채움으로써 이러한 분리를 회피할 수도 있다. 다시 말해 문화적 삶을 구성하는 모든 인자와 상징의 활용으로 잠재력의 공간을 채움으로써 분리를 피해갈 수 있다는 것이다.

이처럼 신뢰성에 대한 믿음은 많은 경우 제대로 형성되지 못한다. 그 결과 잠재공간의 한계로 인해 개인의 놀이 역량이 제약을 받는다. 놀이와 문화적 삶이 빈약한 경우에도 대부분 이런 상황이 벌어진다. …… 그러므로 제일 먼저 필요한 것은…… 아기와 엄마의 관계 그리고 아기와 부모의 관계를 보호하는 것이다. …… 이로 인해 잠재의 공간이 만들어질 수 있다. 잠재의 공간에서 아이는 신뢰를 바탕으로 창조적 놀이를 행할 수 있다.

—D. W. 위니코트, 《놀이와 현실》 중에서

위니코트에 따르면 놀이를 위해서는 안전한 공간이 필요하다고 한다. 《맨발의 조》에서 환청이 속삭였듯 '당신이 그걸 짓는다면 그가 올 겁니다'라는 말이 실현되는 것이다. 필자의 소견으론 레이 킨셀라가 지어야 한다던 '그것'이 단순히 하나의 상징의 공간은 아니었을 것 같다. '그것'은 상징의 공간 그 자체, 즉 새로운 신화가 놀이를 통해 출현하기 전에 반드시 지어져야 할 상징의 공간이었을 것이다.

상징의 공간은 일종의 마음가짐이자 색다른 의식형태다. 이를 일컬어 위니코트는 '잠재적' 지대 또는 '중간' 지대라 명명했다. 융은 '상징적 태도'에 주안점을 뒀다. 필자는 '상징적 의식'이란 용어를 사용한다. 중력장이나 자기장과 마찬가지로 상징의 공간도 정신 에너지의 조직 패턴이라 볼 수 있다. '힘'이 이미지를 충분히 오래 잡아둠으로써 이미지에 대한 정신의 '작업'이 착착 이뤄진다. 상징의 공간이 없다면 이미지는 무의식 영역으로 도로 빠져나가고 만다. 상징의 공간이 있음으로 해서 이미지를 보전할 수 있는 것이다. 그 결과 의식과 무의식 사이에서 발이 묶인 이미지는 변형을 일으킨다. 그러므로 상징은 '작업'이며, 더불어 충분한 강렬함을 갖춘 심리적 공간으로부터 생성된 결과물이라 하겠다.

오늘날 이와 같은 잠재의 공간은 여러 가지 명칭으로 불리고 있다. 가령 최면상태, 명상적 황홀경, 심미적 전념, 작가적 의식의 고양, 백색 공간 그리고 연금술에서의 알베도albedo°°라는 이름 등으로 불리고 있다. 잠재의 공간은 간혹 우리의 꿈에 나타나기도 한다. 이때 잠재의 공간은 놀이공간이나 경기장, 극장 아니면 달밤의 그늘 진 작은 숲, 별이 비치는 잔잔한 호수의 모습으로 등장한다. 앞서 벼랑에서 추락하는 꿈을 상기해 보자. 이 꿈에서 잠재의 공간은 당사자인 해병대원이 떨어진 해안가였다. 바로 이와 같은 공간에서 예술가, 신비주의자는 물론 광인까지도 기다림의 시간을 갖는다. 이곳은 상상의 균열로 생겨난 장소이자 두 세계 사이의 중간 영역이다. 이곳에선 모든 것이 보이는 모습 그 이상의 존재성을 띠며 가지각색의 이미지가 파노라마처럼 펼쳐진다.

그렇다면 이러한 상징의 장이 어떻게 만들어지며 리비도의 후퇴가 어떻게 촉발되는지를 알아낸 경로는 과연 무엇일까? 융의 경우 이러한 사실들을 알아냈다기보다 기억해냈다고 하는 편이 옳을 것이다.

크게 보면 정신 에너지의 전진과 후퇴 모두 무의식 영역에 고유한 리듬이라 할 수 있다. 이러한 리듬은 의식적 의지의 너머에서 인생의 시기

○○

백화(白化)라는 뜻으로 연금술 공정의 네 단계 중 두 번째 단계를 가리킨다. 백화란 금속에 열을 계속 가해 금속을 하얗게 만드는 단계를 말하는데 불순물을 제거하는 정화의 과정을 의미한다.

프로이트와
이별하다

마다 고유한 자취를 남긴다. 반면 작게 보면 '새로운' 정신상태의 저하, 즉 의식에 일어나는 모든 '저하'는 일종의 후퇴로 간주할 수 있다. 수면은 의식의 저하이자 야간에 진행되는 후퇴로 볼 수 있다. 물론 우리의 인식 수위는 마치 온도계의 수은처럼 낮 시간에도 계속 오르락내리락 변동을 거듭한다. 조금만 피곤해도, 흥미나 주의력이 조금만 떨어져도 환상이 금세 비집고 들어온다. 프로이트가 처음 이 현상을 발견한 것은 최면을 건 상태에서였다. 하지만 나중엔 문제의 현상을 이끌어내기 위해선 소파에 누워 자유연상에 자신을 내맡기는 방식이 훨씬 효과가 좋다는 사실을 깨닫는다. 이로 인해 후퇴가 일어나고 무의식이 활성화된다. 융이 의식저하를 처음 발견한 것은 융 자신이 낱말연상실험을 하던 와중에서다. 잠깐 동안만 낱말 게임을 한다 치자. 그러면 서서히 주의력이 떨어지고 그 결과 연상들을 가로지르며 무의식이 모습을 드러낸다. 반응이 나타나기까진 이보다 더 많은 시간이 소요된다. 또는 아예 반응이 나타나지 않는 경우도 생긴다. 의식은 주의력 지속시간이 짧을 뿐 아니라 TV 신호가 약할 때 그러하듯 너무 과해도 꺼지고 너무 약해도 꺼진다. 그런데 이러한 의식에 피로나 스트레스, 과도한 자극을 가함으로써 무리하게 사용한다 치자. 어느새 무의식의 정지화면이 스크린 위를 점령하기 시작한다. 아니면 순간적 몰두의 경우에 그러하듯 의식을 극히 좁은 범위 내로 집중시켜 보자. 어느덧 무의식 영역에 의식의 그림자가 길게 드리워진다. 신화적 이미지가 정신의 스크린에 마치 마술처럼 간단히 등장하리라 생각한다면 오산이다. TV가 작동하기 위해서는 음극선관이라는 특별한 장치가 필요하다. 이 장치를 거쳐야만 안테나가 수신한 에너지의 파동이 비로소 생생한 이미지로 변형될 수 있기 때문이다. 마찬가지로 신화나 꿈, 상징도 에너지를 이미지로 변형시키는 과정을 거친다. 상상은 일종의 영상관映像管이라 할 수 있다.

새로운 정신상태의 저하가 어떤 가치를 지니는지는 후퇴의 본질에 따라 결정된다. 후퇴의 움직임은 유년기의 콤플렉스를 향해 회귀하지만 한편으론 창조적 놀이의 잠재력 방향으로 돌아가기도 한다. 이런 경우 주의력 여기저기에 생긴 구멍을 통해 무의식이 새나감으로써 일종의 오염이 일어난다고 주장하기가 쉽다. 그로 인해 정서생활의 수질이 나빠진다고 말이다. 무의식의 누수漏水는 이내 사람들이 배가 고프거나 지치거나 추울 때 일어나는 현상들을 불러온다. 소위 프로이트가 말한 '일상생활의 정신병리'라는 현상을 일으키는 것이다. 그 결과 본의 아닌 말실수나 월터 미티Walter Mitty○○가 품었던 것과 같은 공상 등이 일어나곤 한다. 하지만 이에 못지않게 무의식의 누수가 창의성의 원천이 되기도 한다는

---

○○

제임스 써버(James Thurber)의 단편소설 〈월터 미티의 은밀한 인생〉의 주인공. 공상에 빠져 사는 삼류 소설가로서 자신을 환상적 모험담의 주인공으로 상상하길 좋아하는 인물이다.

프로이트와
이별하다

사실 역시 인정해야 한다. 가령 무의식의 누수는 발명가로 하여금 얼토당토않은 발상을 착안케 하며, 작가로 하여금 각자 자신의 삶을 움직여 나가는 등장인물을 만들게 한다. 그리고 예술가에게는 머리가 아닌 손으로 그림을 그릴 방법을 터득할 기회를 부여한다. 전자의 경우, 즉 정신병리적인 경우 의식은 마치 오래된 전구처럼 다 타버리는 데 그친다. 그러나 창의성의 측면에서 보자면 의식의 저하는 오순도순 둘러앉은 저녁 밥상의 불빛을 은근한 밝기 수준으로 줄여주는 쪽에 더 가깝다. 적절한 분위기를 연출할 필요가 있는 것이다.

이처럼 의식의 조도가 낮아질 때 그로 인해 생겨나는 기분, 정서반응이 바로 상징의 장이다. 십대 청소년처럼 뜬눈으로 밤을 지새워 보라. 칠흑 같은 어둠 속에서도 사물을 분간할 수 있음을 알게 된다. 생각했던 것보다 사람의 눈이 밝다는 사실을 깨닫는 것이다.(비록 그 방식에 있어서는 차이가 있을지라도.) 과거 중세시대의 연금술은 물질을 물리적으로 변형시키는 한편 영적으로도 변형시키고자 했다. 연금술 작업은 몇 가지 단계를 거쳐 이뤄졌다. 연금술 과정의 제1단계는 니그레도nigredo, 즉 흑화라 불렸다. 모든 것이 처음엔 검게 보이기 때문이다. 제2단계는 알베도, 즉 백화라 한다. 이미지를 보되 대낮의 밝은 햇빛이 아닌 한밤의 달빛 아래서 보기 때문이다. 날카롭던 모서리가 어느새 무뎌지고 이 편 저 편의 경계가 모호해지며 뚜렷하던 대비도 있는 듯 없는 듯 흐려진다. 그러나 이와는 대조적으로 미묘함이 자라난다. 상상이 고양되며 지각이 변화한다.

명상은 의식의 조도를 낮추는 과정으로 이해할 수 있다. 명상 시 우리의 주의력은 외부환경으로부터 물러나 내면환경 쪽으로 옮겨간다. 심리학적 견지에서 볼 때 명상은 대상으로부터 리비도를 의도적으로 철수시키기 위한 일종의 수련이다. 대상에 대해 갖고 있던 애착을 의도적으로 철수시키기 위한 수양법인 것이다. 명상은 어린 시절 익숙하던 의식상태에 더욱 가깝다. 이에 대해 위니코트는 다음과 같이 설명한다.

몰두는 어린아이의 놀이에서 나타나는 두드러진 특징이다. …… 중요한 것은 근近철수 상태다. 이는 좀 더 높은 연령대의 아이와 성인에게서 나타나는 집중현상과 유사하다.

—《놀이와 현실》 중에서

융은 적극적 상상이라 명명한 기법을 거론한 바 있다. 그리고 이런 경우 의식의 참여와 무의식의 자율성이 모두 유지된다는 설명을 덧붙였다.

환상의 소재가 새로이 탄생되려 할 때마다 의식은 활동을 멈춰야 한다. 대부분의 경우 그로 인한 결과는 언뜻 고무적으로 보이진 않는다. 일반적으로 이러한 결과는 얇디얇은 거미집처럼 박약하기 이를 데 없는 환상들로 이뤄진다. 이와 같은 환상이 어디에서 기원하는지, 무엇을 목표로 하는지 명확하게 알려주는 바도 전혀 없다. 더불어 이들 환상에 접근하는 방식은 개개인에 따라 달라진다. 많은 경우 각자의 환상을 글로 적는 방식을 가장 쉽게 받아들인다. 반면 이와 달리 각자의 환상을 심상으로 떠올리는 식으로 접근하는 사람들도 있다. 또한 이러한 심상 과정의 도움을 받거나 혹은 받지 않음으로써 자신의 환상을 그림으로 그려내는 방식을 택하는 경우도 있다. 만일 당사자의 의식에 경련처럼 무리한 증세가 심히 우려할 만한 수준으로 온다면 오직 양손을 이용해 자신의 환상을 표현할 수밖에 없다. 이때 두 손은 어떤 형상들을 본뜨거나 그려내는데, 의식의 입장에서 본다면 무척 생경하다고 여길 만한 것들이다.

우리는 이러한 과정을 계속 되풀이해야 한다. 의식에 나타난 경련증세가 풀어질 때까지 말이다. 다시 말해 앞으로의 상황이 자연스럽게 전개되도록 우리 자신이 용인할 수 있는 순간까지 위의 과정을 반복해야 한다. 더욱이 추후의 상황 전개에 대한 용인이야말로 본 과정의 다음 목표이기도 하다. 이렇게 해서 새로운 태도가 탄생한다. 즉, 어떤 일이 비이성적이며 불가해하더라도 그 일이 자신에게 일어나고 있다는 이유만으로도 기꺼이 수용하는 태도를 갖추게 된다. 이러한 태도는 경우에 따라 독이 될 수도 있고 약이 될 수도 있다. 가령 당사자가 자신에게 일어난 일에 이미 압도당한 상태라면 위의 태도는 독이 될 수밖에 없다. 반면 갖가지 일이 벌어지고 있는

데도 그 중 의식적 판단 대상이 될 법한 것들만 골라낸다면 마찬가지로 그로 인해 삶의 본류로부터 점차 멀어지다 급기야 정체된 배수背水 속으로 밀려날 수도 있다. 이와 같은 상황에서는 수용적 태도가 참으로 귀중한 자산이라 하지 않을 수 없다.

—《C. G. 융 전집》, 〈연금술 연구〉 중에서


적극적 상상을 시작하는 방법은 여느 명상 과정과 다르지 않다. 심호흡을 하고 긴장을 이완하는 것이 중요하다. 이렇게 하면 곧 의식의 저하가 시작된다. 융은 피분석자에게 자주 본인의 기분에 대해 명상해 보도록 권유했다. 필자 역시 꿈의 이미지를 대상으로 삼아 명상을 시작하도록 권유하곤 한다. 하지만 이러한 참여는 생각보다 훨씬 어려운 일이다.

우리는 지금 적극적 상상에 관해 논의하고 있다. 그러므로 이와 관련해 '환상'이란 말의 어원에 대해서 한 번 살펴보도록 하자. 환상fantasy이란 단어는 보이다, 나타나다는 뜻의 그리스어 파이네인phainein에서 유래했다. 사실 이 말에는 실제로 환상 과정이 하는 일이 고스란히 담겨 있다. 나타나는 것이 바로 환상 과정의 일인 셈이다. 적극적 상상에 힘입어 개인의 의식은 자아 밖에 있는 정신의 중간지점 쪽으로 좀 더 다가간다. 이 중간지점은 의식과 무의식 사이에 형성되는 미묘한 중간지대이자 두 세계가 서로 맞닿는 좁은 가장자리에 생성되는 공간이다. 우리 모두의 마음속에서는 비판적 목소리와 부모님 같은 실리적 판단의 목소리가 동시에 들려온다. 전자가 '이건 유치해'라고 타박을 준다면 후자는 '이건 안 될 거야'라고 단정 짓는다. 그런데 중간공간으로 들어서려면 이와 같은 비판과 판단 모두 힘을 뺄 필요가 있다. 여느 때와 같은 의식의 제약은 잠시 보류돼야 한다. 그렇다고 해서 비판이나 판단을 아예 내버리라는 말은 절대 아니다. 환상 속에 처한 자아가 마치 주변의 환상이 완벽한 실재인 양 반응한다면 의식의 참여는 지속되는 것이다. 의식의 참여는 긴요한 요건이다. 이를 통해 이미지와 의식이 연결되기 때문이다. 환상은 그에 알맞은 형태를 찾아야만 한다. 만약 의식의 관여가 거의 없는 상황이라면 이미지는 설사 기억에 잔류한다 하더라도 망상에 그칠 수밖에 없다. 재미는 있지만 연결점이라곤 찾을 수 없는 어떤 현상 또는 파티에서의 잡담 수준에 머물 것이다. 반면 의식이 너무 많이 관여하는 상황이라면 환상은 고작 공상이 그치고 만다.

　과거 중세시대 연금술에서는 인간의 정신 속에 두 개의 상상이 공존한다고 상정했다. 그 중 첫째는 이마지나티오 판타스티카imaginatio phantastica로 '거짓' 상상을 의미하는데 이는 불가피하게 인간으로 하여금 길을 잃고 헤매게 만든다고 한다. 이에 반해 둘째는 이마지나티오 베라imaginatio vera인데 '참된' 상상을 의미하며 연금술 작업의 열쇠나 진배없다고 설명한다.

위니코트는 이렇게 말했다. '개인의 놀이 역량이 위축되는 이유는 그간 놀이에 대한 믿음을 가져본 경험이 별로 없기 때문이다.' 기실 대부분의 경우 상상의 공간을 신뢰하지 못한다. 융학파 정신분석학자인 위노나 휴브레히트Winona Hubrecht의 말대로 우리는 이따금 놀이에 대해 거의 존재론적 두려움에 사로잡히곤 한다. 모두가 자아의 와해에 대한 두려움을 갖고 있다. 예컨대 어린 시절 무릎이 조금 까지는 사고만 일어나도 이를 이겨내지 못하고 산산조각 나버리던 자기감自己感 그리고 이런 자기감의 파편을 그러모아 아슬아슬하게 다시 이어 붙였던 기억을 누구나 간직하고 있는 것이다. 또한 모두의 마음 한 편에는 위험천만한 저류 같은 광기가 자신을 유혹해 이미지의 심연 속으로 끌고 들어가지 않을까 하는 공포심도 있다. 위니코트의 말을 빌자면 '여기서의 광기란 개인의 존재가 지속되고 있는 동안 존재 가능성을 지니고 있던 것이 와해되는 현상을 의미한다.' 놀이에 있어서 위험에 처하는 것은 자기감이다. 따라서 이 점을 감안할 때 상징의 장을 마련하는 일은 신뢰구축과 연관 지어진다. 상징의 장, 즉 위니코트가 말한 '보전환경'이 없다고 가정해 보자. 행여 이와 같은 잠재의 공간이 도전에 직면하기라도 하면 그 즉시 붕괴 조짐이 나타날 수 있다.

이처럼 보전환경은 과도적 과정에서 매우 중요하다. 핵심 경험이 절름발이가 될지 아니면 창의성을 띨지 여부는 오로지 어떤 태도 속에 보전

프로이트와
이별하다

되느냐에 달려 있다. 돌파 그 자체만으로는 결코 충분치 못한 탓이다. 그러므로 두 번째 단계가 기다리고 있다. 이 단계를 통해 핵심 경험은 그에 걸맞은 형태를 구한다. 형태를 갖추지 못할 경우 핵심 경험은 무의식 속으로 다시 융해되거나 아니면 가려지지 않은 힘이 그러하듯 자아를 융해시키고 만다. 고대의 테메노스temenos(신성한 원)는 이처럼 돌파가 파탄 국면으로 귀결되지 않기 위해선 일련의 작업 과정이 반드시 필요하다는 사실을 암시하고 있다.

신성한 장소의 둘레에는 돌로 만든 울타리, 벽, 원이 세워진다. …… 이것은 인간이 만든 성소의 형태 가운데 역사상 가장 오래된 부류에 속한다. 이들의 축조 시점은 초기 인더스 문명 시대로 거슬러 올라간다. 이중 울타리는 그 경계 안에 크라토파니kratophany○○[1] 또는 히에로파니hierophany○○[2] 가 지속적으로 존재하고 있음을 암시하며 이 사실을 실질적으로 알리는 역할을 한다. 뿐만 아니라 속인이 성소에 합당한 조심성도 없이 함부로 들어설 경우 그에게 닥칠 위험으로부터 속인을 보호하려는 목

○○[1]
그리스어의 합성어로 종교학에서 '힘 있는 것' 의 나타남, 즉 역현(力顯)을 의미한다.

○○[2]
그리스어의 합성어로 종교학에서 '성스러운 것' 의 나타남, 즉 성현(聖顯)을 의미한다.

적에도 이바지한다. 인간이 신성한 것에 별 다른 준비 없이 접촉하려든다면 그 뒤엔 늘 위험이 따르기 마련이다. 다시 말해 인간이 종교행위마다 요구되는 '접근의 몸짓'을 제대로 갖추지 않는 경우 신성한 것으로부터 위협을 받게 된다는 것이다.

—미르케아 엘리아데, 《성과 속》 중에서

이 대목에서 필자는 정신분석 과정에서 알게 된 한 피분석자의 꿈이 떠올랐다. 그는 마법사의 성으로 걸어 들어갔다. 그곳에서 남자는 기다란 현관으로 들어서는데 거기엔 긴 거울이 벽면에 즐비하게 걸려있다. 그가 다가서자 모든 거울마다 강풍이 몰아치기 시작한다. 강풍은 그를 거울 속으로 구겨 넣을 듯이 불어댄다. 순간 그는 거울 속에 빠지면 영원히 헤어 나오지 못할 수 있다는 사실을 직감한다. 하지만 바로 그때 한 여자가 나타나 남자에게 특별한 백색 거품을 건네준다. 남자는 그 거품을 거울에 뿌린다. 그 결과 상황이 종료되고 그는 거울에 빨려 들어가는 사태를 모면한다. 필자의 생각으론 문제의 특별한 백색 거품은 바로 상징적 태도를 가리킨다. 이 거품 덕택에 남자는 바람에 날려 원형 속으로 곤두박질칠 운명을 피할 수 있었던 것으로 보인다.

위험은 또한 다른 방면에서도 찾아든다. 핵심 경험과 외부적 삶의 관계를 과연 어떤 식으로 체험하느냐의 문제에도 위험요인이 존재한다는 것이다. 보전환경은 우리가 서로에게 허락하는 '도전 받지 않는 잠재의 공간'을 의미한다. 제의祭儀는 기능적 신화가 잠재공간을 보호하는 방식의 일종이다. 하지만 우리의 문화가 탈신화화됨에 따라 이러한 역량은 개인의 발달을 통해서만 유지될 처지에 놓였다. 만일 발달에서 '놀이 장비'가 허용되지 않는다면 심리적 작업을 거쳐 상상을 진지하게 받아들이는 태도를 계발해야만 한다. 사실 이와 같은 능력은 심각한 손상을 입을 수도 있으며, 그로 인해 우리는 나이에 비해 늙어버린 관절염 환자처럼 스스로에게 자양분을 공급하지 못하는 처지에 놓일 수 있다. 그 결과 놀이의 잠재공간을 용인하고 불러들이며 보호도 해줄 '좋은' 어머니를 다시 한 번 경험해야 필요가 생길지 모른다.

상징의 장은 여러 경로를 통해 조성된다. 이와 관련해 위니코트는 혼자 있을 능력을 강조했다. 한편 우리가 분석 과정에서 스스로 허락하는 자기 자신으로의 창구, 분석공간은 또 하나의 경로라 할 수 있다. 융은 훈련의 필요성을 주장했는데, 이는 곧 상징의 작업을 위해 요구되는 '접근의 몸짓'이 필요함을 뜻한다. 훈련이란 핵심 경험을 외부의 삶으로 끌어내기 위해 의식이 행하는 일련의 작업을 위한 것이다. 상징의 장은 조성될 때 예술의 형태를 취하기도 한다. 가령 톨킨은 남몰래 《실마릴리온the Silmarillion》○○을 집필한 바 있다. 사실 그는 생전에 이 작품을 출간할 엄두를 내지 못했다고 한다. 다른 한편으로 상징의 장은 이해의 형태로 조성되기도 한다. 예컨대 융은 스스로 '과학'이라 칭한 자신의 학문에 평생 매진했다. 이처럼 핵심 경험은 외부의 삶 속에 나타날 때 취해야 할 형태를 찾아내야 한다. 이와 같은 작업은 계속 진행 중인 관계를 담아낼 그릇을 제공한다. 계속 진행 중인 관계란 분석학계 일각에서 '자아 자기의 축'이라 일컫는 관계이다. 다시 말해 현실 인격과 잠재적 인격 사이의 관계가 담길 그릇이 마련되는 것이다. 개인적 신화는 내면의 생명력과 외부의 정체성 간에 존재하는 관계에 형태를 부여한다. 그러므로 상상의 장을 만든다는 것은 수단으로서만 아니라 그릇(용기)로서의 의미도 지닌다.

그러나 이처럼 새로운 공간을 짓기에는 우리의 인내심이 그리 대단치 못하다. 더불어 훈련이나 분석 또는 신속하게 결과가 나오지 않는 일이라면 무엇에서건 인내심이 부족한 편이다. 《맨발의 조》에서 주인공이 야구장 터를 완성하기까지는 계절이 세 번 바뀌었다. 가장 힘든 작업은 잔디를 키우는 일이었다. 씨를 뿌리고 물을 주고 영양분도 공급하며 만족할 만한 결이 나올 때까지 잔디가 잘 자라게끔 정성을 아끼지 않았다. 이런 관점에서 볼 때 상징의 공간을 만드는 일은 벽돌을 한 장 한 장 쌓아 올리는 쪽보다는 이파리 한 장 한 장을 끈기 있게 키우는 쪽에 더 가깝다 할 수 있다.

ᢙᢙ
생전의 미출판 원고를 모은 유고집으로 《반지의 제왕》에 등장하는 '가운데 땅'의 신화와 역사를 다루고 있다.

그러나 부족한 인내심 역시 우리의 자아에서 유래하므로 중요한 의미를 갖는다. 이에 반해 무의식은 당밀이 자라는 속도만큼이나 더디기 이를 데 없다. 바로 이런 점 때문에 두 세계 사이에 긴장이 조성된다. 두 세계는 공존하되 제각기 다른 시간대에 머물고 있다. 한 세계는 행위의 시간대에, 다른 세계는 존재의 시간대에 머물고 있는 것이다. 예컨대 필자는 꿈을 분석대상으로 삼을 때마다 이러한 긴장을 체감하곤 한다. 성급한 지성과 집요하게 피하려만 드는 꿈 사이에서 괴리감을 맛보곤 하는 것이다. 그런데 이러한 둘 사이의 긴장은 상징의 장을 움직이게 하는 에너지로 작용하기도 한다. 긴장은 그 공간의 수용능력과 잠재력이 모두 완벽하게 충족될 때까지 에너지를 '충전'해준다. 이런 맥락에서 자아의 인내심 부족은 중요성을 띨 수밖에 없다.

야구장을 만드는 일은 중대한 행위다. 레이 킨셀라가 야구장을 만듦으로써 그의 상상이 활약할 공간도 마련됐기 때문이다. 레이는 우리가 흔히 실패하고 마는 일을 해냈다. 상상이 맘껏 놀이를 할 수 있는 상징의 장을 조형해낸 것이다. 무의식은 처음 두 가지 측면, 즉 에너지와 패턴을 제공한다. 그러나 세 번째 요소인 적절한 태도는 '관찰하는 자아'인 의식으로부터 나와야 한다. 이것은 왕성한 에너지를 띤 이미지와의 올바른 관계인데 리비도의 변형이 일어나기 위해서는 반드시 필요한 요건이다. 이와 같은 참여는 객관적 의식으로부터 상징적 의식으로 나아가는 발판이 된다.

만약 레이 킨셀라가 문제의 음성을 듣고 나서 다른 식으로 행동했다면 어땠을까? 예컨대 목소리를 듣고는 집으로 들어가 "오늘 옥수수 밭에서 희한한 일이 있었어"라고 말하고는 무심히 넘겨버리는 것으로 끝났다면 말이다. 하지만 그는 능동적인 인물이다. 그렇다면 차라리 자신의 인생이 공허하다 느끼고 세미나에 가거나 책을 읽거나 스승을 찾아 수양법 같은 것을 조언 받는 쪽으로 움직였을 수도 있다. 그러나 레이의 경험은 주관적으로 개인적이며 내면적인 방식으로 그에게 다가왔다. 이런 상황에서 레이는 기다려야 했다. 3년간 아무 일도 일어나지 않았다. 아무런 결과도 나타나지 않은 것이다. 그렇지만 레이는 묵묵히 잔디를 키우는 일을 계속했다. 구장으로서 손색이 없는 상태가 될 때까지 말이다. 꿈만 믿고 해내기엔 실로 엄청난 일이 아닐 수 없다.

하지만 그 말은 참이었다. 상상의 공간을 만든다면 '그것'이 도래할 것이라는 말, 자아와는 다른 '뭔가'가 나타날 것이라는 그 음성은 엄연한 진실이었던 것이다. 창조적 발상, 신비주의자의 선견, 아이들의 놀이, 우리들 각자의 개인적 신화는 이와 같은 상상의 공간에서 자라난다. 이러한 신뢰는 예컨대 우리가 내면세계와 외부세계 사이의 무인도로 내려갈 때 우리를 이끌어주는 길잡이 역할을 하는 것처럼 보인다. 이 무인도라는 공간에서 자기는 위험에 처하기도 하지만 한편으론 새로이 획득되기도 한다. 이러한 무인도로의 내려감은 지하세계의 경계를 향해 가는 여행길에 비유할 수 있다. 살아 있는 상징은 이곳에서 생명을 얻는다. 마치 《맨발의 조》에 등장하는 잭슨의 유령이 생명을 얻는 것처럼.


## 초보자를 위한 놀이 안내

공간이 마련되고 창조 과정의 일정 시점에 이르면 개인은 놀이를 할 준비를 갖추게 된다. 그러다 보면 어느 순간 다른 선택이 아예 불가능한 때가 도래한다. 이때 우리는 하나의 생각, 놀이는 아이들만의 전유물이라는 생각으로부터 우리 자신을 풀어줘야만 한다. 앞으로 살펴보겠지만 놀이는 우리가 성숙하기 위해 거쳐야 하는 과정이다. 이런 의미에서 놀이는 진지함을 띠게 된다. 놀이의 진지함과 관련해 융은 〈심리적 유형〉에서 다음과 같이 언급한 바 있다.

……놀이와 진지함은 거의 양립할 수 없는 사이다. 진지함은 깊은 내적 필요성에서 나온다. 반면 놀이는 우리의 내면이 외부를 향해 드러내는 표현이며 의식 쪽을 향해 보여주는 얼굴이다. 이는 놀기를 원한다는 차원의 문제가 아니다. 오히려 놀이를 해야만 한다는 차원의 문제다. 의지의 강요가 없는 상태에서 이뤄지는 환상의 발현, 즉 내적 필요성으로부터 놀이의 형

태로 드러나는 환상의 발현이라 볼 수 있다. 이것이 바로 진지한 놀이인 것이다. 하지만 의식이나 집단 의견의 관점에서 봤을 때 외견상으로는 놀이임에 틀림없다. 창의성을 띠는 것이라면 항상 수반되는 애매모호한 특질이라 말할 수 있다.

만약 놀이가 영속성도 생명력도 지니지 못한 채 끝나버리고 만다면 이건 그냥 놀이일 뿐이다. 하지만 이와 달리 놀이가 창조적 작업이라 불리는 경우가 있다. 언뜻 서로간의 관계가 명료해 보이지 않는 일부 구성요소가 놀이처럼 움직이는 가운데서 패턴이 생겨난다. 이러한 패턴에 대해 관찰적이고 비판적인 지성은 나중에 평가만 내릴 수 있을 뿐이다. 새로운 것을 만드는 일은 지성이 달성해낼 몫이 아니다. 오히려 내면의 필요성에 근거를 둔 놀이 본능이 이룩할 몫이다. 창조적 정신은 그것이 사랑하는 대상과 함께 놀이를 한다.


놀이에서는 어떤 일이 벌어지는가? 놀이는 사실 복잡한 심리 과정이며, 놀이상태란 심리적 성과를 내용으로 하는 것이라 볼 수 있다. 놀이를 하다 보면 정신으로부터 뭔가가 나타난다. 이러한 놀이경험은 심사 단계, 애착 단계, 몰입 단계, 만족 단계의 네 단계로 구분 가능하다.

심사는 놀이가 시작되는 단계이다. 심사의 순간은 극단적 공포의 순간이 될 수 있다. 아직 입문을 하지 않은 사람에겐 형체도 없는 순간이라는 점에서 비롯되는 공포감이 엄습하기 때문이다. 그러나 창조 과정에 입문하기 위해서는 이러한 걱정을 감내해야만 한다. 놀이가 안전성을 확보하기 위해서는 보전환경이 반드시 필요하다. 심사의 순간은 어린아이가 어른의 옷소매를 잡아당기며 '난 뭘 해야 돼?'라고 묻는 경우에만 해당되는 것이 아니다. 백지를 앞에 놓곤 하염없이 바라만 보고 있는 작가나 화실에서 텅 빈 캔버스에 애꿎은 제소gesso만 펴 바르는 화가, 피아노 앞에 우두커니 앉아있는 작곡가의 경우가 모두 이에 해당한다. 소설 속에서 레이 킨셀라는 구장을 완성했지만 3년이 지난 후에도 기다림은 여전히 계속됐다.

심사의 순간은 심리치료 과정에서도 찾아든다. '난 이제 뭘 해야 돼?'라고 질문하는 순간이 도래하는 것이다. 문득 모래쟁반을 처음 대할 때 환자들이 보이는 반응이 떠오른다. 모래쟁반이란 모래가 담긴 나무 상자로, 테메노스나 신성한 공간, 보전환경의 또 다른 형태라 할 수 있다. 환자는 다양한 소형 피규어 중 마음에 드는 것을 골라 쟁반에 배열하면 된다. 군인, 무용수, 건물, 꽃, 동물 등 많게는 수백 가지에 달하는 피규어가 환자 앞에 주어진다. 대부분의 경우 환자는 모래쟁반 옆에 앉아 멍하니 피규어들을 바라보기만 한다. 어떻게 해야 할지 도통 모른 채로 말이다. 이런 상태가 지속되는 꽤 긴 시간 동안 환자는 생각에 잠긴 채 이 피규어에서 저 피규어로 부지런히 시선을 옮긴다. 마치 (정확히는 모르더라도) 찾으려는 피규어가 있는 것처럼 말이다.

두 번째 단계는 애착이다. 심사로부터 애착, 즉 강렬함의 불꽃이 생겨난다. 애착에는 강렬함을 지닌 대상을 인지하고 그로부터 공명을 느낄 수 있는 능력이 요구된다. 심사 단계가 한창 진행 중일 때도 중요한 과정은 이미 전개되고 있다. 비록 육안으로 볼 수도 없고 의식을 통해 파악할 수도 없지만 말이다. 구조의 공명이 그에 꼭 맞는 정렬 대형을 찾아낼 때까지 패턴과 형태는 계속해서 돈다. 이런 연후에야 작가는 원하던 문장을 찾아낸다. 화가는 딱 맞는 색상을 고르는 데 성공한다. 작곡가는 흡족한 소절을 생각해낸다. 모래쟁반을 앞에 둔 환자는 어느새 피규어를 집어내 손에 쥐어본다. 마치 피규어가 살아 있는지, 강렬함을 지니고 있는지 느껴보려고 하는 것처럼 말이다. 그러다 보면 간혹 살아 있는 것처럼 강렬함을 지닌 것처럼 느껴지는 피규어와 만나게 되고 환자는 그 피규어를 쟁반 속에 놓는다. 반면에 손 안의 피규어가 아무런 느낌도 주지 않는다면 도로 선반 위에 내려놓는다. 이런 과정은 한동안 계속된다. 그리고 마침내 환자가 서너 개 정도의 피규어를 쟁반 속에 놓는 순간 과정은 종료된다.

세 번째 단계는 몰입이다. 다시 말해 놀이에 빠지는 순간을 지칭한다. 몰입은 과도적 상태이자 색다른 의식상태다. 위니코트에 의하면 잠재의식의 공간은 '어린아이의 놀이를 특징짓는 몰두와 유사하다.' 몰입은 중

프로이트와
이별하다

간에 낀 상태를 의미한다. 위니코트는 이와 같은 놀이 영역은 내면적인 정신의 현실이 아니며 개인의 외부에 있지만 그렇다고 해서 외부세계라 할 수는 없다고 설명했다. 몰입은 환상 활동이 '실제'가 되는 순간의 느낌을 가리킨다. 예컨대 작가라면 이런 순간 이야기가 저절로 풀려나감은 물론 시간이 가는 줄도 몰랐음을 느끼게 된다. 화가라면 그간 모습을 드러내려 애썼던 이미지를 마침내 화폭에 담아내는 데 성공한다. 작곡가는 곡이 알아서 스스로 원하는 방향으로 흘러가는 것처럼 보이는 상황에서 그 곡조를 연주로 옮기기만 하면 된다. 환자들은 모래쟁반의 오른쪽, 왼쪽 또는 중앙에 저마다 다른 대형으로 피규어 인형들을 늘어놓는다. 이를 통해 피규어 사이에는 상호관계가 형성되기 시작한다. 경우에 따라 서로 싸우거나 사랑하거나 기피하는 관계가 되기도 한다. 바야흐로 환자 본인이 완전히 몰입한 드라마 한 편이 펼쳐지기 시작하는 것이다.

끝으로 네 번째는 만족 단계다. 이는 해결과 해방의 느낌을 일컫는다. 놀이와 즐거움 사이에는 본질적 관계가 존재한다. 위니코트의 말에 따르면 행동으로 옮김으로 인해 긴장이 해소된다고 한다. 필자의 소견으론 놀이에 대한 만족은 완결 느낌의 결과지 성취 느낌의 결과는 아니다. 이러한 차이는 중대한 의미를 지닌다. 성취란 자아와 연관을 갖는다. 즉 이를 말로 옮기자면 '내가 이것을 해냈다'는 표현으로 정리할 수 있다. 이에 반해 완결은 과정과 관련이 있다. 다시 말해 '그것이 끝났다'는 표현으로 정리해볼 수 있다. 완결의 느낌은 과정의 완료로부터 나온다. 그 결과 모습을 드러내기 원하던 존재가 마침내 구현된다. 여기서 중요한 것은 작품이지 자아가 아니다. 작가나 화가, 작곡가의 만족은 자신의 영감이 작품 속에서 얼마나 완벽하게 실현됐는지와의 관계에서 비롯된다. 마찬가지로 모래쟁반의 경우도 그간 나타나길 '원했던' 존재가 모습을 드러내는 순간 놀이는 끝나고 만다.

놀이에서 과연 무엇이 나타나느냐는 긴요한 문제다. 놀이에선 주목할 만한 세 가지 일이 벌어진다. 첫째, 내면(잠재력)으로부터 뭔가가 나타난다. 둘째, 적정시점(발달작업)에 뭔가가 나타난다. 셋째, 뭔가(자기감)가 형성된다.

상상의 현상은 잠재력 면에서 오직 형체로만 존재하는 대상으로부터 내용이 나타나는 것과 연관된다. 필요한 존재지만 미처 알려지지 못한 존재가 결정화됨으로써 창조행위의 진정한 기적이 일어난다. 바로 상황에 내재된 패턴을 통해 이뤄진다고 볼 수 있다. 놀이는 사건이며 진정한 게슈탈트다. 잠재적 존재가 실재적 존재로 진화하는 것이다. 우리는 놀이를 통해 패턴을 인식한다. 이제까지 우리는 이 방식과 매우 다른 앎의 방식을 접해왔다. 무의식의 모체 속에 숨은 잠재력은 놀이를 통해 실체화됨으로써 드디어 '알려진다.'

잠재적 형태나 잠재적 가능성에는 미묘한 측면이 있다. 이들 형태나

가능성은 현실화되는 순간 잠재적 속성을 상실한다는 점이다. 현실화된다고 해서 잠재력을 완전히 실현시키지 못한다. 따라서 이들을 현실화시키는 주체는 바로 공명이며 이로 인해 나타나는 것은 다름 아닌 은유다. 은유는 잠재적 존재와 실재적 존재를 연결시킨다. 은유는 곧 놀이다. 은유는 스스로 경직상태에 이르도록 방관하지 않는다. 그 결과 은유를 통해 우리는 가능성의 영역으로 통하는 틈새를 얻게 된다. 《맨발의 조》에 나오는 표현을 빌자면 이때 모습을 드러내는 것은 '유령'이다. 유령이란 '실재'도 아니요, '비실재'도 아닌 상징·과도적 대상·중간에 낀 이미지를 뜻한다.

오늘 밤은 유난히 불안하다. 마법이 다가오고 있음을 직감한 탓이다. 취펠린 비행선처럼 매끄럽고 고요하게 저 밖 어디에서 무언가가 밤하늘을 선회하며 달빛처럼 부유하다 때가 되면 접근해올 거라는 사실을 말이다.

애니가 커튼 틈으로 밖을 내다본다.

"저기 남자가 있어, 형체는 보이네. 야구선수 유니폼을 입었는데 좀 구닥다리야."

나는 대답한다.

"맨발의 조야. 조 잭슨○○."

순간 내 심장은 검지로 풍선을 찌를 때처럼 미친 듯이 뛰어댄다.……

베란다로 나오자 사람들의 말소리가 한낮 벌들의 날갯짓처럼 나지막이 울려온다. 또한 그 위로 새된 까마귀처럼 한껏 목청을 돋운 잡상인의 외침이 얹혀든다.

아지랑이가 피어오른다. 얇은 비단 천의 가닥처럼 줄기줄기 피어오른 아지랑이는 느릿느릿 원을 그리며 풀밭 위를 스치듯 미끄러져 간다.

…… 아이오와의 밤이 온통 달빛으로 물들고 있다. 코끝에 전해지는 클로버와 옥수수 내음이 시럽처럼 진하기 그지없다. 목덜미로 아주 가는 전선에라도 닿은 것처럼 찌릿한 기운이 느껴진다. 그 기운은 내 전신을 타고 돌며 온기를 불어넣는다. 순간 불빛이 일렁이며 검푸른 하늘을 배경으로 상처 하나가 모습을 드러낸다. 맨발의 조 잭슨이 터의 왼편에 처연히 서 있는 것이다.


이 순간은 마법의 순간이다. 우리 안의 뭔가가 놀지 않는 상태, 놀려고 애쓰는 상태의 관문을 넘어 놀이의 상태로 옮겨가는 순간이다. 이는 앞서 말한 심사 단계로부터 몰입 단계로의 이동을 의미한다. 우리 안의 뭔가가 생명을 얻는 시점이다. 여러 가지 면에서 볼 때 이는 변화된 의식상

⊶○○
베이브 루스가 그의 타법을 모방할 만큼 타자로서 워낙 훌륭했으나 대부분의 경기에서 좌익수로 활약했다. 1919년 블랙 삭스 스캔들(승부 조작 사건)이 불거질 당시 시카고 화이트 삭스 소속이었다.

태다. 놀이의 상태, 즉 과도적 상태는 자아의식의 정상적 상태라곤 볼 수 없다. 앞서 위니코트가 설명한 대로 이 상태는 외부의 현실도 내면의 현실도 아니요, 그 두 현실 사이에 낀 상태이다.

꿈의 구장에 조 잭슨의 유령이 홀연히 나타나고, 이를 계기로 일단의 이미지가 나타난다. 놀이의 심리적 공정이 시작되는 것이다. 이처럼 현실에서 이루지 못한 잠재적 삶의 이미지가 등장한다는 점에서 볼 때 킨셀라의 소설은 일종의 적극적 상상으로 이해할 수 있다. 조 잭슨의 유령은 하나의 상징이다. 잭슨은 전성기 시절 베이브 루스에 버금가는 잠재력을 지닌 선수였지만 1919년 월드 시리즈 당시 신시내티 레즈와의 경기에서 일부러 패함으로써 승부 조작에 연루됐다는 죄목으로 야구계에서 축출된 인물이기 때문이다. 그러므로 맨발의 조는 우리 모두에게 이루지 못한 삶의 패턴과 공명하는 이미지로 기억된다. 이러한 맥락에서 맨발의 조는 주인공의 기억 속에서 끌려나온 이미지라 할 수 있다.

킨셀라의 소설 속 유령은 자애롭고 유익한 존재다. 이에 비해 우리의 마음속에서 커가는 각각의 '이루지 못한 삶'을 보자 치면 대부분의 경우 향긋한 사과 꽃보다는 잡초나 가시나무에 가까운 형상으로 모습을 드러낸다. 다정다감한 유령보다는 끔찍한 귀신에 가까운 존재로 나타난다 하겠다. 그런데 이를 결정하는 것은 문제의 '이루지 못한 삶'이 얼마나 오래 마음속에 묻혀 있었느냐다. 소설을 읽다 보면 야구에 대한 레이의 집착이 유언과도 같은 아버지의 말에서 비롯됐음을 알 수 있다. 레이의 아버지는 아들에게 야구에 대한 애정을 잃지 말라고 당부했던 것이다. 마이너리그에서 포수로 활약했던 아버지는 끝내 빅리그 진출에 성공하지 못했다. 그러므로 아버지에게 야구는 이루지 못한 숙원으로 남았다. 우리 주위를 둘러봐도 이는 그리 드문 일은 아니다. 마음속에 지니고 있던 숙원을 자녀가 이뤄주길 바라면서 자녀의 손에 맡기는 경우가 비일비재하기 때문이다.

이처럼 '이루지 못한 삶'을 대변하는 유령과 타협을 해야 할 때 심리적 공정이 시작된다. 타협이란 각자의 소망, 각자의 미련을 애도하는 게 아니다. 사춘기 시절의 야심을 영면에 들게 하는 것도 아니다. 우리의 정신에서 불가사의한 점은 바로 여기에 있다. 우리가 끊임없이 시달리는 이유는 우리가 삶으로부터 원하는 것이 아니라 삶이 우리에게 원하는 것 때문이라는 사실 말이다. 각자의 마음에서 이와 같은 '이루지 못한 잠재력'을 매장하기란 실로 불가능하다. 이러한 잠재력은 아무리 깊이 파묻는다 해도 어떻게든 삶 속에 실현되려 발버둥 친다. 예컨대 9시부터 5시까지의 일반적 직장생활이 도시문화의 직무이력에는 긴요한 적응활동이 될 수도 있다. 하지만 적응대상이 정신 속에 일정 패턴으로 자리한 본능의 에너지라면 직장생활이라는 것이 얼마나 도움이 될 수 있을까? 또는 부모님이 용인하는 일만 하며 사는 법을 배운다고 치자. 이는 우리가 성장하면서 자신의 가족과 관계를 형성하는 데 긴요한 역할을 할 수도 있다. 그러나 관계형성의 대상이 우리 마음 저 깊은 곳에 도사린 채 밖으로 표출될 날만 기다리고 있는 열망이라면 과연 이런 배움으로부터 얼마나 큰 도움을 기대할 수 있을까?

이를 뒷받침하는 것은 다름 아닌 '이루지 못한 삶'이다. 소모되지 못한 삶의 에너지이며 모색조차 돼보지 못한 가능성인 셈이다. 바로 이것이 우리를 떠나지 않고 끊임없이 괴롭히는 원흉이다. 낮 동안 우리가 각자의 일에 몰두해 있을 때 '이루지 못한 삶'의 유령들은 그늘 속에 모여 있다. 마치 덜그럭거리는 쇠사슬을 찬 죄수처럼 유령은 그렇게 갇혀 있다. 그들은 쉴 새 없이 쇠창살을 잡아당기고 밀어대며 어서 풀어달라고 소리친다. 이 무리 속에는 과거에 이루지 못한 일의 유령뿐 아니라 미래에 불발로 그칠지 모를 일의 유령까지 뒤섞여 있다. 유령의 무리에게 항상 마음속 자리를 일부 내줘야 하는 상황에서 설상가상 날이 갈수록 그 자리가 점점 커져만 간다면 불편할 수밖에 없다. 예를 들어 도예가를 꿈꾸던 청년이 결국 평범한 직장을 잡았다 치자. 그의 마음속에선 도예에 대한 갈망이 차오를 것이다. 자신의 삶에 대해 예측가능한 태도를 정립한다 치자. 마음속에선 다시 생각해 보라는 요구가 사방에서 몰아칠 것이다. 자신의 인격 안에 정신의 가구를 늘어놓을 때 본인이 원하는 대로 배치한다 해도, 다음 날 아침 눈을 뜨는 순간 문제의 가구가 유령들 손에 다시 배치됐다는 사실을 깨닫는 것으로 일단락될 것이다. 이처럼 우리의 마음 속에서 그 모습을 드러내고 싶어 하는 존재는 점차 늘어만 간다.

이러한 '유령'의 존재로 인해 우리는 정신 에너지의 패턴과 조우하게 된다. 정신 에너지의 패턴이란 삶 속에 실현되고 싶어 하는 패턴, 행동으로 옮겨지길 원하는 패턴, 삶 속으로 나오길 바라는 패턴을 일컫는다. 이와 관련해 융은 다음과 같이 언급한 바 있다. '무의식의 구성요인은 모두 밖으로 발현되길 원한다. 또한 인격도 무의식의 조건으로부터 진화하길 원하며 동시에 스스로를 전일적全一的으로 경험하고 싶어 한다.' 한 마디로 정신 에너지의 패턴은 우리가 사용해주길 바라며 실현해주길 원한다.

이는 발달을 향한 열망이자 진화를 향한 열망이다. 놀이 속에 모습을 드러낸 존재는 어딘가로 가고자 한다. 놀이는 발달의 공정이다. 레이 킨셀라에게 맨발의 조라는 유령의 출현은 시작에 불과했다. 얼마 후 그는 이 유령을 상대로 '갖가지 약속을 야구 카드처럼 주고받는' 지경에 이른다. 유령은 레이에게 끊임없이 요구해왔고 만족하는 법이 없었다. 우리도 각자의 정신에게 스스로 모습을 드러낼 기회를 허락해 보자. 제일 먼저 자신의 정신이 본인에게 바라는 것이 있다는 사실을 알게 될 것이다. 이미지와의 대화가 진행됨에 따라 우리 내면의 공정은 점차 자기지시적 성향을 띠어간다. 이미지는 우리에게 그 이미지가 원하는 바, 필요로 하는 바, 요구하는 바에 관해 얘기한다. 이는 일찍이 융이 설명한 '생명줄'과 같은 개념이다. 융에 의하면 생명줄이란 리비도의 흐름이 보이는 변화에 의식적으로 주의를 기울이는 결과 나타나게 된다고 한다. 에너지는 힘의 선형을 따라 흘러간다. 여기서 에너지란 창조의 공정, 새로운 프로젝트, 발달을 위한 에너지를 뜻한다. 꿈에 등장하는 이미지 또는 환상 속의 이야기는 무작위로 얼굴을 내미는 망상이라고만 볼 수 없다. 오히려 자신의 존재를 알리려는 어떤 성향일 수도 있다. 비록 그 존재가 우리가 즉각 인식할 만큼 명확하진 않지만 말이다. 이러한 존재는 특정한 방향으로 이동해간다. 진지한 놀이는 단순한 오락이 아니다. 진지한 놀이에는 발달의 목적이 내재한다.

정신의 공정은 필자의 일곱 살짜리 아들이 야구하는 방식과 흡사하다. 아들아이는 여름 내내 야구에만 매달렸다. 낮이고 밤이고 비가 오든 해가 내리쬐든 공을 치고받고 던지는 데만 몰두했다. 야구에 완전히 전념했던 것이다. 그러나 이것은 아이가 의식적으로 한 선택이 아니다. 마음속에 있는 정신운동발달의 본능적 필요가 아이로 하여금 야구에 매달리도록 내몬 것으로, 내면의 발달이 어떤 내용을 빌려 스스로를 표출하느냐는 사실 부차적인 문제다. 가령 가을철이 되면 럭비나 축구로 얼마든지 바뀔 수 있다는 말이다. 하지만 그 형태는 한결같다. 즉 움직임, 조정, 집중의 세 가지 요소만은 변함없이 유지된다. 이를 위해 신경연결체가 아이의 정신과 근육 사이에 섬세한 연결고리를 생성하는 장면이 손에 잡힐 듯 눈에 선하다. 이 경우 정신의 공정은 다름 아닌 놀이다. 놀이는 발달의 큐 신호가 돼 이렇게 말한다. '바로 지금이야.' 아이는 이와 같은 공정을 생활 속에 구현해 봄으로써 마침내 성숙하게 된다.

　그러므로 유령의 출현도 성숙해갈 수 있다. 발달의 특정 단계에만 머물 경우 문제는 이러한 부동不動상태에서 벗어나도록 도와줄 지렛대가 필요해진다는 점이다. 이럴 때 우리 스스로는 절대 가지 않을 방향으로 우리를 견인해주는 것이 바로 유령, 즉 상징의 힘이다. 문제의 부동상태에서 벗어나기 위해서는 우선 상징이 끌어당기는 힘을 느낄 수 있을 만큼 마음을 가라앉혀야 한다. 가령 물에 빠진 어린아이가 허우적대며 발버둥 치듯 마음속의 흐름에 맞서려 해서는 안 된다. 이처럼 허우적대는 데 열중하다 보면 흐름을 느끼지 못하게 된다. 그럴 바엔 차라리 동작을 멈추고 물살에 몸을 맡기는 편이 좋다. 하지만 누구나 처음에는 이런 사실을 선뜻 받아들이지 못하기 마련이다. 일단 동작을 멈추면 어떤 다른 존재가 자신을 대신해서 삶을 움직여준다는 사실이 좀처럼 믿기지 않기 때문이다. 창조 과정에 아직 입문하지 않은 사람이라면 누구나 이런 태도를 취한다. 멈추면 그 순간 가라앉는다는 생각이 들기 때문인데, 놀이를 통해 어떤 존재가 나타날 거라는 믿음이 아직 자리를 잡지 못한 상태다. 부력을 직접 경험해 봐야만 비로소 내면의 충동에 대한 적응이 이뤄진다. 물속에서 자신을 지탱해주는 존재를 몸소 체험해 봐야 한 걸음 더 나아갈 수 있는 것이다. 이렇게 해서 결국엔 물에 맞서는 대신 물과 어우러지는 법을 터득하게 된다. 이처럼 수영하는 법을 배우는 것, 다시 말해 무의식의 환경에 적응하는 법을 배우는 것이 바로 '성숙'이라 하겠다.

이러한 상징의 공정은 정신의 현실과 만남으로써 진행된다. 바로 이 점이 상징의 공정에 있어 힘이 되기도 하고 위험인자가 되기도 한다. 모습을 드러내는 이미지는 실상 우리의 마음속에 살아 있는 그 힘을 반영하는 상像이다. 이러한 이미지는 마치 전류가 활발히 흐르는 전선처럼 생동감이 넘친다. 우리가 이를 싫어하건 말건 혹은 인식하건 말건 상관없이 말이다. 모습을 드러낸 생명줄은 우리에게 그에 따른 책임감을 부과한다. 일단 자리를 잡은 패턴이 본연의 잠재력을 이루고자 발달할 때 이를 가능하게 하는 고유의 동력은 바로 심리적 사실이다. 이러한 사실이 나타나는 장소가 적극적 상상 속인지 꿈속인지는 중요한 문제가 아니다. '성숙'으로 인해 우리의 자기감이 자라난다. 여기서 성숙은 발달 패턴을 삶 속에서 완전히 실현함을 의미한다. 상징의 장에서의 놀이를 통해 종국엔 영속성과 생명력을 지닌 존재가 탄생해야만 한다. 놀이의 목표는 하나의 작품으로 응결되는 데 있다. 놀이 속에 나타나는 구조는 우리가 스스로를 '자기'로서 감지하는 느낌을 말한다. 이쯤에서 각 개념의 미묘한 차이를 한 번 짚고 넘어가도록 하자. 놀이를 본연의 진정한 발달 수준에 이를 때까지 쫓아가다 보면 놀이는 어느새 게임으로 진화한다.

결국 놀이는 우리가 지켜야 할 일련의 규칙을 제정한다. 이제 놀이는 삶의 방식, 즉 신화로 발달해가기 시작한다.


## 맨발의 조와 야구를

레이 킨셀라는 조 잭슨의 유령이 나타나자 놀라움을 금치 못한다. 처음 그는 외야석에 앉아 이미지들이 펼치는 멋진 장면을 지켜보는 것으로 만족한다. 그는 무엇을 위한 것인지도 모른 채 야구장을 지었다. 하지만 종국에는 그 자신이 게임을 지키고 적극적으로 참여하도록 부름을 받는다. 그리고 소설이 끝나기 전 레이는 게임의 수호자는 물론 능동적 참여자가 되도록 요구받고, 마침내 자기 자신이 되는 데 성공한다.

관문의 공간에 들어서는 순간 우리가 마주하게 되는 것은 상징만이 아니다. 정신의 살아 있는 과정도 대면하게 된다. 상상은 그 자체로서 하나의 인자일 뿐 아니라 관계의 수단이기도 하다. 여기서 관계란 상상의 반대편에 있는 존재, 자율적 정신과의 관계를 가리킨다. 이는 마치 우리가 적극적 상상 속에서 이미지를 잡아냄에 따라 어느 날 갑자기 어떤 존재가 나타나 우리 자신을 붙잡는 것과 같다. 다시 말해 놀이를 혼자 즐기고 있는데 그때까지 보이지 않던 파트너, 다름 아닌 백만 살 된 동거인이 끼어들어 놀이를 게임으로 만드는 것과 같다.

프로이트와
이별하다

놀이 안에서 개인은 관계를 통해 완전한 자기를 경험하게 된다. 관계 속에서의 자기가 아닌 다른 모습의 자기를 우리로선 알 길이 없기 때문이다. 이 과정이 진행되는 내내 우리는 잠재력(형태로서만 존재하는)의 결정화가 거듭되는 현상을 목도한 바 있다. 이처럼 잠재력은 결정화를 통해 현실적인 실체를 지닌 존재로 탈바꿈한다. 이와 같은 변화의 목적은 인지받기 위함이다. 우리 내면의 대상은 외부 대상과의 은유적 관계 속에서 스스로를 인지한다. 바꿔 말하자면 개인이 자신의 발달을 통해 놀이를 하는 경우 이는 곧 내면의 요인이 지닌 잠재력을 실현하는 셈이다. 이러한 잠재력은 우리를 통해 놀이를 하는 것이다. 내면 요인과의 관계는 이러한 관계를 둘러싼 각종 은유를 통해 발달한다. 이와 같은 관계의 경험을 통해 상징의 놀이는 개인의 삶의 방식으로 응결된다. 이에 대해 제임스 올니James Olney는 다음과 같이 역설한다.

현재의 자신을 벗어나 다른 존재로 거듭나기 위해서는 일단 현재의 자신에서부터 시작할 수밖에 없다. 하지만 변화의 과정은 잠재적이며 고유한 이 시작상태로부터의 진화이자 성장이어야지, 결단코 시작상태와 단절돼선 안 된다. …… 처음 인간의 지각이 받아들이기로는 극히 소소한 점 하나쯤으로 인식한다. 우리가 이 점을 따라가려 할 경우 점은 과거 속으로 끝없이 뒷걸음질 치는 듯 보인다. 그 과거에는 숱한 가능성이 우리 선조들의 내면에 존재한 바 있다. 자기自己는 처음엔 잠재적인 점으로 인식된다. 점은 이후 삶의 과정에서 원으로 실현된다. 원은 어떤 단계에서 자르거나 모양새, 본질적 형태 및 본질적 구성 면에서 점과 정확히 일치한다. 이때 점은 이론적 혹은 잠재적 점을 지칭하는데 바로 이러한 점에서 원이 출현한 것이다. 그러므로 개인이 자기의 원을 완성된 상태로 마주하는 일은 없다. 오로지 원이 돼 가는 점이 끊임없이 완성을 향해 나아가는 상태에서 접할 수밖에 없다.

…… 자기는 은유의 힘을 빌려 스스로를 표출한다. 은유는 자기에 의해 만들어지고 투사된 것이다. 이로써 우리는 은유를 통해 자기를 파악하게 된다. 그러나 은유를 만들어내기 전의 자기는 역할과 상태 면에서 현재의 자기와는 판이한 존재였다. 우리로서는 자기를 보고 만질 수 없다. 다만 자기의 은유를 보고 만질 뿐이다. 따라서 우리는 은유 및 은유화 속에 표상화된 자기, 즉 활동이나 행위자를 '안다'고 볼 수 있다.

―《자기의 은유》 중에서


이와 동일한 방식으로 자기의 은유는 외부의 삶 속에서 인지되고 싶어하며, 중요한 존재인 타자로부터 '좋다'는 말로 인정을 받고 싶어 한다. 그리고 이와 같은 타자와의 관계 속에서 본연의 진실성, 자율성을 승인받고 싶어 한다. 이를 통해 은유는 삶에서의 실체를 획득하게 된다. 놀이

프로이트와
이별하다

는 '관계 속에서 놀기' 차원으로 발달함으로써 이미 하나의 게임이 됐다. 다시 말해 나름의 정황을 갖춘 놀이가 된 것이며 그 결과 삶의 근간인 신화가 되기에 이른 것이다. 다시 《맨발의 조》로 돌아가자.


"나는 야구의 말씀을 받들어 이야기하기 시작하리라. 나는 그 말씀을 전하기 시작하리라. 또한 그 말씀을 실천하기 시작하리라. 그 말씀은 곧 야구이니 나를 따라 말하라."

이렇게 말한 후 에디 시슨즈는 양팔을 들어올린다.

"말씀은 곧 야구다."

우리는 들릴락 말락 속삭이듯 따라한다. (······)

"야구의 말씀을 가슴 깊이 모신 채 거리를 활보하는 자신의 모습이 상상이 되는가? 구원의 말씀은 곧 야구이기 때문이니라. 말씀은 너희의 마음속으로 들어간다. 또한 나의 마음으로도 들어온다. 이제 내가 이르는 말은 영이요, 야구니라."

"너희가 야구의 말씀을 전하기 시작하니 또한 너희가 말씀을 남자들과 여자들에게 전하나니 너희는 곧 이 남자들과 여자들이 생명의 흐름, 사랑하는 야구의 말씀으로 변화하는 것을 보게 될 것이다."

"우리는 마음속에 그 말씀을 지니고 있어야 하느니라. 내가 이르되 너희는 너희 안에 야구의 말씀을 받아야 하며 이 말씀이 너희 안에서 풍요롭게

거하도록 해야 한다. 그렇게 하여 너희가 세상 밖으로 걸어 나가 남자나 여자를 만날 때 너희는 야구의 말씀을 전할 수 있으리라. 이는 너희가 다른 사람의 입에서 그 말씀을 들었기 때문이 아니요 그 말씀이 너희 안에 살아 있기 때문이다."

"야구의 말씀을 찬양하라. 이 말씀은 갇힌 자를 옥獄에서 이끌어낼 것이다. 또한 말씀은 눈먼 자들의 눈을 밝힐 것이다. 또한 이 말씀으로 죽은 자가 일어나리라. 야구의 말씀이 너희 가슴 속에 살아 있는가? 야구의 말씀이 너희 자신의 일부가 돼 있는가? 너희는 영원토록 그 말씀을 실천하고 그 말씀으로 놀며 그 말씀을 삭이겠는가? 이제 이 늙은이가 이르노니 너희는 야구의 말씀을 너희의 삶으로 삼도록 하라. 세상 밖으로 나가 야구의 말씀을 전하도록 하라. 그 말씀이 물처럼 너희를 통해 흐르도록 하라. 말씀은 곧 너희 이웃의 목마름을 앞당길 수 있으리라."


레이 킨셀라는 야구라는 신화를 발견한다. 야구가 이런 신화 종교적 중의衆意를 띤다는 사실이 그토록 믿기 힘든 얘길까? 하지만 바로 이 점이 개인적 신화의 전형적 특징이다. 상상을 통해 평범한 대상이 더 높은 음조로 변화하는 것이다. 정신은 흑백의 테두리 안을 백 가지의 다채로운 색조로 채워 넣는다. 하나의 이미지 안에는 여러 층의 의미가 쌓여있다. 어려운 작업을 거쳐 출현하는 의미는 우리 삶을 구성하는 다중적 차

프로이트와
이별하다

원에 대한 지각이다. 삶의 다중적 차원이란 우리가 이 세상에서 실행하고 생각하고 꿈꾸고 만나는 모든 것, 즉 우리가 살아가는 일상생활을 가리킨다. 의미란 지적요인이 아닌 지각요인으로 파악해야 한다. 어떤 사람이 야구 경기에서 시구를 한다고 치자. 지적 관점에서 접근하자면 이러한 시구 의식의 기원은 야구공이 귀하던 옛 시절에서 찾을 수 있다. 당시에는 귀한 공을 아무나 함부로 가져가지 못하도록 심판이 공을 지켰던 것이다. 하지만 이것은 의미라 볼 수 없다. '의미의 감感'은 각기 다른 층에 속하는 갖가지 연상을 뚫고 날아오는 공을 의식이 단번에 지각할 수 있을 때 비로소 우리에게 찾아온다. 연상이란 예컨대 공을 지키는 심판, 구장을 신성하게 만드는 '세례' 의식으로서의 시구, 최초의 창조 '행위'로서의 공 등을 가리킨다. 행위의 의미는 곧 정황에 대한 지각이다. 상징의 방 안에서 공명이 일 때 생기는 모든 여운을 마치 첼로 선율이 울릴 때 생겨나는 모든 배음처럼 지각한다는 뜻이다.

　개인적 신화의 진화로 '내면성'에 대한 지각이 복구된다. 내면성이란 우리 자신의 내면은 물론 대상의 내면도 지칭한다. 게임에는 여러 층의 의미가 존재한다. 게임에는 놀이의 정황을 제공하는 '영혼'이 존재한다. 신화에는 삶의 정황을 제공하는 의미가 존재한다. 신화적 속성의 야구는 2차원의 수준을 넘어선다. 문제의 야구는 주관적 연상과 몰개인적 연상이 공존하는 현장에서 공명한다. 또한 일정한 정황 내에서 관계를 형성하는 경험을 통해 의미를 복구시킨다. 여기서 정황이란 주관적 정황은 물론 보다 큰 차원의 몰개인적 정황을 가리킨다.

나 역시 야구를 떠올릴 때마다 여러 가지 감정이 찾아들곤 한다. 가령 아버지에 대한 감정, 내 몸에 대한 감정(운동을 잘한다고 느끼건 못한다고 느끼건 간에 상관없이), 끔찍했던 중학교 시절 자기 정체성에 관해 품었던 감정 등이 으레 꼬리를 물고 되살아나곤 한다. 중학교 시절에는 야구를 얼마나 잘하느냐 그 한 가지로 또래 사이에서의 인기나 적응도가 판가름 났었다. 우리 모두는 평생에 걸쳐 수많은 대상에 대해 무수한 주관적 연상을 만들어간다. 그 결과 우리의 세계는 이들 주관적 연상으로 어지럽기 그지없다. 야구와 관련된 필자의 경험은 다른 사람의 경험과는 사뭇 다를 수 있다. 그러나 이러한 경험이 우리에게 남겨주는 감정, 인상, 연상은 다름 아닌 내면성이다. 내면성은 우리가 살아가면서 마주치는 대상들에게서 대부분 경험할 수 있다.

그렇다고 해서 야구에 비신화적 관점에서 거론할 수 있는 '객관적' 실체가 존재하는 것은 아니다. 야구의 내면성은 정신의 투영이자 상상의 작업이다. 투영된 내면성을 야구에서 제거한다면 과연 야구에서 '존재론적' 의미를 찾을 수 있을까 없을까? 필자뿐 아니라 우리 모두 확실한 답을 알 수 없다. 인간은 정신의 경계를 벗어날 수 없기 때문이다. 이제까지 지각작용을 수행하는 정신을 벗어난 상태에서 어떤 대상도 분석하거나 평가하거나 연구한 적이 없다. 인간은 주관성을 벗어나서는 어떤 대상도 경험할 수 없을지 모른다. 하지만 정신의 상상 밖으로 나가려 하지 않는 것은 우리 자신이다. 각자 자신만의 개인적 등식을 만들어 가지고 있을 정도로 말이다. 이런 점에서 볼 때 객관성은 집단적 인간 정신의 몰개인적 패턴 속에서만 존재한다 하겠다. 다시 말해, 객관성은 인간의 주관성 영역 너머에만 존재한다.

따라서 필자의 경우 야구의 내면성은 개인적 경험 너머에 하나의 층을 이루고 있다. 야구가 내 마음속에 신화적 층을 형성하고 있는 것이다. 나는 이 사실을 인정한다. 야구는 내가 좋아하는 게임이다. 그러고 보면 킨셀라처럼 야구의 말씀이 영이자 생명이라고 상상하는 게 그리 불가능해 보이지만은 않는다. 누구라도 자신의 정신 스펙트럼 상에서 야구가 활성화시키는 주파수를 통해 야구라는 대상을 확대시킬 수 있다.

여느 게임과 마찬가지로 우리는 야구를 통해 놀이의 '장,' 상상의 공간과 접하게 된다. 하지만 대부분의 게임과 달리 야구는 영원성을 띠고 있다. 놀이의 지속시간은 해당 게임 내에서 진화하는 과정에 의해 결정된다. 즉, 럭비나 농구 경기처럼 전광판의 시계로 정해지진 않는다. 항상 팀당 9회, 아웃 27개의 원칙이 적용될 뿐이며, 시간의 제한 너머에서 진행된다. 다시 말해 '드림타임'이나 영원 과정의 시간상에서 진행되는 것이다. 야구의 내면성에서 일부분을 구성하고 있는 몰개인적 측면은 개인과 기본적 정신 과정의 관계를 개괄하는 방식과 연관된다. 이러한 야구에서 우리가 상대하는 문제는 우리 자신과 정신의 관계인지 모른다. 즉, 야구에서의 바로 그 순간 그리고 모든 것이 집중된 바로 그 행동은 타자로서의 자신과 관련을 갖는다는 것이다. 바로 이 점이 문제의 핵심이다. 타자가 공, 구체, 더 나아가 원의 이미지와 접촉한다는 사실 말이다. 개인은 과연 이러한 몰개인적 구체와 접촉할 것인가 아닌가? 타자가 된 개인이 공을 치는 순간 전체 과정은 가동에 들어간다. 야구의 재미는 복잡성과 미묘함이 더해가는 가운데 이러한 과정을 이해하는 데 있다. 그러나 구체와의 접촉이 일어나기 전까지는 어떤 과정도 전개되지 않는다. 일단 접촉이 이뤄지고 나면 주자는 위의 과정에 대해 별다른 통제력을 발휘하지 못한다. 주루base-running가 뛰어나다면 이는 곧 자아가 해당 과정, 즉 내면의 과정에 적응하는 것과 같다. 우리는 이러한 과정에 각별한 주의를 기울이며 과정이 허락하는 대로 전진함으로써 네 단계(4루)를 두루 통과할 수 있도록 스스로를 도울 수 있다. 내면의 과정에 협력하라, 그러면 전진할 수 있다. 내면의 과정에 거스르라, 그러면 밖으로 내던져진 채 처음부터 다시 시작해야 할 처지로 전락한다. 여기서의 여정은 신화적 여정이다. '홈'에서 출발해 시계반대 방향(퇴행적 방향)으로 돌아 네 단계를 거친 뒤 다시 홈으로 돌아온다. 다만 다시 돌아올 때는 그간 이뤄진 작업, 즉 한 바퀴를 완주한 경험이 우리 손에 들려있다. 야구의 기본 패턴은 리비도의 후퇴라는 과정과 흡사하다.

이러한 상상의 과정은 다음의 4/4박자 리듬으로 구성된다. (1)신화가 활력과 생기를 띨 때 우리는 관계 속의 놀이를 통해 혹은 정황을 제공하는 게임을 통해 자기를 경험한다. 하지만 발달이 정지되는 지점 또는 그 시점에 핵심 경험이 틈을 뚫고 나온다. (2)상징의 장을 만들어 보전환경을 경험함으로써 우리는 '잠재의 공간'에 들어선다. 객관적 의식은 상징의 의식에 자리를 내어준다. 이러한 참여가 지속되자 (3)발달 과정이 전개된다. 살아 있는 상징이 죽은 이미지를 대체하고 '유령'이 나타나 자기지시적 과정을 가동시킨다. 우리는 진지하게 '놀이' 법을 습득한다. 이로 인해 생명력과 영속성을 겸비한 존재가 탄생한다. 그 결과 (4)우리에겐 '의미의 감'이 남겨진다. 정신과의 관계가 성숙해지면서 새로운 정황으로 발전한다. 놀이는 게임이 되고 개인적 의미는 삶의 방식이 된다.

개인적 신화는 하나의 의미로서 외부의 삶과 내면의 삶 사이에 존재하는 간극을 아우르고, 정황을 복구시킴으로써 이를 통해 두 영역을 연결한다. 신화는 오래된 이미지로서 통합을 지각하는 데 이바지한다. 여기서 통합이란 보다 큰 세계와 개인의 삶이 어떻게 서로 들어맞느냐를 의미한다. 또한 신화는 개인의 삶이 그 삶을 이루는 모든 구성요소에 대해 관계를 찾아가는 패턴이기도 하다. 이것이 바로 우리가 느끼는 '의미', 삶이 얼마나 잘 맞는지의 느낌이다. 일단 의미를 지각하고 나면 각각의 구성 부분이 서로 들어맞기 시작한다. 신화와 닮은 모든 부분이 생명력을 띠는 듯 느껴지며 다차원적이고 다중적인 면모를 지니게 된다. 영으로 충만한 상상이 각각의 순간에 침투하기 시작한다. 개인이 상징의 삶을 찾아낸다. 외부의 삶에 내면적 의미가 층을 이루는 듯 느껴진다. 내면의 삶은 외부에서 발현되기 위해 밖을 향해 치닫는다.

《맨발의 조》는 〈꿈의 구장Field of Dreams〉이란 영화로 제작된 바 있다. 원작이 있는 경우 모두 그러하듯 이 영화도 소설이 지닌 잠재력을 제대로 살려내진 못했다. 물론 소설을 통해서는 갖가지 은유를 읽어내고 상상 안에서의 삶을 경험하는 일이 가능하다. 〈꿈의 구장〉 촬영 시 제작진은 옥수수밭 한가운데에 야구장을 실제로 만들어야 했다. 영화세트는 아직도 아이오와 주 에임스 시 교외에 그대로 서 있다. 믿거나 말거나지만 요즘도 이 야구장에는 수 킬로미터씩 떨어진 곳에서 찾아오는 사람들의 발길이 이어지고 있다고 한다. 이들은 구장 주위를 거닐기도 하고 홈 플레이트 뒤쪽 그물을 만져보기도 한다. 하긴 나 또한 조만간 이 순례행렬에 끼게 될 거란 사실을 부인하진 못하겠다.

이런 현상이 벌어지는 이유는 요즘과 같은 시대에 저마다 놀이를 할 정황을 간절히 찾아 헤매는 사람들이 그만큼 많기 때문이다. 하지만 대부분의 경우 다른 사람이 놀이하는 광경을 지켜보는 것으로 대신하고 만다. 사실 우리는 타인이 우리 대신 놀아주는 대가로 수백만 달러씩 지불

하고 있다. 이는 야구장에만 국한된 현상이 아니다. 예컨대 CD를 틀면 우리를 대신해 다른 사람이 연주한 음악이 흘러나온다. 또 DVD를 돌리면 대신 연기를 펼치는 타인의 모습이 보인다. 이런 현상은 무대, 콘서트, 은막 가릴 것 없이 도처에서 벌어지고 있다. 우리가 그들에게 돈을 지불하는 이유는 그들의 놀이 실력이 좋기 때문이다. 하지만 바꿔 말하면 이러한 비용은 우리 자신이 놀고 싶은 열망이 크면 클수록 정확히 그에 비례해 증가한다고 볼 수 있다. 그렇기 때문에 이들 대행자의 가치가 해가 갈수록 높아지는 것이다. 놀이에 대한 열망은 우리 자신이 놀이공간을 온전히 독차지하고 싶어 하는 열망이다. 또한 온 마음과 영혼을 다해 각자의 잠재력을 놀이로 표출하고자 하는 열망이다. 예컨대 우리는 다른 사람의 음악을 듣기만 하는 데 지쳤다. 우리에겐 자신만의 음악을 만들 수 있도록 그에 합당한 정황을 마련해줄 라이프스타일이 필요하다. 우리는 남의 춤을 바라만 보는 데 지쳤다. 우리에겐 자신만의 춤을 출 수 있도록 그에 합당한 정황을 마련해줄 라이프스타일이 필요하다. 마찬가지로 우리는 자신만의 연기를 펼치길 원하며 자신만의 영화를 제작하길 원하며 자신만의 이야기를 집필하길 원한다. 펜웨이 파크Fenway Park[○○]는 정말 아름다운 곳인 동시에 내게는 신성한 장소이기도 하다. 그러나 건강 측면에서

---

○○
매사추세츠 주 보스턴 시 요키 웨이(Yawkey Way)에 소재한 공원이다.

보자면 집 건너편에 있는 공원이 내게 훨씬 더 중요한 의미를 지닌다. 이유인즉슨 내 마음속의 열망이 현실의 삶에 표출되고자 할 경우 거리낌없이 의지할 공간이 필요하기 때문이다.

킨셀라의 야구 신화는 바깥세상으로 발을 내딛고 싶어 한다. 조 잭슨 유령과의 기이한 조우를 통해 레이는 삶의 방식을 발견하기에 이른다. 레이는 자신이 그저 놀고 있는 것이라 생각한다. 게임이 끝나면 당연히 원래의 삶으로 돌아갈 수 있으리라 여긴 것이다. 하지만 살면서 마주하는 과도적 순간이 모두 그러하듯 이미 새로운 삶이 만들어지고 있었다. 비록 본인은 이 사실을 눈치 채지 못하지만 말이다. 레이의 친구는 그에게 자신의 꿈 얘기를 들려준다. 꿈에서 보니 레이가 만든 기적의 야구장이 장차 '삶의 부자연스러운 절박함에 염증을 느끼고 시들어버린' 사람들에게 치유의 장소가 되더라는 것이다. 좋은 이야기가 으레 그렇듯 이 소설을 통해 우리는 이야기의 끝에 다다르는 순간 그 끝이 또 다른 시작임을 새삼 확인하게 된다.

프로이트와
이별하다

그 '유령'은 발달을 향한 열망이자 진화를 향한 열망이다.

놀이 속에 모습을 드러낸 존재는 어딘가로 가고자 한다.

놀이는 발달의 공정이다.

레이 킨셀라에게 맨발의 조라는 유령의 출현은 시작에 불과했다.

환영을 경험한 지 얼마 후 융은 집안이 '영적 존재'로 가득차 있다는 느낌을 받았다. 어느 금요일 밤 융의 딸이 하얀 형상이 자신의 방을 지나가는 모습을 봤다고 얘기했다. 한편 다른 딸도 침대에서 덮고 있던 담요를 누군가가 두 차례나 낚아채갔다고 말한다. 다음 날 아침 아들이 그림을 그려 보이는데 아주 기이한 만화 같은 그림으로, 전날 밤에 꾼 꿈을 그림으로 옮긴 것이었다. …… 크게 당황한 융은 이렇게 말했단다. "맙소사, 대관절 이게 무슨 일이지?" 그러자 어디선가 대답이 들려왔다. '우리는 예루살렘에서 돌아왔다. 그곳에선 우리가 구하던 바를 찾지 못했다.' 이 말을 들은 융은 마침내 상황을 타개할 묘안을 떠올렸고 이내 책상으로 달려가 글로 적기 시작했다. 그 결과 초심리학적 경험이 더 이상 일어나지 않게 됐으며 집안은 평안을 되찾았다. 3일 밤 만에 융은 《일곱 편의 설교문》의 집필을 끝마쳤다.

# 신화를
# 창조한
# 천재들

## 백만 살 된 정신과 접촉하다

인적 신화가 결정화될 때 그 배후에는 강렬한 경험이 자리하고 있다. 이와 같은 강렬한 경험은 현실을 살아가는 사람들의 인생 이야기에 근거를 둬야만 한다. 앞서 융이 주장했듯 우리는 '자신이 고립됐음을 의식하곤 지금까지 누구의 발길도 닿지 않은 미지의 영역에 새로운 길을 개척하는 개인'과 대면한다.

개인은 이를 위해 먼저 자신이란 존재를 이루는 근본적 사실요소로 돌아가야 한다. 일체의 권위나 전통에는 개의치 않는 상태에서 말이다. 또한 스스로 자신의 고유 독특성을 의식하게끔 허용해야 한다. 넓어진 의식에 집단적 타당성을 부여하는 데 성공하면, 그 결과 대립구도로 인한 긴장감이 조성되는데 이를 통해 문화는 추후의 진일보를 위한 자극을 제공 받는다.

— 〈정신의 구조 및 역학〉 중에서

필자의 생각엔 이와 같은 주장이 융 자신에 관한 이야기라는 사실을 본인도 인식하고 있었으리라 생각된다. 더불어 앞으로 우리가 살펴볼 다른 인격들도 이와 동일한 경우에 해당된다는 사실을 밝혀나갈 참이다.

하지만 다른 한편으로는 대부분의 사람이 위에 비해 훨씬 소소한 방식을 통하여 개인적 신화를 발견한다는 사실 또한 유념해야 한다. 블랙엘크, 톨킨, 융은 문화 속에 흡수된 경우다. 반면 대부분의 경우 개인의 지침이 되는 신화는 '집단적 타당성'을 획득하진 못한다. 비록 신화가 개인의 삶에서 주관적 의미를 유지하긴 하지만 말이다. 나무에서 난 과실처럼 개인의 삶에서 자라난 신화 역시 자양분을 제공함으로써 본연의 기능을 완수한다. 자양분을 제공 받는 대상이 굶주린 영혼 하나뿐인지 아니면 백만 군중인지는 아무런 상관이 없다. 이런 맥락에서 안나 마율라의 이야기도 여기에 포함시키고자 한다. 앞으로 만나 보겠지만 그녀의 이야기, 즉 그녀의 개인적 신화가 외견상 고독한 고립 속에서 표출됐기 때문이다. 이는 개인적 신화의 여러 부류 중 우리가 일상생활에서 만날 가능성이 높은 부류에 한층 가까운 내용이라 하겠다.

하지만 우리가 모르는 사실이 있다. 아니, 적어도 우리가 모르고 있다는 사실만이라도 기억해야 할 문제가 있다. 개인이 삶 속에서 갖는 신화적 경험이 아무리 보잘것없다 해도 이 경험이 상위 차원의 신화에서 얼마나 큰 역할을 하느냐 하는 문제이다. 우리로서는 어떤 신화가 등장해 환경 및 정신과 우리 사이의 미래 관계를 책임질지 알 길이 없다. J. R. R. 톨킨의 경우는 신화적 나무의 이미지가 주효했다.(단편 〈니글의 이파리〉 참조.) 톨킨은 글 쓰는 일을 신화적 나무의 일부분, 정확히 말하자면 지극히 작은 일부분으로 여겼고 현 시대처럼 나무가 없는 문화 속에서 이 신화적 나무마저 죽어버리는 비극을 막고자 글 쓰는 일에 전력을 다했다.

개인적 신화는 몰개인적 정신의 주관적 경험으로부터 결정화된다. 그러므로 우리는 주관적 차원에 주의를 게을리해선 안 된다. 왜냐하면 주관적 경험마다 당사자의 고통이 밴 개인사가 담겨있기 때문이다. 하지만 이러한 고통으로부터 큰 차원의 사안에 대한 공명이 나타나게 된다. 과연 정신이 하는 말은 무엇일까? 이제부터 살펴볼 네 가지 신화는 모두 개인적 경험에서 탄생했지만 이들 신화에 등장하는 몇몇 이미지는 우리에게 시사하는 바가 매우 크다. J. R. R. 톨킨과 안나 마율라, 융에게는 두 차

레의 세계대전을 겪었다는 공통점이 있다. 그러나 이들과 무관해 보이는 블랙엘크조차 문화를 말살당한 경험을 통해 앞의 세 인물과 공통된 패턴을 보여준다. 네 인물의 이야기에서 찾아낸 이미지는 다음과 같다.

첫째, 성스러운 빛. 인간의 지력으로는 이해할 수 없는 섬광, 별, 빛나는 존재의 이미지이다. 둘째, 나무. 너무나 중요한 나무인데 엄청난 위험에 처해 있는 상태의 이미지다. 셋째는 앞의 두 가지가 합쳐진 것으로, 빛과 더불어 반짝이는 나무의 이미지다. 넷째, 악. 엄청난 고통과 파괴를 동반한 이미지다. 이들 이미지는 별개의 정황 속에서 생겨난 선견先見으로 그만큼 제각각이나 왠지 모를 유사성이 보인다. 저 깊은 곳 어디에선가 서로를 알고 있는 듯 느껴질 정도다.

이러한 네 가지 신화에서 공통적으로 나타나는 패턴이 또 하나 있는데 그것은 바로 신화적 경험이다. 이 기회를 빌려 앞의 네 인물의 삶에 핵심경험이 각각 어떻게 자리하고 있는지 살펴보고자 한다. 핵심 경험이란 충격적인 경험으로서 어떤 존재가 돌파해 들어옴으로써 '부상자'가 나오기도 하는 상황을 이른다. 두 번째 측면은 이러한 경험이 유발한 비밀과 연관된다. 각 인물의 선견은 면밀한 보호를 받았다. 앞으로 우리는 이러한 선견들이 사적 측면에서 얼마나 철저하게 보호 받았는지 또한 얼마나 잘 숨겨졌었는지 확인하게 될 것이다. 그리고 끝으로 모두에게서 발견되는 공통점으로 신화화 과정이 있다. 즉, 이들 핵심 경험이 개인적 신화의 토대를 형성하는 역할을 하는 반면 핵심 경험 그 자체는 끊임없는 재가공의 과정을 거친다. 이러한 재가공 과정은 대개의 경우 평생에 걸쳐 반복되며 매번 그 형태는 달라진다. 핵심 경험을 표현하기 위해 매번 새로운 이야기, 새로운 언어가 발굴되는 것이다. '그 꿈을 계속해서 꾸기' 위해서 말이다.

그렇다고 해서 각 인물에 대해 전기나 문학 비평, 특히 병력病歷의 관점에서 접근하려는 의도는 전혀 없다. 문제는 인간의 삶에 대한 주관적 경험이라는 것이 너무나 다채롭게 짜인 태피스트리°° 같다는 점이다. 그렇기 때문에 외부의 입장에 서서 이들 작품의 타당성을 논한다는 것은 사실상 불가능하다. 따라서 필자는 실제로 벌어진 상황에 대한 이야기를 전달하는 데만 치중할 생각이다. 물론 틈틈이 이러한 신화의 탄생배경이 된 각각의 정황에 관해 나름의 견해를 적어보기도 할 것이다. 한 마디로, 지금부터 앞의 인물들의 신화를 요약해볼까 한다. 이 또한 기꺼이 계속 읽어주실 분들이 계셔야만 가능한 일이지만 말이다.

각 인물의 이야기에서 우리가 탐색해야 할 사항은 다음과 같다. 첫째, 인물의 내적·외적 환경에 변화가 일어남으로써 새로운 신화가 필요해졌다. 둘째, 인물은 문화적 신화만으로 자신의 삶을 지탱할 수 없게 되자

°°
중한 직물에 색색의 양모를 짜 넣어 완성한 그림이나 패턴.

프로이트와
이별하다

내면의 경험으로 되돌아가도록 내몰렸다. 이러한 회귀를 통해 인물은 자신의 문화 너머의 영역에 도달하게 됐다. 셋째, 대부분의 경우 인물은 평생에 걸쳐 자신의 작업, 즉 작품과 씨름했다. 작업이란 몰개인적 정신에 대한 주관적 경험이 결정화된 것이었다. 넷째, 이처럼 결정화된 결과물은 인물의 삶의 방식이 됐다. 이와 같은 네 가지 사항은 지금까지 개인적 신화와 관련해 설명해온 측면들이라 할 수 있다.

네 인물의 신화 모두가 종교적 신화다. 환경적 측면을 담고 있기도 하지만 실상 이들 네 이야기는 정신과 관계를 형성하는 방식을 다루고 있다. 이러한 공통점 외에 차이점도 있다. 블랙엘크의 신화는 그가 속한 종교의 문화적 형태와 통합을 이룰 수 있었던 반면 J. R. R. 톨킨의 신화는 그가 속한 가톨릭교로부터 떨어져 나왔다. 안나 마율라는 자신의 주관적 경험을 개인적 종교로 받아들인 듯한 인상을 준다. 이에 반해 융은 자신의 주관적 경험을 '일반성의 제단에' 바치는 것으로 끝을 맺었다.


## 블랙엘크: 수족의 성인

내가 아홉 살 나던 해 여름이었다. 당시 우리 부족은 로키 산맥을 향해 서서히 이동하고 있었다. 그때 목소리가 들려왔다. 그리고는 말하길 "이제 때가 됐다. 지금 그들이 너를 부르고 있다"라고 했다. 목소리가 너무도 크고 또렷해서 나는 그 말을 믿을 수밖에 없었다. 나는 목소리가 가라는 곳이면 어디든 가겠노라 마음먹었다. 그래서 나는 바로 일어나 길을 나섰다. 하지만 천막집에서 나오자 양쪽 넓적다리가 아파오기 시작했다. 그리고 마치 꿈에서 막 깨어난 듯, 아무런 목소리도 듣지 못한 듯한 기분이 들었다. …… 나는 심하게 앓았다. 양 팔과 다리가 끔찍하게 부어올랐고 얼굴도 온통 부풀어 올랐다.

우리 부족이 다시 자리를 잡고 천막을 치는 사이 나는 내 천막집 안에 누워 있었다. 그런 내 곁을 아버지와 어머니가 지켜주셨다. 나는 천막 틈새로 밖을 내다볼 수 있었다. 그러자 저 멀리 구름 속에서 두 명의 남자가 모습을 나타냈다. …… 두 남자 모두 긴 창을 들고 있는데 그 창끝에서 날카로운 번갯불이 번쩍였다. 두 사람은 어느새 지상에 사뿐히 내려와 조금 떨어진 거리에 섰다. 그리고는 나를 보며 이렇게 말했다. '서두르라! 어서 오라! 너의 선조들이 너를 부르고 있다!'

블랙엘크의 선견은 이렇게 시작됐다. 1872년이던 당시 그는 아홉 살 난 소년으로 부족민과 함께 대평원에서 지내고 있었다. 이 선견은 평생 동안 블랙엘크를 떠나지 않았다. 그는 '다른 사람들에게 자신의 위대한 선견을 남기고자' 1931년 여름 그 이야기를 시인이자 작가인 존 나이하트John Neihardt에게 들려줬다. 나이하트는 1932년 이를 블랙엘크의 인생

프로이트와
이별하다

담에 포함시켜 출간했다. 이 책은 백인들이 수족의 영토로 처음 침략해 온 사건부터 1890년 '상처 난 무릎'에서 일어난 학살사건에 이르기까지 그간의 일들을 망라했다. 책은 1934년 절판됐으나 어찌된 경위인지 이 책 한 권이 취리히에 있던 칼 융의 손에 들어가게 된다. 융은 한 눈에 책의 진가를 알아봤다. 마침내 1961년 재발행에 들어간 책은 그 이후로 다시는 절판되지 않았다.

블랙엘크의 선견은 사실 6천 개 남짓의 단어로 이뤄졌으며 수족의 미래에 대한 내용을 담고 있다. 그 구성을 보면 네 부분으로 나눌 수 있다. 우선 도입부에서는 구렁말 한 마리가 블랙엘크에게 사방에서 온 말들의 춤을 보여준다. 블랙엘크는 여섯 명의 선조들로 구성된 원로회의로 인도된다. 그리고 그곳에서 자신의 부족에게 닥쳐올 커다란 시련을 미리 보게 된다. 마침내 그는 불타오르는 무지갯빛 천막 안에 있던 선조들에게로 돌아오고 다시 지상으로 내려온다. 블랙엘크는 부족민들이 처음에는 검은 길을 따라 걷는 모습을 보게 된다. 그 순간 '지상은 병색 같은 녹조의 빛에 잠겨 온통 적막하기만 했으며 사방의 언덕이 두려움에 찬 모습으로 올려다보고 있다……' 블랙엘크는 '불길 속의 푸른 남자'처럼 가뭄을 물리치라는 부름을 받는다. 이에 블랙엘크는 부족민의 병을 차례로 치료한다. 다음으로 그의 부족은 천막을 걷고 붉은 길을 걸어간다. 이 길을 좋은 길이다. '보라. 선한 부족이 선한 땅을 거룩한 모습으로 걸어가고 있노라.' 블랙엘크는 자신의 부족이 네 번에 걸쳐 '등반'하는 모습을 본다. 그는 이러한 네 번의 등반이 네 세대를 뜻하는 걸로 받아들였다. 등반 때마다 부족의 테hoop 중앙에 있던 신성한 나무가 점차 시들더니 마침내 죽어버리고 만다. 세 번째 등반에서는 부족민들이 다시 검은 길을 걷는다. 또한 정상에 도달한 부족민들이 기아에 허덕이는 광경이 블랙엘크의 눈앞에 펼쳐진다. 그는 네 번째 등반이 처참할 것으로 예상하지만 그의 앞에 모든 말의 우두머리인 검은 종마가 나타난다. 검은 종마가 말들의 춤을 이끄는데 이 춤은 전 우주가 그 노랫가락에 맞춰 춤출 때까지 계속된다. 그 결과 부족민들 머리 위에 있던 먹구름이 마침내 걷힌다.

끝으로 블랙엘크는 세상에서 가장 높은 산으로 인도된다. 블랙엘크의 생각에 그곳은 블랙 힐Black Hills의 하니 피크Harney Peak였다.

나는 그 중 가장 높은 산에 서 있었다. 아래를 둘러보니 세상 전체를 아우르는 테가 한 눈에 들어왔다. 그렇게 서 있는 동안 나는 지금 말할 수 있는 것보다 더 많은 것을 봤다. 또한 그때 본 것보다 더 많은 것을 지금 이해하고 있다. 당시 성스럽게도 그 성령 속에서 세상 만물의 형상을 봤으며, 내가 본 세상 만물의 형상은 하나의 존재로서 모두 함께 살아가야 하는 모습을 담고 있었기 때문이다. 더불어 내 부족의 신성한 테가 하나의 원을 이루는 여러 테 중 하나라는 사실을 확인했다. 원은 햇빛이나 별빛처럼 광대했

프로이트와
이별하다

다. 원의 중심에는 거목 한 그루가 자라나 꽃을 피우고 있었다. 이 나무는 한 어머니와 아버지에게서 태어난 아이들 모두를 보호해주고 있었다. 나는 이 나무가 거룩한 존재임을 알 수 있었다.

블랙엘크는 '새벽 별'이라 이름 붙인 신성한 풀을 건네받고 이 풀을 지상에 떨어뜨리라는 지시를 받는다. 풀은 땅에 떨어지자 네 장의 꽃잎으로 이뤄진 꽃으로 변한다. 꽃에서 나오는 빛이 줄기줄기 '하늘을 향해 뻗쳐오르자 모든 피조물이 그 광경을 바라봤다. 그리고 세상 모든 곳에서 어둠은 자취를 감춰 버렸다.'

여기에서 우리는 핵심 경험을 목도한다. 핵심 경험은 아무런 요청도 없는 상태에서 정신으로부터 분출한다. 핵심 경험은 의식적 창작물이 아니다. 바로 이 대목에서 근본적 차이가 있다. 즉, 신화가 취하는 문화적 형태는 의식적 작업인 작품을 필요로 하지만, 선견은 정신에서 만들어진 결과물이란 점이다. 블랙엘크가 지적한 대로 아홉 살의 그로서는 환영을 통해 자신이 본 바를 제대로 표현할 만한 어휘력도 없었다. 고작 이미지나 느낌만 간신히 전달할 수 있을 뿐이었다. '나이가 들어감에 따라 내가 본 것의 의미가 그것을 담아낸 말이나 장면으로부터 점점 더 뚜렷해져 갔다. 심지어 지금에 이르러서도 내가 말할 수 있는 것 이상으로 훨씬 더 많은 것이 내 눈앞에 펼쳐졌었다는 사실을 인정할 수밖에 없다.'

이러한 경험이 정신으로부터 터져 나오려면 이미 내적·외적 환경에서 강력한 변화가 일어난 상태라야만 한다. 이는 마치 백인의 출현과 이로 인해 미국 원주민의 문화에 밀어닥친 급격한 변화가 원주민의 정신 속에서 일련의 처리 과정을 거치는 것처럼 보인다. 블랙엘크의 선견에 드러난 이미지들은 그러한 처리 과정의 결과를 표현하고 있다. 정신의 천재성은 곧 닥쳐올 역사의 불행을 예견하는 데서만 찾아볼 수 있는 게 아니다. 이러한 선견이 그 역사를 상대로 형성하려 하는 관계에서도 찾아볼 수 있는 것이다. 이쯤에서 우리의 얘기는 기능적 관계의 개념으로 돌아가게 된다. 블랙엘크의 선견은 네 번째 등반과 부족의 죽음을 내용으로 하는 처참한 광경을 펼쳐 보였다. 하지만 한편으론 부족의 테가 영적 원리로 복구되는 모습을 제시해줌으로써 이러한 비극을 초월하는 면모도 보였다. 필자의 생각에는 바로 이 대목이 블랙엘크의 선견에서 가장 심오한 측면으로 생각된다. 하니 피크에서 원주민의 영성이 마침내 보편화의 경지에 오른 부분이 말이다. 다름 아닌 새로운 기능적 관계가 제시된 것이다. 과거에 한 부족만을 위한 존재이던 것이 지구 전체를 위한 '새벽 별'이란 풀로 거듭났다는 말이다. 잔혹한 종족 말살을 목전에 둔 블랙엘크로서는 이러한 선견이 남다른 의미를 지닐 수밖에 없었다. 결국 '신성한 나무는 꽃을 피워 한 어머니와 아버지에게서 난 아이들 모두를 보호했노라'는 의미로 말이다.

이러한 블랙엘크의 경험은 개인의 잠재력이 어떻게 문화의 한계를 넘어설 수 있는지 엿볼 기회를 준다. 소년이던 블랙엘크는 수족 문화의 '신화로부터 떨어져' 나오지 않았지만 하니 피크에서의 선견은 틀림없이 그를 부족 문화의 신화 너머로 이끌고 갔다. 블랙엘크에 의하면 열일곱 살이 될 때까지 그의 선견 내용은 철저히 비밀에 부쳐졌다고 한다. 그때까지 원주민들의 처지는 점점 더 나빠져만 갔다. 예컨대 리틀 빅혼 전투에서의 패배로 수족은 캐나다로 쫓겨 가 아사 지경에 이른다. 결국 수족은 포플러 강 입구로 다시 돌아오지만 백인 군대를 만나 수중에 있던 총과 말을 모두 빼앗기고 만다. 이때 블랙엘크에겐 자신의 비밀을 말해버리고 싶은 충동이 일기 시작하는데 이런 경험은 그에게 혹독한 방식으로 찾아들었다. 짐작컨대 수족에게 밀어닥친 사태에 의미를 부여해줄 만한 문화적 신화가 없었다는 점이 문제가 되지 않았을까 싶다. 이렇게 해서 블랙엘크는 의미의 상실을 경험한다. 그 결과 블랙엘크는 원래의 선견으로 다시 돌아갈 수밖에 없게 됐고, 자신의 선견에 문화적 형태를 찾아내 부여해야 할 처지로 내몰린다.

형태를 찾아내지 못하는 한 그는 신병을 앓아야 했다. 신병은 이런 유형의 신화적 경험에서 전형적으로 나타나는 현상이다. 열일곱 살의 블랙엘크가 예전의 병을 다시 앓게 되자, 사람들은 그가 미친 게 아닐까 의심했다. 그러던 어느 날 주술사(블랙로드)가 그에게 물었다. 뭔가 그를 괴롭히는 것을 본 적이 없느냐고 말이다. 블랙엘크는 마침내 자신의 비밀을 털어놓았다. 그 말을 듣자 블랙로드는 이렇게 당부한다. "너는 네 소임을 다해야 한다. 지상에 살고 있는 네 부족을 위해 네가 본 내용을 의식으로 만들어 보여줘야 한다. ……그렇게 하지 않는다면 필시 아주 나쁜 일을 겪게 될 것이다."

이처럼 합당한 형태를 찾아내지 못할 경우 선견은 그 당사자를 미칠 지경으로 몰아간다.(이러한 딜레마는 이후의 모든 사례에서 공통적으로 나타난다.) 이후 블랙로드와 블랙엘크는 함께 '말의 춤 의식'을 만들어냈다. 이 의식에는 부족민 전체가 참여해 블랙엘크의 선견 내용을 한 부분씩 맡아 시연했다. '말의 춤'은 결정화 과정을 거친 작품이었다. 이렇게 해서 선견이 그 형태를 찾아내자 블랙엘크는 더 이상 광기를 보이지 않았다. 후일 그는 헤요카 예식Heyoka Ceremony과 유령 서츠Ghost Shirt 또한 만들어 부족민에게 선사했다. 훗날 존 나이하트에게 선견과 인생사를 얘기할 무렵에는 블랙엘크의 핵심 경험이 또 다른 형태를 찾아내기에 이른다. 그리고 이 형태는 오늘날까지 그 명맥을 유지하고 있다.

블랙로드를 계기로 일어난 돌파의 경험은 블랙엘크에게 자신의 선견에 문화적 형태를 부여해야 한다는 사실을 일깨웠다. 이러한 돌파의 경험에서 우리는 그간 찾아온 마지막 연결고리를 발견할 수 있다. 이 경험은 블랙엘크에게 삶의 길을 제시해줬다. 그는 자신의 삶의 과업이 6인의 선조들에 대한 소임을 완수하는 것임을 깨달았다. 또한 자신이 주술사라는 사실을 깨닫고는 말의 춤 시연을 시작으로 조금씩 스스로에게 소명에 따르는 권위를 허용해갔다. 블랙엘크는 여생을 무당 일에 헌신하며 보냈다. 연이어 벌어지는 비극 속에서 선견의 의미는 그를 지탱해주는 힘이 됐다. 비록 죽음을 앞둔 시점에 이르러서는 이와 같은 선견의 의미를 통탄하며 낙담했지만 말이다. 그러나 이렇게 낙담하는 가운데서도 신화의 힘은 의미를 기약할 만큼 건재했다.

이제 다시 한 번 지상에서 마지막일지 모를 기회를 빌려 당신께서 내게 보내주신 위대한 선견을 기억해 보려 합니다. 신성한 나무의 어느 한 귀퉁이 작은 뿌리라도 아직 생명을 간직하고 있을지 모릅니다. 이 뿌리가 자랄 수 있도록 부디 북돋아 주십시오. 언젠가 꽃을 피우고 열매를 맺어 새들의 노랫소리로 가득 차게 될 것입니다. 나를 위해서가 아니라 나의 부족민을 위해 이 말을 들어주십시오. 나는 이미 늙었습니다. 나의 부족민들이 다시 한 번 신성한 테 안으로 들어가 선한 붉은 길과 보호의 나무를 찾아낼 수 있도록 부디 내 말을 들어주십시오!

— 《블랙엘크는 말한다》 중에서

# J. R. R. 톨킨 : 무의식의 작품들

부디 웃지 마시길! 사실 오래 전부터 대소 차원의 이야기를 망라해 하나로 연결 지은 전설집을 구상하고 있었다.(이 구상에 대한 고심으로 지금까지도 기를 못 펴고 있는 실정이다.) 나는 이 작품에 우주 발생적 차원의 대단위 이야기부터 낭만적인 요정 이야기까지 모두 담아낼 생각이었다. 이렇게 해서 거대한 존재가 미물에 토대를 둠으로써 지상의 속세와 접촉하게 되고 또한 미물도 광대한 배경으로부터 그 광휘를 빌려 자신의 존재를 감쌀 수 있도록 말이다. 이렇게 완성된 작품은 내 조국인 영국에 바칠 작정이었다. 다만 그러기 위해선 내가 원하는 품격과 특질을 갖출 수 있어야만, 차분하고 명징한 느낌을 전달할 수 있어야만 했다. 더불어 우리만의 분위기(북서부 유럽 고유의 향토색을 일컫는다. 여기서 북서부 유럽이란 영국을 비롯해 해당 지역에 속하는 국가들을 의미한다. 물론 이탈리아나 에게 해 연안 국가는 여기에 포함되지 않으며 동유럽 국가들 역시 마찬가지로 제외된다.)도 물씬 풍기는 글이어야 했다. 또한 (능력이 닿는다면) 일부에서 켈트적 아름다움이라 칭하는 미, 즉 선뜻 잡히지 않는 고혹적인 미도 담아내고 싶었다. ……이 작품은 '높은' 차원을 지향해야 한다. 일체의 불순물이 걸러진 정제의 상태에 도달해야 하며 더불어 오랜 세월 시정詩情에 흠뻑 취해온 이 땅의 사람들 특히 그 중에서도 어른다운 정신을 갖춘 사람들에게 걸맞은 수준에 이르러야 한다. …… 작품 속의 모든 이야기는 웅대한 전체와 이

프로이트와
이별하다

어져야 하지만 한편으론 성향 면에서 다른 정신이나 재능을 가진 인물들에게도 어느 정도 여지를 남겨줄 수 있어야 한다. 그림이나 음악, 연극에 뛰어난 인물도 관여할 여지가 충분히 주어져야 한다는 말이다.

…… [작품의 이야기들이] 마치 누군가로부터 '건네받은' 것처럼 내 머리 속에 떠올랐다. 이야기들이 차례로 떠오름에 따라 이야기 사이의 연결고리 또한 늘어갔다. 이러한 구상을 글로 옮기기 위해선 엄청난 집중력이 요구됐지만 작업은 끊임없이 방해를 받아야 했다. …… 그러나 글을 쓰면서 떨칠 수 없었던 것은 바로 '저기' 어딘가에 이미 존재하고 있는 바를 내가 그저 필사하고 있다는 느낌이었다. 이 글은 결코 내 노력만으로 '창작' 해 낸 작품이 아니라는 말이다.

—J. R. R. 톨킨, 〈니글의 이파리〉 중에서


개인적 신화에 대해 고찰할 방법을 모색하노라면 제임스 로날드 로웰 톨킨James Ronald Reuel Tolkien의 경우에 주목하지 않을 수 없다. 톨킨은 스스로 '하위창조subcreation'라 부른 집필방식을 단순한 가능성에서 문학의 수준으로까지 격상시켰다. 때문에 우리는 톨킨의 작품이 지닌 문학적 중요성과는 별도로 다음과 같은 의문을 가지게 된다. 혹 그의 작품에서 융이 말한 '원시적 종교형태의 맹아'를 찾을 수 있지 않을까? '교조주의적이고 집단적인 종교와는 전혀 다른 개인적 유형의 종교'를 발견할 수 있을까? 작품 속에서 우리가 상대하고 있는 화자는 과연 톨킨인가 아니면 정신인가? 필자의 생각은 다음과 같다. 톨킨의 작품에서 우리가 찾을 수 있는 것은 이야기뿐만이 아니며, 톨킨 개인의 삶에서 의미를 지탱해준 신화도 발견하게 된다.

보통 톨킨의 대표작으로는 《호빗》이나 《반지의 제왕》이 꼽히지만 실상 그가 평생을 기울여 완성한 역작은 《실마릴리온》이다. 톨킨은 솜전투°°에서 참호열에 걸린 후 병원에서 요양하는 동안 이 작품을 쓰기 시작했으며 《실마릴리온》은 그로부터 60년 뒤인 1977년에 출간됐다. 톨킨이 사망한 지 4년 만의 일이다. 《실마릴리온》의 내용은 《반지의 제왕》을 뒷받침하는 방대한 신화적 배경으로 이뤄져있다. 이러한 《실마릴리온》의 탄생 비화, 다시 말해 톨킨 자신의 일생을 담은 개인사를 들여다보면 지금까지 우리가 논의해온 개인적 신화의 네 가지 측면이 오롯이 담겨있음을 알게 된다.

톨킨의 신화 출현의 배경(정황)은 다음의 세 가지 주요 요소로 구성된다. 첫째, 성장기까지의 생애. 둘째, 친구들과의 형성적 회합. 셋째, 제1차 세계대전 당시의 참전 경험.

∽◦◦
제1차 세계대전 중 프랑스의 솜 지역에서 영국과 프랑스 연합군 대 독일군이 총 2회에 걸쳐 벌인 격전이다.

프로이트와
이별하다

1892년 남아프리카 공화국에서 태어난 톨킨은 사실 세계대전에 참전해 병을 얻기 훨씬 전부터 이미 마음의 상처를 안고 있었다. 우울증을 앓고 있었던 것이다. 그는 네 살 때 은행가였던 부친을 잃었다.(이때 이미 글씨를 읽고 쓸 줄 알았다고 한다.) 톨킨의 모친은 거의 무일푼 신세가 된 채 버밍엄으로 돌아와 톨킨과 남동생 힐러리를 성심성의껏 보살폈다. 하지만 이런 모친마저 1904년 사망하고 마는데 당시 톨킨의 나이 12세였다. 하는 수없이 톨킨은 고령의 친척에 의탁하는데 이 여인은 톨킨 모친의 서신과 문서를 모조리 태워버렸다. 이후 톨킨은 성장기 내내 이곳저곳으로 옮겨 다녀야 했는데 일일이 열거하기조차 어려울 정도다. 톨킨은 어린 시절부터 되풀이되는 꿈 때문에 심적 고통을 받았다. 후일 이것을 일컬어 자신의 '아틀란티스 콤플렉스Atlantis complex'라 부르기도 했다. 이 꿈에서 톨킨은 거대한 파도가 주변의 나무와 들판 위로 솟구치는 모습을 본다. 파도는 흡사 그는 물론 주위의 모든 것을 집어삼킬 듯한 기세를 보인다. 톨킨은 가끔씩 숲 근처에 머물며 시간을 보냈다. 그곳에서 '위대한 모험'에 골몰한 채 위안을 받았던 것이 분명하다. 더불어 그는 아이들의 게임용으로 '자신만의 언어'를 만드는 데 심취해 있었다. 가령 '애니멀릭Animalic', '네브보시Nevbosh', '나파린Naffarin' 같은 언어를 만들어냈다. 톨킨은 사춘기 시절 이미 언어학이 자신의 천직이라는 것을 깨달았다. 말에 대한 사랑, 그의 경우엔 음악과 말소리에 대한 사랑에서 비롯된 깨달음이었을 것이다.

　자칫 이러한 어린 시절의 일들, 그가 겪은 깊은 상실의 고통만 보면 톨킨의 신화가 '정신분열상태'로의 도피에서 발로한다는 결론에 도달할 수도 있다. 즉, 톨킨의 신화가 그 자신의 인격분열로 인해 탄생했다고 결론지을 수 있다는 것이다. 인격의 분열이란 한 쪽은 일과 성취로 이뤄진 일상의 세계에 머무는 반면, 나머지 다른 쪽은 외부세계로부터 완전히 물러나 환상의 영역으로 들어가 버리는 상태를 일컫는다. 톨킨의 전기 작가인 험프리 카터Humphrey Carter는 같은 취지의 말을 다음과 같이 언급한바 있다. '톨킨은 이런 기분이 들 때면 뭔가를 더 잃을지 모른다는 깊은 불안감에 사로잡히곤 했다. 그 어떤 것도 안전하지 못하다. 어떤 것도 영원하지 못하다. 어떤 전쟁에서도 영원히 승자로 남을 순 없다.'

　이처럼 톨킨의 공상세계를 일종의 병리적 징후로 일축하려는 움직임이 있는데 물론 이해를 못할 일은 아니다. 하지만 개인적 소견으론 심히 부당한 처사라 생각하는 바이다. 《실마릴리온》에 기울인 창조적 노력으로 인해 톨킨은 스스로를 구원할 수 있었다. 톨킨은 자신의 내면적 대상 세계에 문화적 형태를 제공함으로써, 즉 《실마릴리온》이란 전설집을 제공함으로써 이처럼 끔찍한 분열상태를 극복할 수 있었던 것이다. 이 작품을 집필함으로써 '개인적 중간지대'를 찾아내는 데 성공하게 되고 그결과 인격의 분열을 무마할 수 있었던 것이다. 《실마릴리온》을 쓰는 동안 그는 온전히 자신을 지켜냈다. 이런 이유만이 분열이 시작된 순간부터 사망 직전까지 지속된 《실마릴리온》의 집필 작업을 설명할 수 있으리라 짐작된다. 그가 이 작품을 실제로 쓰고 완성해서 '영국에' 바치는 한, 이 작품은 일종의 망상체계가 아닌 개인적 신화로 남는다.(비록 그 과정에 많은 망설임과 지체가 있긴 했지만 말이다.) 대부분의 사람들은 바로 이지점에서 주저하고 만다. 이에 반해 톨킨은 자신의 내면적 선견을 공개할 만큼 외부세계에 대한 믿음을 지켜낼 수 있었다.

다음 시는 개인적 성격의 작품이라 할 수 있다. 그 분수령이 된 해는 바로 1914년이었다. 톨킨은 콘월 주의 군힐리 구릉지대를 거닐다가 정신을 놓는 경험을 하게 된다. 그 순간 빛이 '기묘'하게 변했었다고 후일에 증언한 바 있다. 휴가에서 돌아온 톨킨은 다음과 같은 시를 남겼다.


에아렌델이 중간계의 가장자리 그 혼암昏暗 속에서

대양의 찻잔으로부터 튀어 오른다네.

한 줄기 빛처럼 밤의 문간을 지나

황혼의 경계를 훌쩍 뛰어넘는다네.

배를 타고 은빛 섬광과도 같이 저어가니

퇴색한 금빛 모래를 지나

불길 같은 낮의 죽음이 이글대는 지면을 내려가

웨스터랜드로부터 한없이 내달린다네.

—험프리 카터, 《톨킨 : 전기》 중에서

에아렌델Earendel이란 이름은 일찍이 톨킨을 사로잡았던 앵글로 색슨 족의 전래 시에서 빌려온 것이다. 에아렌델은 '반짝이는 빛' 또는 '서광'이란 의미를 담고 있다. 그런데 위의 시에서 에아렌델은 아침의 별, 즉 금성을 가리킨다. 이와 관련해 톨킨은 다음과 같이 회상했다. '마치 뭔가가 내 안에서 움직이기라도 한 것처럼 기이한 전율을 느꼈다. 그때 나는 잠에서 반쯤 깨어난 상태였다. …… 이 낱말들의 뒤안에는 매우 멀고도 기이하며 아름다운 뭔가가 존재하고 있었다. 그것은 고대 영어로도 결코 표현할 수 없는 태고의 기운을 간직하고 있었다.'

이처럼 그를 뒤흔든 것은 다름 아닌 백만 살의 동거인이다. 비록 톨킨의 경우에는 별이나 빛의 이미지로 나타났지만 말이다.

1914년 12월 톨킨은 가장 가까운 친구들을 만나러 'T. C. B. S.' 회합에 나간다. 이 회합은 동년배인 네 사람이 열아홉 살 때 결성한 비밀모임으로 평생에 걸쳐 이들의 우정을 돈독케 하는 밑바탕이 됐다. 네 사람이란 바로 J. R. R. 톨킨과 크리스 와이즈먼Chris Wiseman, 길슨R. Q. Gilson, 스미스G. B. Smith였다. 모임을 통해 이들은 '자신의 지적능력이 평소보다 네 배는 향상되는 걸' 느꼈다. 이들 네 사람은 저마다 '새로운 빛'을 밝힐

사명을 타고 났다고 생각했는데, 톨킨이 시인으로서의 숙명을 깨달은 것도 바로 이 회합 자리에서였다. 톨킨의 말을 빌자면 그 자리에서 '마음속에 가둬둔 모든 것을 표현해줄 목소리'를 찾았다고 한다. 그는 '이것은 오로지 우리 네 사람이 함께 보낸 몇 시간이 없었다면 결코 얻지 못했을 영감 덕택이라 생각한다'고 고백했다. 이처럼 사춘기 후반에 만난 친구들과의 비밀모임에서 심리적으로 어떤 일이 벌어지는지 절대 과소평가해선 안 된다. 바로 이런 경우 우리 내면에서는 '자아'와 '잠재적 자기'가 위험스러울 만치 서로 가까이 자리하기 때문이다.

회합 직후 네 사람은 참전 길에 오른다. 그들은 서신을 주고받으며 서로의 안위를 걱정했다. 그 중 길슨은 1916년 7월 사망한다. 톨킨은 그 해 10월 말 참호열에 걸려 영국의 병원으로 후송되고, 스미스는 12월 3일 부상을 당해 가스 회저壞疽로 사망에 이른다. 반면 해군에 복무 중이던 와이즈먼은 생환에 성공한다.

참호 속에서 겪었을 전쟁에 대한 '동물적 공포', 무분별한 사지死地에 내몰린 채 도륙 당한 수천의 시신들, 길슨과 스미스의 죽음이 안겨줬을 개인화된 파멸의 경험, 이 모든 것들로 인해 톨킨은 의미에 대한 의문을 품게 된다. 분명 빅토리아 시대의 신화로는 이런 의문을 풀기에 역부족이었을 것이다.

블랙엘크의 선견과 마찬가지로 톨킨의 《실마릴리온》도 앞으로 다가

올 상황을 예견해준다. 즉 '선'과 '악'으로 가차 없이 완벽하게 갈려버린 세계를 보여준 것이다. 《실마릴리온》에는 전체주의라는 시대적 문제가 반영돼 있다. 톨킨의 작품에 나타난 '악'은 특히나 현대적 의미의 악으로, 영혼을 타락시키고 훔쳐가는 악이 아니라 오히려 '힘의 원리'와 탐욕에서 생겨난 악이다. 이 악은 무자비하게 파괴적이며 미묘한 구석이라곤 전혀 없다. 더욱이 여기에는 절대 권력과 대량 살상 기술의 결합이라는 20세기적 문제도 고스란히 반영돼 있다. 톨킨의 세계에서 악은 기술과 동일시되다시피 한다. 예컨대 오크는 파괴를 자행하는 엔진을 보유한다. 전쟁의 도구, 즉 새롭고도 두려운 무기를 보유하고 있는 것이다. 페아노르(로키○○와 닮은꼴인 등장인물)가 만들어낸 경이로운 실마릴Silmaril이 불가피하게 '힘의 원리'를 앞세우는 무리들 손에 들어간다. 실마릴은 손대는 사람마다 모두 파멸시키는 치명적 존재다. 이처럼 세상을 파멸로 이끄는 파괴적 기술이 투영된 톨킨의 이미지와 나무나 자연환경에 대해 그가 품고 있던 애정을 생각해 보자. 그러면 톨킨의 작품이 얼마나 충실하게 오늘 이 시대를 반영하고 있는지 능히 짐작할 수 있을 것이다.

재차 말하지만 톨킨의 작품을 그의 내면에 일어난 분열상태로부터 연

○○

로키(Loki)는 노르웨이 신화에 등장하는 주요 신의 일원으로 교활하고 짓궂으며 불과 마법의 신으로 알려져 있다.

프로이트와
이별하다

유한 결과쯤으로 일축해 버릴 수도 있다. 물론 분열은 주관적 요인으로 작용할 수 있으나 여기에는 이보다 큰 차원의 일도 관계한다. 톨킨의 경우 개인적 분열과 집단적 분열이 서로 공명함으로써 《실마릴리온》을 통해 몰개인적 정신이 돌파에 성공할 여지가 생긴 셈이라 볼 수 있다.

이와 같은 공명은 개인적 신화를 찾는 일의 심리적 가치와, 어떤 측면에서는 심리적 필요성마저도 보여준다. 개인적 신화를 찾기 위한 작업, 작품, 노력으로 인해 형태를 발견하게 되고 이러한 형태는 의미라는 그릇 안에 내면적 경험과 외부적 경험을 모두 담아낸다. 공명은 신화의 공정을 통해 주관적 삶의 인생사에 상위 차원의 정황을 부여하는 한편으로 정신의 몰개인적 면모를 보여주기도 한다. 정신의 몰개인적 면모란 내면의 대상세계에 어른거리는 원형적 경험을 뜻한다.

이러한 심층적 패턴은 톨킨의 작품에도 드러난다. 그의 경우에 정신은 (블랙엘크의 경우처럼) 한 번의 폭발적 경험을 통해 분출한다기보다는 마치 화산의 용암처럼 서서히 흘러간다 말할 수 있다.

《실마릴리온》과 《반지의 제왕》(수년 후 집필하기 시작한 작품이다)에는 내·외면의 환경에 일어난 각종 변화가 반영돼 있다. 이러한 일련의 변화는 대격변과 같았던 제1차 세계대전의 발발로 야기된 20세기의 문제들이 하나 둘씩 모습을 드러내면서 촉발됐다. 이와 관련해 필자는 지면을 빌려 몇 가지 의견을 제시하고자 한다. 외부환경에 일어난 변동을 고려할 때 《실마릴리온》이 1917년에 집필되기 시작한 것, 《반지의 제왕》이 1937년 말에 착수돼 제2차 세계대전 내내 집필된 것은 어쩌면 당연한 노릇일지 모른다. 두 작품 모두 전쟁과 전투를 다루고 있다는 면에서 이들 작품은 두 차례 세계대전과 관련해 개인의 정신에서 빚어낸 꿈으로 간주할 수도 있다.

내면환경에 일어난 변화 즉 정신과의 관계상에 일어난 변화는 주로 반지라는 물체를 통해 반영된다. 《실마릴리온》의 경우엔 실마릴들이, 후에 《반지의 제왕》에선 절대반지가 이러한 변화를 반영하고 있다. 필자의 소견으론 이러한 반지는 이해의 힘과 관련 있다. 정신적 이미지로서 반지는 정신의 작용 과정에 대한 통찰을 통해 영적 문제와 대면할 수 있게 된다는 사실을 암시해 준다. 앞서 말했듯이 에아렌딜Eärendil<sup>○○</sup>은 반짝이는 빛, 내리쬐는 '신성한 빛'의 이미지로 등장한다. 세 개의 실마릴 역시 빛의 '보석'이다. 발리노르에 자라난 두 그루의 성스러운 나무가 뿜어내는 빛에서 만들어졌기 때문이다. 두 그루의 성스러운 나무란 은색 빛을 지닌 텔페리온과 금색 빛을 지닌 라우렐린을 가리킨다. 이 나무들이 파괴되자 실마릴의 보석만이 지상에 남은 유일한 성수의 빛이 된다. 그러나 페아노르(실마릴의 창조자)는 사악한 모르고스의 마수에 걸리고 만

○○
톨킨은 《실마릴리온》에서 에아렌딜로 철자를 변경했다.

다. 실마릴을 도난당할지 모른다는 두려움에 사로잡힌 것이다. 페아노르는 철로 만든 지하 밀실에 실마릴을 넣고는 잠가버린다. 결국 실마릴은 후일 모르고스의 손에 도난 당하고 페아노르는 다음과 같은 끔찍한 맹세를 하기에 이른다. 잃어버린 보석을 기어코 되찾을 것이며 자신의 가족이 아닌 다른 사람이 보석을 지닐 경우 끝까지 뒤쫓아 찾아낼 것을 맹세한 것이다. 이렇게 해서 수 세대에 걸친 요정 일족의 처참한 몰락이 막을 연다. 몰락의 역사는 페아노르의 후손들이 혹독한 고통 끝에 마침내 보석을 되찾음으로써 끝이 난다. 한 개의 실마릴은 바다에 던져졌고 다른 한 개는 땅 밑 깊은 곳에 던져졌다. 하지만 인간과 요정 사이에서 난 첫 번째 아이인 에아렌딜은 나머지 한 개를 소유할 자격이 있었다. 그는 보석을 들고 발리노르(보석의 기원지)로 가서 가계에 전해진 끔찍한 유산으로부터의 사면을 청한다. 그 결과 에아렌딜은 남은 한 개의 실마릴과 함께 하늘에 놓이게 된다. 지금까지도 새벽이나 저녁이 되면 그 모습을 볼 수 있는데 이것이 바로 밝게 빛나는 '별' 금성이다.

실마릴은 자기에 관한 이해가 인간의 손에 맡겨진다는 점에 상징적으로 공명한다. 이러한 이해(와 그로 인한 힘)의 획득에 있어서 영적 문제가 있다면, 그것이 누구의 마음속에나 존재하는 '힘의 원리'의 영향 하에 놓일 위험이 있다는 것이다. 이는 실로 크나큰 위험이다. 따라서 '신성한 빛'의 원형에 대해 영적 영역에서는 자기의 이미지로 결정화됐으며 물질 영역에선 태양 즉 열핵력熱核力의 이미지로 결정화된 것으로 간주할 수 있다. 열핵의 빛은 물질 차원에서 이뤄진 신성한 빛의 발현체라 할 수 있으며, 자기는 정신 차원에서 이뤄진 신성한 빛의 발현체라 할 수 있다. 그러므로 필자는 실마릴이란 존재가 열핵 에너지의 비밀을 밝혀낸 현대 과학기술의 이미지를 담고 있다는 견해에 동의하는 바다. 일각에서는 실마릴은 물론《반지의 제왕》에 등장하는 절대반지도 이처럼 엄청난 비밀을 풀어낸 현대기술을 투영하는 이미지라는 주장이 계속 일어왔다.

이런 관점에서 보면《반지의 제왕》이《실마릴리온》보다 독자의 흥미를 훨씬 더 많이 불러일으키는 심리적 이유를 어느 정도 짐작할 수 있다. 바로 반지와의 기능적 관계가 존재할 가능성을 열어두고 있기 때문이 아닐까? 이는 마치 정신으로부터 문제가 되는 딜레마의 해결이 개인에게 달려있다고 언질을 받는 것과 같다. 절대반지는 프로도 개인이 해결해야 할 문제이자 프로도 개인이 결정해야 할 사안이 된다. 프로도는 반지와 어떻게 관계를 형성해 나갈까? 이 문제는 우리 모두가 안고 있는 영적 문제이기도 한다. 현자들(엘론드와 간달프)이 제시하는 해결책은 반지를 본래의 근원지에 되돌려놓고 오는 것이다. 그들은 반지를 가져서는 안 된다고 경고한다. 다만 이 일을 완수하기 위해서는 프로도가 자신의 그림자(골룸)와 완전한 타협을 이뤄야만 한다. 프로도에게 길을 안내하고 그를 구해줄 존재는 결국 골룸이기 때문이다. 이상의 내용이 바로 톨킨의 신화다.

그렇다고 해서 톨킨이 알레고리allegory(우의)를 사용했다고는 말할 수는 없다. 톨킨은 죽는 날까지 '알레고리의 자취가 느껴질 때마다 너무 싫다'는 입장을 고수했다. 우의에 대한 그의 반감이 얼마 만큼이었느냐 하면 알레고리 문제로 루이스C. S. Lewis와 절교했을 정도다. 톨킨은 친구인 루이스의 인기작 《나니아 연대기》에 대한 거부감을 끝까지 누그러뜨리지 않았다. 《나니아 연대기》가 기독교적 알레고리를 담고 있기 때문이었다. 필자로서는 톨킨의 처사가 나름대로 중대한 문제가 걸려있었기 때문이란 사실을 알기에 그의 입장을 지지한다. 우의란 자아의식의 산물이며 기호적 언어를 사용한다.(이는 앞서 4장에서 살펴본 바 있다.) 반면 신화는 정신의 지각에 형태를 부여함으로써 얻어진 산물이며 상징적 언어를 사용한다. 다시 말해 톨킨은 가만히 앉아서 온전한 의식상태로 마법의 반지에 관한 책을 써내려갔다는 발상을 결코 받아들일 수 없었다. 이런 방식으로 당대의 전체주의, 절대권력, 폭탄에 대한 자신의 견해를 피력했다는 발상을 인정할 수 없었던 것이다. 톨킨은 자신의 작품이 '진실'하지만 그렇다고 해서 '지어낸' 것은 아님을 거듭 주장했다. 그의 말에 따르면 자신의 작품들은 '저변에 있는 실재나 진실을 순간적으로 엿봄'으로써 얻어진 내용을 담고 있다고 한다. 그의 작품은 몰개인적 정신의 이미지였던 것이다.

톨킨은 생전에 자신의 작품을 해석하려 하지 않았다. 이런 톨킨이라면 환경상의 변화에서 그의 작업이 지니는 '의미'를 찾을 수 있다는 필자의 견해에 대해서도 수긍하지 않았으리라 짐작된다. 이야기를 쓰고 말해주는 사람으로서 그가 계획했던 목표는 독자를 '사로잡는' 것이었다. 이처럼 독자가 매료되면 '1차적 세계'(외부의 현실 세계)가 '2차적 세계'(톨킨의 하위창조 세계)에 자리를 내어주는 결과가 빚어질 수 있다고 생각했기 때문이다. 톨킨의 관심은 과연 우리가 이러한 세계에 들어갈 수 있느냐 여부에 집중돼 있었다. 해석은 그의 관심 밖이었다. 그가 그려낸 세계로 우리가 정말 들어갈 수 있다면 이제 '의미'는 우리 자신의 참여에서 찾게 된다. 여기서 참여란 바로 '해석'이다. '의미'는 구조적 공명에서 찾을 수 있다. 구조적 공명이란 정신이 '진정한' 상황과 《실마릴리온》의 각종 이미지 사이에 구축해놓은 것이다. 일찍이 톨킨이 자신의 작업에 관해 어떻게 이해하고 있는지 밝힌 글은 그리 많지 않다. 그 중 〈요정 이야기에 관하여On Fairy-Stories〉란 글을 보면 톨킨이 자신의 내면에서 작용 중인 몰개인적 정신의 존재에 대해 충분히 의식하고 있었음을 유추할 수 있다. 그는 이러한 몰개인적 정신을 '파에리Faërie'라 칭하곤 했다.

…… 꿈이 파에리와 무관하지 않다는 말은 사실이다. 꿈속에선 정신의 기이한 힘들이 일제히 풀려나오는 것일지 모른다. 일부 꿈에서는 사람이 잠

시나마 파에리의 힘을 휘두른다. 이 힘은 이야기를 궁리해내는 와중에도 한편으론 그 이야기에 살아 있는 형태와 색채를 입힌다. 경우에 따라 진정한 꿈 요정에 버금갈 만한 기술과 능란함을 갖춘 요정 이야기라 할 수도 있을 것이다. 단 그 꿈을 꾸고 있는 동안에는 말이다. 하지만 꿈에서 깬 작가가 자신의 이야기는 그저 수면 중 상상을 통해 만들어진 결과물일 뿐이라고 주장한다 치자. 이 작가는 파에리의 심장부에 있는 근본적 욕망을 의도적으로 속이려 하는 것이다. 이야기를 궁리해내는 정신과는 무관하게 상상으로 빚어낸 경이로움을 이야기 속에 실현함으로써…… 요정 그 자체는 환영이 아니다. 환상의 이면에는 실제적인 힘과 의지가 존재한다. 힘과 의지의 존재는 인간의 정신이나 목적의식과는 무관하다.

여기서 우리는 다음과 같은 의문을 품게 된다. 과연 톨킨은 문화적 신화에서 떨어져 나왔을까? 그리고 자신의 상상을 통해 한 걸음 더 나아갔을까? 아니면 그에게는 가톨릭교가 기능적 신화로 계속 남아 있었던 걸까? 사실 톨킨은 평생 가톨릭교도였으며 무신론자인 C. S. 루이스를 신앙으로 이끈 장본인이었다. 비록 톨킨이 신앙을 저버리진 않았지만 그렇다고 해서 가톨릭에서 자신의 삶을 지탱해줄 동력을 찾았다고는 볼 수 없다. 톨킨의 경우는 오히려 개인적 신화에서 그의 삶에 지침이 됐던 의미를 찾을 수 있다고 생각한다. 그리고 이렇게 된 까닭은 마치 정신분열증처럼 그의 인격에 일어난 분열 때문이 아니었을까 짐작한다.

  톨킨이 종교에 대해 복잡한 속내를 가졌음은 이론의 여지가 없다. 영국에 관한 신화를 만들어내면서도 가장 가까이에 있는 아서 왕의 전설에 손을 내밀지 않았다. 톨킨의 주장에 따르면 아서 왕의 전설에는 기독교적 요소가 노골적으로 드러나 있기 때문이었다. 이런 그의 거부감은 절친했던 C. S. 루이스가 자신의 작품에서 끊임없이 시도하는 기독교화의 노력을 끝내 용인하지 못하는 사태로 이어지기도 했다. 이와 같은 사정의 내막은 바로 톨킨의 모친을 통해 엿볼 수 있다. 톨킨의 모친은 감리교도 집안에서 성장했던 반면, 톨킨의 친가는 침례교도였다. 그의 모친은 가톨릭교로 개종한 탓에 친정 식구들로부터 의절 당한다. 그녀의 형부는 (남편의 사망 후) 가난해진 형편을 알면서도 일체의 금전적 지원을 끊어버린다. 아끼지 않고 도움을 주던 종전의 태도와는 180도 달라진 것이다. 톨킨은 어머니에 대해 이렇게 적고 있다. '사랑하는 내 어머니께선 진정한 순교자셨다. 신께서 우리 형제에게 베푸신 위대한 재능으로의 순탄한 길이 만인에게 허락되는 건 아닌가 보다. 신은 우리에게 자식들이 신앙을 버리지 못하게끔 죽음까지 자초한 어머니를 주셨으니 말이다.' 이처럼 쓰라린 고백을 통해 알 수 있듯 톨킨은 가톨릭교에 대해 심정적으로 이중적 태도를 지니고 있었다. 여기서도 앞서 언급한 분열을 재차 확인할 수 있다. 한편으로는 모친이 죽어가면서도 지킨 신앙이기에 가톨릭교를 거부할 수 없는 입장이면서도 다른 한편으론 모친 사망의 직접적 원인이기에 선뜻 포용할 수 없었던 데서 심적 분열이 일어났던 것이다.

그러므로 톨킨의 신화가 진정한 의미의 신화인지 알기 위해서는 다음과 같은 항목으로 시험해볼 수 있다. 우선 톨킨은 자신의 신화를 외부의 삶 속에서 구현했는가? 신화는 그에게 어떤 의미였는가? 일종의 사고방식이었는가 아니면 삶의 방식이었는가? 톨킨은 평생 동안 자신의 신화를 세상 밖으로 끌고 나올지 말지의 문제로 고심했다. 그러다 보니 그의 신화에서 핵심이라 할 수 있는 《실마릴리온》은 이런저런 핑계로 출간이 계속 미뤄졌다. 결국 이 작품의 발행은 그의 사후에나 이뤄진다. 그렇다면 그의 작품들은 정말 작가의 개인적 신화일까? 또한 작가에게 이들 작품은 '실제의 경험'이었을까?

필자는 이 질문에 대한 대답을 그의 묘비에서 찾을 수 있다고 생각한다. 톨킨의 묘비에는 작가 자신의 당부로 새겨졌다는 낯선 이름이 자리하고 있다. '존 로날드 로엘 톨킨, 베렌Beren, 1892~1973년'이 그것이다. 한편 그의 아내의 비석에도 이렇게 적혀있다. '에디스 매리 톨킨, 루시엔Lúthien, 1889~1971년'. 두 이름 모두 《실마릴리온》의 중심 이야기 중 하나인 '루시엔의 노래'에 등장하는 이름들이다.

이제 '파에리의 드라마Faerian Drama'는 현실성과 직접성이 구비된 환상을 인간의 메커니즘 범주 너머에서 만들어낼 수 있다. 파에리의 드라마는 여러 문헌에 나오듯 요정들이 인간을 상대로 자주 연출했던 연극을 의미한다. 그 결과 이러한 연극이 인간에게 미치는 일반적 효과가 이차적 믿음을 능가한다. 만일 당신이 파에리의 드라마를 지켜보고 있다면 자신의 육신이 이차적 세계에 실제로 자리하고 있거나 적어도 그곳에 있다고 생각한다. 이러한 경험은 꿈을 꾸는 것과 매우 유사하다. 고로 (많은 사람들이) 이 둘을 혼동하곤 했다. 그러나 파에리의 드라마에서 당신은 다른 정신이 직조해내는 꿈속에 있게 된다. 또한 이처럼 놀랄 만한 사실에 대한 인식도 놓치게 될지 모른다. 직접적으로 이차적 세계를 경험하기 위해서는 다음과 같은 방법을 따라야 한다. 우선 약의 효능이 너무 강하므로 이것은 일차적 믿음에게 넘겨야 한다. 제 아무리 경이로운 사건이 일어나더라도…… 환상은 요정의 재주인 마력에 버금가고자 기를 쓴다. 환상은 인간이 이룩한 모든 형태의 예술에서 성공하면 가장 명확하게 접근한다. 지금까지 인간이 만들어낸 요정 이야기들의 중심에는 모두 살아 있는 하위창조의 예술, 실현된 하위창조의 예술에 대한 열망이 자리하고 있다. 그 열망이 감춰져 있건 드러나 있건 순수하건 섞여있건 간에 상관없이 말이다…….

—톨킨, 〈요정 이야기에 관하여〉중에서

# 안나 마율라 : 위대한 어머니와의 대화

환      자      모든 사람이 제게서 떠난 것처럼 두려운 기분이 들어요. 제

주위는 공허할 뿐입니다. 신은 구름 뒤로 숨어 버렸어요.

위대한 어머니      신 또한 너처럼 외로움에 떨고 있을지 모르느니라. 네 마

음으로 연주하려 들지 않은 것을 보면 말이지. 신이 네게

투영한 것이 바로 당신의 기분일 수 있느니.

환      자      그 말씀은 신이 당신의 나쁜 기분을 제 하프에 연주함으로

써 풀어낸다는 건가요? 그렇다면 연주실력이 훌륭한 편은

아니군요.

위대한 어머니      오히려 네가 잘 듣지 못하는 건 아닐까?

환      자      제 공허함이 신의 공허함인가요? 신의 여성성이 제게 투영

된 건가요?

위대한 어머니      너뿐만이 아니니라. 온 인류에게 투영된다 할 수 있지. 신

은 의식의 상태에 머물길 바라지. 그러나 한편으론 그런

상태에 머물길 원치 않기도 해. 이처럼 이중적인 신의 마

음이 인류를 짓누르고 있느니라. 너는 흑화의 상태에서 신

을 구해낼 사명을 받은 사람 중 하나니라.

환      자      제가 어찌 신을 구할 수 있습니까?

위대한 어머니      네 안의 흑화상태를 의식 속으로 끌어올려 보거라. 단, 너

의 개인적인 문제로 생각해선 안 된다. 이는 전 세계의 문제이기 때문이다. 그렇다고 해서 네가 신이나 세계를 구할 수 있는 것은 아니다. 네가 구해낼 수 있는 것은 이러한 문제에서 무한대의 부분뿐이니라. 여기서 네가 얼마나 도움이 되느냐는 네 스스로 그 문제를 얼마나 감당할 수 있느냐에 따라 결정될 것이다.

—《안나 마율라》 중에서


　개인적 신화는 살아 있는 신화다. 과정 중에 있는 신화, 진행 중인 신화이자 우리 자신의 운명에 대한 진화적 관계다.《안나 마율라 : 신경증 사례에 나타난 적극적 상상의 치유효능》(이하《안나 마율라》)에는 신화적 상상이 30년에 걸쳐 한 여성의 삶에서 어떻게 진화했는지 주목할 만한 일례가 담겨 있다.《안나 마율라》는 다음과 같은 측면에서 주목할 가치가 있다. 첫째, 예기치 못한 운명의 굴곡을 담고 있다는 점에서 이야기로서 그 가치가 인정된다. 둘째, 내면에서 전개되는 개체화에 대해 심리학적으로 기술하고 있다는 점에서 가치가 있다. 셋째, 신의 존재라는 문제에 대해 정신이 어떻게 받아들이는지 기록했다는 점에 의미를 둘 수 있다. 이와 같은 책을 필자가 거론하는 이유는 자율적 상상과 조우할 때 순전히 내면적이면서 주관적인 의미가 나타날 가능성을 제시해 보고 싶기 때문이다.

안나(가명)는 1890년경에 태어났으며 전문 피아니스트가 되고자 시험을 앞두고 있던 21세에 핵심 경험을 맞이한다. 《안나 마율라》에서 그녀는 수줍음을 많이 타는 성격이며 무대 공포증도 있었다고 밝히고 있다. 연주자로서 성공해 명성을 얻고자 하는 열망 또한 대단했지만 시험의 중압감은 감당할 수 없을 정도였다. 시험 전날 밤 불현듯 낯선 목소리가 그녀에게 들려온다. 목소리가 전한 내용은 다름 아닌 '수태고지'°° 였다.

목소리가 들려오더니 그녀에게 다음과 같은 말을 전했다. 내일 시험에서 실패든 성공이든 똑같이 담담하게 받아들일 준비를 함으로써 마음속의 야심을 버리라는 것이었다. 치열한 마음의 갈등 끝에 [그녀는] 이 명령에 따르기로 마음먹는다. 이렇게 실패조차 감내하겠다 각오하는 순간 그녀에겐 일종의 종교적 황홀경이 찾아든다. 황홀경 속에서 그 목소리는 다음의 사실을 가르쳐준다. 그녀의 소명은 그녀 자신이 유명인이 되는 데 있지 않으며 대신 천재 아들을 낳아 키우는 일이 진정한 소명이라는 것이다. 그리고 이러한 소명을 완수하기 위해선 사랑과 결혼에 대해 마음속에 품어온 바램을 포기해야 한다고 당부한다. 천재의 아비가 되기에 적합한 남자를 물색

°°
성경에서 대천사 가브리엘이 마리아에게 성령으로써 예수를 잉태하게 될 것임을 알려주는 대목을 이른다.

해야 한다는 것이다. 자격 조건을 갖춘 남성을 찾으면 그녀는 그와 함께 성욕이 완전히 배제된 성교를 함으로써 아이를 잉태해야 한다. 만일 수태 시에 어떤 흥분도 느끼지 않는다는 조건을 제대로 이행할 수만 있다면 그녀의 태를 빌려 나올 운명인 천재가 반드시 태어나게 된다. 행여 아비가 될 남자가 기혼자라 해도 그녀는 자신의 편견을 극복하고 아이가 사생아로 태어난다는 사실조차 감수해야 한다.

황홀경 상태는 다음날 치른 시험에까지 이어진다. 안나가 연주를 마치고 퇴장하는 순간 시험관들은 모두 압도된 나머지 조용히 자리에서 일어났을 정도다.

위의 '수태고지' 같은 경험이 개인의 정신에 미치는 영향은 반드시 주목할 필요가 있다. 이러한 경험은 당사자를 사로잡는다. 이러한 경험은 성스러운 감정을 발산함으로써 진정한 종교적 경험이 그러하듯 당사자를 매료시킨다. 핵심 경험에서 정신은 놀랄 만한 자율성을 보여준다. 안나의 경우 '위대한 선견'(안나는 자신의 경험을 이렇게 칭했다)은 그녀의 의지와 무관하게 예기치 못한 순간 찾아왔다. 언뜻 보기에는 예고도 없이 찾아든 듯하지만 실상은 그렇지 않다. 안나의 경우 '위대한 선견'은 막강한 힘을 실은 채 메시지를 전했는데 우리는 이 부분에서 위험성을 감지할 필요가 있다. 이러한 환청이나 환영이 기존의 여건을 뚫고 우리에게

다가올 때 우리로선 상처를 받을 수밖에 없기 때문이다. 물론 자아의 측면에 있어서는 유익한 역할을 한다는 점을 감안하더라도 말이다. 더욱이 상처의 수준도 심각하기 이를 데 없다. 일찍이 융은 상위 인격과의 조우가 개인의 자아에게는 늘 패배를 안겨준다고 지적한 바 있다. 기실 많은 경우 상위 인격과의 만남에서 자아는 그 존재가 사라질 위험에 직면하곤 한다.

3년 후 안나는 심신이 모두 지친 나머지 입원하기에 이른다. 퇴원 후 안나는 프로이트식 정신분석 상담을 시작하는데 담당의는 자신보다 약간 연상인 이혼남이었다. 훗날 그녀는 당시 상황에 대해 자신이 사랑에 빠졌으며 그와 결혼하길 바랐다고 회고한다. 하지만 상대는 이를 단순한 감정전이쯤으로 치부하고 치료만 계속 이어갔다. 치료는 아무런 진전도 없이 무려 11년이나 지속됐다. 안나는 비록 음악 방면에선 성공을 이어갔지만 성기능 장애와 신체적 고통으로 끊임없이 시달려야 했다. 이렇게 51세가 된 어느 날 그녀는 칼 융을 찾아갔고, 융은 여성 분석가들의 손에 그녀의 상담을 맡겼다. 상담은 그로부터 20여 년간 부정기적이나마 계속 이어진다. 그간 취리히를 찾는 안나를 담당한 상담자는 토니 볼프에서 바바라 한나, 엠마 융 그리고 마지막으로 다시 바바라 한나로 바뀌었다. 융 본인은 전 치료 과정을 관리 감독하는 역할을 담당했다.

토니 볼프의 제안에 따라 안나는 그림 치료를 시작한다. 그 결과 완성된 그림은 하나같이 기이하면서 영적 느낌이 강한 스케치들이었다. 안나 본인도 자신의 그림에 어리둥절했고 수년이 지나도록 그림의 의미를 해석해 보려 하지 않았다. 가령 스케치 중에는 사탄이 삼위일체가 있는 곳에 오르려 하는 모습을 그린 것이 있었다. 또한 안나 본인과 뱀이 등장해 금단의 나무에서 딴 열매를 신에게 내미는 그림도 있었다. 후에 바바라 한나는 그녀에게 적극적 상상기법을 사용해 보자고 권유한다. 굳이 밝히자면 안나 자신이 적극적 상상에 비범한 재능이 있었음은 분명하다. 안나의 말에 따르면 이러한 적극적 상상이야말로 그녀를 지탱해준 힘이 됐다고 한다. 비록 그 과정이 극도로 고통스럽고도 많은 경우 무섭기까지 했지만 말이다. 당시 그녀는 정신질환을 일으키기 직전 상태까지 내몰렸다고 한다.

이와 같은 적극적 상상에 대한 수년간의 체험을 토대로 1967년 마침내 그녀는 《안나 마율라》를 출간했다. 이 책에는 30편의 '위대한 어머니와의 대화'가 실려있다. 더불어 저자의 개인사와 심리적 해석 그리고 본인이 그린 그림 일부가 게재됐다. 이 책은 저자가 적극적 상상의 효용을 널리 알리고자 출간한 것으로 책 속에서 저자 자신은 '환자', 즉 3인칭으로 등장한다. 필자의 시각에서 볼 때 이 책은 안나의 본질적 신화를 표상화한 것으로서 오래 전 그녀에게 나타났던 '위대한 선견'이 두 번째 결정화를 거친 결과물이라 생각된다. 《안나 마율라》는 출간 후 한동안 취리히의 융학파 내부에서만 은밀히 회람됐다. 그러던 중 1981년 바바라 한나의 《영혼과의 조우》가 출간되며 일반에 널리 알려지기에 이른다.

《안나 마율라》는 개인적 신화에서 중요하게 고려해야 할 사항 세 가지를 제시한다. 첫째, 연속적 결정화의 고된 공정을 통한 개인적 신화의 탄생과 소멸. 둘째, 몰개인적 정신의 경험에서 주관적·개인적 요인의 중요성. 셋째, 정신환경에 일어나는 변동의 반영.

지금까지 우리는 핵심 경험이 어떻게 개인적 신화의 근간을 이루는지 살펴봤다. 어느 날 갑자기 환청이 들려오거나 환영이 보인다. 이러한 경험을 사춘기 후반이나 이른 성인기에 겪는 사람의 수가 결코 적지 않다. 물론 이런 경험은 어느 연령에건 일어날 수 있다. 가령 블랙엘크의 경우 환영을 본 것은 소년 때였다. 또한 필자의 소견으론 톨킨에게 핵심 경험이 찾아든 시점은 1914년 12월 밤 T. C. B. S.의 회합 자리에서였다. 한편 안나 마율라의 경우는 시험 전날 밤이 경험의 순간이다. 이와 같은 핵심 경험은 개인의 '자기'를 노출시키기 때문에 대개 비밀로서 또는 신성하고 귀중한 내면의 보물로서 보호 받는다. 바로 이런 점이 핵심 경험의 힘이자 위험요인이기도 하다.

우리에겐 핵심 경험과 그 형태를 반드시 구분 지을 필요가 있다. 살아 있는 상징은 의식을 사로잡는 이미지와 감정을 결정화시킨다. 이러한 형태로 인해 한동안 개인의 삶을 지탱해줄 의미가 생겨날 수 있다. 하지만 결국 형태는 에너지를 잃고 정신으로 돌아가 새로운 방식으로 재형성된다. 신화와 관련된 작업은 개인이 자신의 경험에 기울여야 할 지속적 노력이라 할 수 있다. 이처럼 끊임없는 수고를 기울여야 하는 이유는 바로 살아 있는 형태를 찾아내기 위해서다.

질병인지 아니면 온전한 전체인지를 결정짓는 것은 거듭되는 결정화 과정에서 핵심 과정을 다루는 개인의 능력에 달려 있다. 블랙엘크의 선견 내용을 들은 후 블랙로드가 건넨 현명한 조언을 상기해 보자. "너는 네 소임을 다해야 한다. 지상에 살고 있는 네 부족을 위해 네가 본 내용을 의식으로 만들어 보여줘야 한다. ······ 그렇게 하지 않는다면 필시 아주 나쁜 일을 겪게 될 것이다." 우리는 어떻게든 각자의 핵심 경험을 현실의 삶 속으로 끌어내야 한다. 자신의 핵심 경험을 삶에서 실행에 옮겨야 한다. 누구나 자신의 핵심 경험을 구현해야만 한다. 핵심 경험이라는 약이 독약이 될지 영약이 될지는 그에 대한 태도에 달려있다. 그러므로 블랙엘크의 경우 자신의 선견을 '말의 춤'으로 승화시켰다. 또한 J. R. R. 톨킨의 경우는 《호빗》의 성공 이후 '《호빗》류의 신작'을 써보라는 권유를 받았다. 이때 비로소 톨킨은 자신의 은밀한 신화 《실마릴리온》을 출판사에 내놓는다. 하지만 대중이 받아들이기에 무리가 있다는 이유로 퇴짜를 맞았다. 이후 신화는 여러 방식을 통해 《반지의 제왕》 속에서 재형성된다.

프로이트와
이별하다

안나 마율라의 '위대한 선견' 역시 그녀의 적극적 상상을 거쳐 재조형된다. 적극적 상상의 작업 과정은 그녀의 선견에 새로운 의미를 부여했다. 마찬가지로 안나가 그린 그림들 또한 처음에는 본인조차 그 내용을 이해하지 못했지만 이후 여러 가지 방식을 통해 '위대한 선견'이 재결정화된 결과물임이 드러났다. 문제는 이러한 신화의 내용을 '문자 그대로 해석할' 우려가 있다는 점이다. 안나의 경우 말 그대로 임신해 아이를 낳음으로써 환영의 내용을 현실로 옮기려 들 수도 있었다는 것이다. 실제로 안나는 그러한 시도를 한 적이 있음을 고백했다. 그러나 다행히 적극적 상상 덕택에 신화에 대해 보다 상징적으로, 보다 의미 있게 진화한 형태로 참여하는 데 성공한다.

한편 담당 분석가(엠마 융)가 선견의 두 번째 부분을 문제 삼는 순간 안나의 신화는 본래의 형태를 잃기 시작했다. 당시 분석가는 성적 흥분 없이 아이를 잉태해야 한다는 대목이 '남성성 측의 무리한 견해'일 수 있다는 가능성을 제기했다. 안나의 남성관이 손상됨으로써 의미의 전위가 일어난 결과일 수 있다는 것이다. 그때까지만 해도 안나는 환상 속에 나타난 남성의 이미지를 대상으로 삼아 적극적 상상기법을 시도하고 있었다. 엠마 융은 그녀로 하여금 여성의 이미지를 찾아보도록 독려했다. 그리하여 여성의 이미지가 마침내 나타났는데 안나가 '위대한 어머니'라 칭한 형태를 띠고 있었다.

이렇게 해서 주목할 만한 대화가 시작된다. '위대한 어머니'의 이미지는 곧 안나에게 수호자, 길잡이, '분석가'의 자리를 차지한다. '위대한 어머니'와의 대화 속에선 자기지시적 과정이 전개된다. 안나 스스로 강조했듯 대화는 결코 쉽지 않았다. '위대한 어머니'는 안나로 하여금 자신의 남성성과 '그림자' 자매를 구분 짓도록 이끈다. 바로 이 '그림자' 자매 속에는 오랜 세월 억눌려온 안나의 성욕이 여전히 살아 숨 쉬고 있었다. 그간 여성성의 측면에서 그녀의 삶은 단절과 억압, 경시로 점철돼 있었다. 안나는 이러한 여성성 측면의 과거 삶과 타협을 이룸으로써 서서히 여자로서 자신의 모습을 찾아나간다. 또한 자신의 개인사에서 발로한 각종 이미지의 이면에 또 다른 차원이 존재한다는 사실을 깨닫는다. 이와 같은 새로운 차원은 안나로 하여금 해당 이미지들의 몰개인적 측면을 엿볼 수 있게 해준다. 그녀의 억압된 여성성(그녀의 그림자) 뒤에는 바로 '위대한 어머니'가 존재하고 있었던 것이다. 뿐만 아니라 부정적인 그녀의 개인적 남성성 이면에는 사탄의 이미지가 도사리고 있었다. '위대한 어머니'는 안나가 자신의 개인적 남성성을 사탄의 원형적 힘으로부터 구별 짓는 과정을 거치도록 인도했다.

안나가 영적 각성에 이르는 순간 적극적 상상작업은 새로운 전기를 맞았다. 개인적 차원, 즉 그림자나 남성성을 토대로 시연되던 드라마가 또 다른 차원이 개입하자 원형적 드라마로 변모된 것이다. 어느 날 안나는 꿈을 꾼다. 신이 남성의 목소리로 도움을 청하며 고함치고 있다. 그런데 유독 '구조하라! 구조하라! 구조하라!'는 말만 쓰고 있다. '위대한 어머니'와의 대화 28편, 29편에는 다음과 같은 안나의 깨달음이 드러난다.

| 환 자 | 제겐 난해한 환상이 하나 있는데 그걸 꼭 말씀드리고 싶습니다. 이 환상을 통해 전 신이 화가 나있다는 걸 알게 됐어요. 이유는 인간들이 신의 일부분을 훔쳐냈기 때문입니다. 신은 애초에 이 부분들이 인간의 손에 들어가길 원치 않았거든요. 문제가 된 부분이란 핵분열에 관한 자연의 비밀 그리고 이에 버금가는 것으로서 신성神性에 대한 융의 지식이었습니다. 신은 인간이 신의 어두운 이면에 관해 알게 되길 바라지 않았거든요. |
|---|---|
| 위대한 어머니 | 문제는 너희가 처한 위험이 결코 상상의 일이 아니라는 것이니라. …… 신은 종말의 순간 인류를 상대로 자신의 분노를 터뜨릴지 모르나니. 이렇게 되면 신은 융 박사나 아인슈타인 교수에게 원인 제공의 책임을 물을 것이다. …… 허나 너는 여자이므로 남자인 융 박사가 할 수 없는 일을 해낼 수 있다. 신을 유혹하라! 너와 다른 여인들은 신을 깨울 수 있으리라. …… 들어라. 우리는 집단 무의식 |

에 존재하는 위대한 여성의 원형으로서 남성적인 성격에 치우친 세력을 저지해 균형을 맞출 수 있다. 이렇게 함으로써 결국 신의 위험천만한 태도에 대해서도 균형을 잡아줄 수 있게 된다. 그러나 우리가 인류를 구원하기 위해서는 그들로부터 발판을 제공 받아야 한다. 이는 영적 세계에 국한해서만 성사시킬 수 있는 일이 아니다. 이처럼 특별한 경우에는 여성, 즉 지상의 여인들이 반드시 필요하니라. 우리에겐 여성성이 지상에 현신한 존재가 필요한 것이다. 네 역할을 수행하라! 그것이 네 인생 전체의 의미니라. …… [훗날] 만약 네가 마리아와 같이 겸허해진다면 네 역할을 완수하는 데 도전해볼 수 있을 것이다. 그리하여 너는 지고한 영의 차원에 이르러 일찍이 네가 '위대한 선견'이라 말한 환영에서 고지 받은 아이를 영적으로 출산하게 되리라.

환   자     제가 마리아처럼 겸허해질 수 있을지 자신이 없습니다.

위대한 어머니  네가 교만해진다면 그로 인해 죽거나 크나큰 고통을 겪을 것이다.

환   자     말씀하신 대로 상징적 아이를 낳을 수만 있다면 죽음이나 고통도 기꺼이 감수하겠습니다. 이러한 일을 완수하기 전

| | | |
|---|---|---|
| | | 까지는 마음의 평안을 찾을 수 없을 테니까요. |
| **위대한 어머니** | | 너는 어떤 조건도 달아서는 안 된다. |
| **환        자** | | 알겠습니다. 저는 제 운명을 받아들이고 그것을 이루려 노력하겠습니다. 설령 운명을 이루기도 전에 신의 분노가 제게 떨어진다 해도 저는 기꺼이 받아들이겠습니다. |
| **위대한 어머니** | | 마땅히 그리해야 할지어다. |

이처럼 약간의 변화가 가해짐으로써 안나의 '위대한 선견'은 완전히 새로운 정황 속에서 재형성되기에 이른다. 이제 그녀의 개인적 신화는 신을 구원하기 위해 헌신하는 내용으로 바뀌었다. '위대한 어머니'와의 대화와 위대한 선견 사이에는 구조적 공명이 이뤄지고 있다. 형태는 동일하다. 즉, 그녀가 '아이'를 세상 밖에 내놓는다는 발상은 변함이 없다. 그러나 과거의 선견이 지닌 의미가 안나의 본능적 삶의 영역에서 결정화된 데 비해 새로운 선견의 의미는 영적 삶의 영역에서 결정화됐다. 두 경험 모두 그녀의 삶에 목표를 부여한 것만은 틀림없다. 다시 말해 특별한 아이를 출산한다는 목표를 갖게끔 이끌었던 것이다. 하지만 그녀 안에 있던 부정적 남성성이 일정한 정신적 공정 과정을 거침으로써 여성성이 회복됐고 심지어 최고의 가치로까지 격상되기에 이르렀다.

이러한 환상은 강력하면서도 위험천만하다. 환상에 대한 고찰을 통해 우리는 두 번째 고려사항에 다다르게 된다. 이와 같은 몰개인적 정신의 경험을 인류의 주관적·개인적 정황 속에 뿌리 내리게 해야 할 절대적 필요성에 관해 생각하게 되는 것이다. 적극적 상상을 통해 신화적 상상에 진입하려는 시도는 사실 추천할 만한 방법은 아니며, 반드시 안전장치가 수반되어야만 한다. 사실 이러한 방식은 개인이 될 수밖에 없게끔 절박한 처지에 '내몰린' 사람에게나 해당된다. 《안나 마율라》에 드러나듯 당사자가 문제의 경험 속에 있을 때 이러한 환상은 허구가 아닌 완벽한 진실이다. 그러나 경험의 바깥에 서게 되면 이러한 환상을 이해하기가 어려워진다. 우리가 보기엔 안나가 대화하고 있는 상대는 '위대한 어머니'의 이미지 뒤에 숨은 안나 자신, 혹은 안나의 자아로 비쳐지지만 자율적 상상을 통해 형태를 취한 이런 힘들의 실체는 다름 아닌 살아 있는 정신이다. 비록 상상 속의 인물들이 융 식의 언어를 구사하는 듯 보이긴 하나 언어란 사실 그 이면에 숨은 실체의 상징적 표현에 불과하다. 필자의 소견으론 '위대한 어머니'와의 대화 속에 드러난 통찰이나 다중적 상징성이 너무나 심오하므로 안나 본인이 말한 것으로 보기엔 분명 무리가 있다. 말을 한 것은 바로 정신, 영혼의 생명이었으며 대화의 내용은 결국 이러한 정신이 취한 형태에 불과했던 것이다.

갖가지 등장인물로 인해 안나와 몰개인적 정신의 만남은 안나 자신의 삶, 그녀의 개인 등식 속에 뿌리 내린다. 안나는 말 그대로 유년시절의 트

프로이트와
이별하다

라우마를 점검하고 다시 경험하게끔 내몰렸다. 자신의 신경증 발병에 대한 스스로의 책임을 직면하고 본인의 과오와 실책을 전적으로 인정할 수밖에 없는 상황에 처한 것이다. 이러한 환상에는 그녀 본인이 '과대망상증'이라 칭한 증세가 언제 도질지 모른다는 위험이 항시 뒤따랐다. 그러나 이런 위험의 존재도 '위대한 어머니'의 입을 빌린 몰개인적 정신에 의해 발각됐다.

따라서 주관성의 한계에서 비켜나 돌아갈 수 있는 지름길은 어디에도 없다. 개인적 등식은 항상 일정요인으로서 개재한다. '말을 하는' 것은 정신이지만 이 또한 살아 움직이는 인간의 경험을 통해서만 가능하다. 우리로선 '원형적 현실'에 무엇이 있고 무엇이 없는지를 알 길이 없다. 다만 한 가지 예외는 있다. 원형적 현실을 구현하는 신화에 참여하는 방법을 통해 원형적 현실의 면면을 알아낼 수 있기 때문이다.

이제 《안나 마율라》에서 고려해야 할 세 번째 항목에 이르렀다. 정신의 신화가 그녀를 통해 삶에서 구현하려 하는 바는 과연 무엇이었을까? 이 책에서 우리는 신화적 형태를 빌려 모습을 드러낸 20세기의 영적 문제를 대면하게 된다. '위대한 어머니'와의 대화는 내면환경에 있어서의 변화, 즉 정신과의 기능적 관계의 출현을 암시해준다. 과거 시대에 인류를 구원하는 일이 신의 몫이었다면 현대에 와서는 신을 구원하는 임무가 인간의 몫으로 돌아옴으로써 큰 변화가 일었는데 위의 대화는 이러한 변화를 반영하고 있다. 대화는 우리로 하여금 근래에 들어 맛보기 시작한 지식 때문에 인류의 삶이 혼란에 빠졌다는 사실을 자각하게 해준다. 힘의 문제가 극단적 수준으로 치닫자 자기교정적 정신은 관계 맺음의 문제를 활성화시킴으로써 잃어버린 균형을 회복하고자 한다. '위대한 어머니'와의 대화는 다음과 같은 사실을 말해준다. 우리가 획득하는 의식이 무엇이건 간에 그 의식은 축복이자 짐으로 작용할 수밖에 없다는 사실이다. 예컨대 자신들의 상태를 살펴볼 수 있을 만큼 인간이 빛을 지니게 된다는 점에서는 축복이라 말할 수 있지만, 이 빛이 우리 자신을 파멸시킬 가능성이 있는 한 짐으로 받아들일 수밖에 없다. 이런 식으로 악의 문제와 여성성의 회복은 서로 복잡하게 얽혀있다. 관계 맺음이 결여된 상태에서 힘은 극도의 파괴력을 발휘한다. 바로 이것이 남성성에 치우친 신에게서 필연적으로 나타나는 문제다. 관계가 배제된 힘은 신을 악마로 만들기 때문이다.

'위대한 어머니'와의 대화에선 이와 같은 신화적 드라마가 펼쳐진다. 위대한 어머니는 안나로 하여금 점차 중요성을 더해가는 여성성의 원리에 참여토록 촉구한다. 여성성의 원리는 여성 개개인의 삶으로 끌어내져 구현된다. 이러한 신화를 통해 우리는 현 시대의 사조를 읽을 수 있다. 바로 독재적 권력의 부상과 여성운동의 발흥이다. 이와 같은 내적 딜레마가 외부 상황을 반영하는 것으로 본다 치자. 아니면 그와 반대로 외부

프로이트와
이별하다

상황이 내적 딜레마를 투영하고 있는 것으로 이해한다 치자. 사실 이 둘은 같은 말이라 해도 과언이 아니다. 신화 속에선 정신의 내적·외적 얼굴이 모두 똑같은 현실이기 때문이다.

**위대한 어머니**  만약 네가 이 임무를 완수할 수 없다면 다른 여인들이 그 일을 넘겨받을 것이다. 네 소임은 단지 이 과업의 시작을 담당하는 것뿐이다. 그 일을 누가 하든 그것은 전혀 중요치 않느니라. 다만 누군가는 반드시 시작을 해야 하며 또한 시작에는 최선의 노력을 기울여야 한다.

**환    자**  저는 무엇을 하면 됩니까?

**위대한 어머니**  ……너는 더 이상 남성성에 매료당해선 안 되느니라. 많은 여인이 남성성에 매료당할 경우 사탄이 천상으로 올라갈 수 있느니라. 그러나 이런 일은 혼자서 해내겠다고 생각한다면 이는 교만의 소치니라. 이러한 생각이야말로 남성성에서 발로하는 것이다. 너는 신과 사탄, 그들의 남성성을 자유롭게 하도록 부름 받은 수많은 여인 중 하나이니라.

# 칼 융 : 환상과의 공명

《망자를 위한 일곱 편의 설교문》은 동양과 서양이 맞닿은 도시 알렉산드리아에서 바실리데스Basilides ∞∞가 저술한 글이다.

## 설교문 제1편

망자들이 예루살렘에서 돌아왔다. 그곳에서 망자들은 구하던 바를 찾지 못했다. 그들은 내게 자신들을 안으로 들여보내달라고 빌며 나의 말을 듣기를 간청했다. 이에 나는 가르침을 주기로 마음먹었다.

들어라. 나는 무無에서 시작된다. 무란 가득 참과 같으니라. 무한 속에서 가득 참은 텅 빔과 같으니…… 이와 같은 무가 가득 참을 일컬어 플레로마 pleroma라 칭한다.

…… 크레아투라creatura는 플레로마에 속하지 않으며 그 자체로 존재한다. 플레로마는 모든 피조물의 시작이며 끝이다. …… 그러나 우리는 플레로마다. 우리가 영원과 무한의 일부이기 때문이다. 하지만 우리에겐 영원과 무한의 요소가 남아 있지 않다. 우리 자신이 플레로마로부터 무한히 분리됐기 때문이다. 이러한 분리는 영적, 세속적 차원이 아닌 본질적 차원

∞∞
기원후 2세기경 이집트 알렉산드리아에서 활동했던 초기 기독교 그노시스파 교부들 중 한 명이다. 117~138까지 가르침을 편 것으로 알려져 있다.

308   프로이트와
이별하다

에서 이뤄졌다. 이유인즉슨 우리가 크레아투라로서 본질적 측면에서 플레로마와 구별되기 때문이다. 크레아투라는 시간과 공간의 제약을 받는다. …… 구분을 짓지 않을 경우 우리는 타고난 본질을 넘어서서 크레아투라로부터 멀어진다. 우리는 플레로마의 또 다른 특질인 몰개별성에 빠져든다. 우리는 플레로마 그 자체에 속하게 됨으로써 더 이상 피조물이 아닌 존재로 화化한다. 우리는 무에 융해되고 만다. 이것이 바로 피조물의 죽음이다. 따라서 우리는 구분을 짓지 않는 만큼 죽음을 맞이하게 된다. 이런 연유에서 피조물의 자연적 투쟁은 개별성을 지향하며 원시적이고 위험한 동일성에 저항한다. 이를 일컬어 '개체화의 원리'라 한다. 개체화의 원리는 피조물의 근본을 이룬다. 이를 통해 우리는 몰개별성과 비非구분이 피조물에게 큰 위험으로 작용하는지 그 이유를 확인할 수 있다.

1916년 칼 융이 집필한 《망자를 위한 일곱 편의 설교문》은 2세기경 그노시스파゜゜의 사상가였던 바실리데스의 가르침 형식으로 제시된다. 간략하게 살펴보자면 설교문 제1편은 플레로마(가득 참)와 크레아투라(피조물)의 문제를 다룬다. 플레로마란 그리스어로서 기독교 성경뿐 아니라

゜゜
우리말로 '영지주의(靈知主義)'를 뜻한다. 초기 기독교 시대에 등장한 신비주의적 이단 계파로서 '믿음'이 아닌 '앎'을 통해 구원 받을 수 있다는 견해에 입각했다.

그노시스파의 초기 문건에도 등장한다. 설교문 제2편은 신에 대한 의문을 다루고 있다. 이 부분에서 망자들은 '신 위의 신'인 아브락사스Abraxas의 존재를 알고선 경악하고 당황한다. 사실 아브락사스란 그노시스파의 일부 사상가가 신성한 존재를 지칭하기 위해 사용한 이름이었다. '아브락사스는 네가 알지 못하는 신이다. 인류가 그 신의 존재를 잊어버렸기 때문이다'라고 언급된다. 제3편은 아브락사스의 특징과 본성에 대해 열거하고 있다. 제4편에선 각종 신과 악마, '신의 다중성과 다양성'을 다룬다. 신들 가운데 주된 존재를 뽑자면 '타오르는 신' 에로스Eros와 '자라나는 신' 생명의 나무the Tree of Life를 거론할 수 있다. '에로스는 불타올라 죽고 만다. 반면 생명의 나무는 영원의 시간 속에서 서서히 그렇지만 부단히 성장을 이뤄간다'고 언급된다. 제5편은 영성과 성욕에 대한 논의가 주를 이룬다. 이는 제6편에서 성욕의 악마에 대한 설명으로 이어진다. 그리고 끝으로 제7편에서는 망자들이 등장해 인간의 본성에 대한 가르침을 청한다. 망자들의 청에 대해 바실리데스는 이렇게 답한다. '인간은 문이다. 이 문을 통해 너희는 신과 악마, 영혼이 존재하는 외부세계로부터 내면의 세계로 나아갈 수 있다……' 바실리데스의 말이 떨어지기 무섭게 망자의 무리는 마치 승천하는 영혼처럼 사라져 버린다.

시종일관 신화적 어조로 말하고 있는 이상의 설교문은 강력한 신화적 이야기라 볼 수 있다. 내재된 권위를 바탕으로 불가해한 용어와 과장된 언어를 사용하고 있는 설교문을 읽다 보면, 과장된 언어야말로 무의식의 주된 특징이라 지적했던 융의 언급이 떠오른다. 실제로 융은 자신이 이처럼 종교적인 글을 썼다는 사실에 놀라움을 금치 못하며 뒤늦게 출간을 후회했다.

우리는 지금까지 다른 개인적 신화들에서 확인한 공통점을 여기서도 찾을 수 있다. 개인의 위기 한복판에 몰개인적 존재가 돌파해 들어왔다는 점이 그것이다. 이렇게 해서 융의 삶에서도 신화화 과정이 전개됐다. 그러나 그 배후의 주관적 정황을 이해할 필요가 있다.

신화화 과정은 개인의 삶이 모든 면에서 궁지에 몰릴 때 비로소 폭발하듯 시작된다. 앞서 살펴본 대로 전진의 순간에는 에너지가 일과 가정을 향해 외부로 흘러간다. 융은 프로이트와의 관계로 인해 더 넓은 세상에 나아가 인정을 받게 됐다. 1909년 그는 부르크휠즐리 클리닉의 친숙한 환경을 떠나 퀴스나흐트에 자신의 집을 지었다. 이 시기에 융은 행복한 나날을 보냈다. 바바라 한나가 지적한 대로 '인생의 전반기에 개인이 완수해야 할 과업은 바로 외부의 삶에 뿌리를 내리는 일이다. 융은 퀴스나흐트에 집을 지음으로써 이 과업을 달성해냈다. 융은 그에 앞서 이미 유럽과 미주 대륙에 걸쳐 자신의 전문 분야에서 명성을 쌓았으며 결혼을 해 자녀를 둠으로써 단란한 가정도 꾸렸다. 여기에 이제는 자신의 뿌리를 단단히 내릴 수 있는 집까지 마련하게 된 것이다.'<sup>00</sup>

그러나 1913년 융의 인생은 벽에 부딪치고 만다. 내적·외적 환경 모두가 극도의 긴장상태에 놓인다. 때는 바야흐로 세계대전의 발발을 불과 몇 달 앞둔 시점이었다. 1912년 말 《변형의 상징》 제2권을 출간한 융은 프로이트로부터 의혹을 사게 되고, 결국 1913년 1월 6일 절교를 선언하는 취지의 서신을 보낸다. 1913년 3~4월, 융은 뉴욕으로 떠났다가 로마를 거쳐 돌아온다. 8월에는 런던에서 강연을 가졌는데 이 자리에서 처음 '분석심리학'이라는 자신만의 새로운 시각을 언급했다. 9월이 되자 긴장상태는 극에 달했다. 당시 융은 프로이트와의 절교에도 불구하고 뮌헨의 정신분석협회 의장으로 재선출됐지만, 10월 27일 〈야르부흐Jahrbuch〉의 편집장 직을 사임했다. 〈야르부흐〉는 당시 프로이트와 블로일러가 발행하던 정신분석학 전문잡지였다. 뒤이어 융은 다음 해 4월 20일 의장직에서도 물러났고, 1914년 4월 30일에는 교편을 잡고 있던 대학에도 사표를 냈다. 이 모든 일은 한낱 외부적 사실에 불과하다.

이제 그 이면에 숨은 내면의 사실을 들여다 보자. 융은 1912년 12월부터 망자들이 등장하는 갖가지 꿈에 시달리고 있었다. 가령 어떤 꿈에서는 수컷 비둘기가 12명의 망자와 부산을 떠는 동안 새가 어린 소녀로 변신했다. 또 다른 꿈에서는 귀가 길에 길게 늘어선 무덤 사이를 지나는데

∞
바바라 한나, 《융 : 생애와 업적》 중에서

무덤 속에 누워있던 시신이 하나씩 일어났다. 그것도 사망한 지 얼마 안 된 시신부터 차례로 살아난 것이다. 후일 융은 이러한 꿈들을 계기로 뭔가 단단히 잘못된 상태라는 사실을 깨닫고 자신의 개인사를 두 번이나 점검함으로써 문제점을 찾아내려 애썼다고 고백했다. 그러나 아무런 소득도 얻지 못했다. 허공에 뜨다시피 한 상태에서 융은 마침내 막다른 골목에 이른다. 융은 당시의 경험에 대해 훗날 다음과 같이 서술했다.

그때 나는 스스로에게 이렇게 말했다. '나는 어차피 아무 것도 모르는 상태니 어떤 생각이든 떠오르는 대로 실행에 옮길 것이다.' 이렇게 해서 나는 의식적으로 무의식의 충동에 나 자신을 내맡겼다.

…… 가장 먼저 떠오른 것은 열 살인가 열한 살인가 그 무렵의 기억이었다. 당시 나는 블록 쌓기 놀이에 한창 빠져있었다. …… 놀랍게도 이 기억을 떠올리자 갖가지 감정이 따라 일기 시작했다. 나는 스스로에게 말했다. '아, 이 감정들이 아직 살아있었구나. 내 안에는 옛날의 그 어린 아이가 아직 살아있으면서 내가 갖지 못한 창조적 삶을 영위하고 있구나. 하지만 현재의 나는 어떻게 해야 이와 같은 창조적 삶에 다다를 수 있을까? 성인의 입장에서 생각할 때 현재로부터 열한 살 시절로 그 간극을 거슬러 잇기란 불가능해 보였다. 그러나 그 시기와 다시 접촉하기 위해서는 그때로 돌아가 다시 한 번 아이의 놀이를 통해 아이로서의 삶을 사는 방법밖에는 없

었다. 이 순간은 결국 내 인생의 전환점이 됐다. 다만 이 사실을 받아들이기까지 나는 수없이 저항했으며 받아들이는 순간조차 체념하는 기분이 드는 것을 피할 수 없었다. 아이의 놀이를 다시 시작하는 것 외에 다른 방도가 없다는 사실을 자각한다는 일 자체가 내게는 무척 굴욕적이었기 때문이다.

……그 결과 나는 내가 하고 있는 일의 중요성에 대해 생각하게 됐다. 그리고 이렇게 자문했다. '지금 넌 뭘 하고 있는 거니? 기껏 작은 마을 하나 만들기를 무슨 의식이라도 치르는 듯 요란을 떨어대는구나!' 나는 이 질문에 아무런 답도 하지 않았다. 다만 맘속에선 지금 이 일이 나만의 신화를 찾는 데 꼭 필요한 과정이라는 확신이 들었다. 왜냐하면 이러한 쌓기 놀이는 시작에 불과했기 때문이다. 놀이는 갖가지 환상의 봇물을 터뜨리는 촉매제였다. 후일 나는 이들 환상에 대해 세심하게 기록했다.


이렇게 하여 융은 '신화를 만드는 상상의 모체'라 명명한 대상과 조우한다. 이와 같은 갖가지 환상에 대해 융은 일단 '블랙 북'에 기록하기 시작했다. 그의 블랙 북이란 실상 가죽 장정의 노트 6권을 일컫는 것이었다. 그러다가 자필에 그림을 곁들여서 '레드 북'에 옮겼다. 이렇게 씌어진 육필 원고는 모두 합쳐 총 1,330쪽에 달한다. 일부 환상의 내용은 저서 《기억, 꿈, 회상》에도 실렸다. 당시 융으로선 자신에게 일어나고 있는 일을 이해할 방도가 없었기에 스스로 미쳐가고 있는 게 분명하다는 결론에 이르기까지 했다. 그에게 가장 혼란스러웠던 점은 환상이 아무런 예고도 없이 불쑥 돌파해 들어왔다는 사실이었다. 느닷없는 환상의 기습이 일어난 순간, 융은 기차를 타고 있었다. 때는 1913년 10월, 환상은 대략 한 시간 동안 지속됐다. 환상의 내용은 다음과 같았다. 시신더미가 홍수처럼 유럽 전역을 뒤덮기 시작한다. 시신더미는 이내 선혈로 변한다. 모든 것이 그 속에 잠겼다. 다만 예외가 있었으니 네덜란드, 덴마크, 스칸디나비아, 스위스는 잠기지 않았다. 왜냐하면 알프스 산맥이 이들 국가를 보호했기 때문이다. 그로부터 2주 후 융은 같은 내용의 환영을 다시 보게 됐다. 이번에는 유혈이 더 낭자할 뿐더러 다음과 같은 환청까지 들렸다. "똑똑히 봐라. 이것은 모두 사실이며 앞으로도 그러할 것이다. 너는 절대 이것을 의심해선 안 된다."

이 대목에서 우리는 다시 한 번 환경과 몰개인적 정신간의 관계를 확인할 수 있다. 융의 경험은 분명 독특했다. 다만 이런 식으로 전쟁에 관한 소문을 꿈으로 꾸는 사례가 그리 적지 않은 것 또한 사실이다. 가령 1991년 걸프전 발발 직전 한 여성이 이런 꿈을 꿨다.(정확한 날짜는 1991년 1월 12일이었다.)


사막이 보인다. 앞에는 모래뿐인 평지가 펼쳐져있고 그 뒤로는 높은 모래 언덕이 연이어 보인다. 모래의 색깔이 변하기 시작한다. 파도가 인 것이 분명하다. 해안가의 모래사장이 물에 젖어들고 있다. 모래사장은 점점 더 짙은 빛깔로 물들어간다. 나는 공포에 질려 꿈에서 깨어난다. 모래를 뒤덮고 있던 액체가 다름 아닌 피였기 때문이다.

한편 비슷한 시기에 다음과 같은 꿈을 꾼 남성도 있었다. (때는 1990년 8월 23일이었다.)

사담 후세인이 보좌관 몇 명과 함께 죽을 준비를 하고 있다. 나는 이 상황을 지켜보는 중이다. 후세인 때문에 핵 공격이 일어난 상태다. 후세인은 일종의 종교의식을 거행한다. 의례에 따른 자살 준비 같은 것인데 내가 보기에는 매우 격식 있게 느껴진다. 나는 그곳을 떠나 안전한 벙커로 자리를 옮긴다. 핵폭발이 일자 사담이 있던 곳이 파괴된다. 나는 그가 어떻게 됐는지 확인하고 싶다. 하지만 다른 사람들이 위험하다며 나를 보내주지 않는다.

이와 같은 꿈을 살펴볼 때는 몰개인적 정신의 지각 저변에 깔린 상징적 본질을 유념해야 한다. 예컨대 위의 꿈에서는 사담 후세인이 성스러운 행위처럼 자살의식을 치른다. 이 꿈에서 초점이 맞춰지고 있는 대상은 행위 그 자체보다는 태도다. 상징의 견지에서 볼 때 핵폭발은 깊이 있는 변형을 암시한다. 이러한 변형은 파괴적이면서 동시에 창조적이다.

주관적 차원에서 조망한다면 이 꿈을 꾼 당사자의 삶에서 독재의 그림자가 깊이 있는 변형을 일으킨 건 아닌지 의문을 품게 된다. 짐작컨대 객관적 상황(임박한 전쟁)과의 연관성은 당사자의 내면적 상황과 외부환경 간의 구조적 공명을 통해 만들어질 수 있다. 다만 우리가 앞으로 지켜볼 것은 이와 같은 깊이 있는 변형이 걸프전에 의해 어떤 방식으로 표상화되는가이다.

선혈이 온 유럽을 뒤덮었던 융의 환영도 이와 동일하게 생각해볼 수 있다. 우리는 먼저 융의 삶에 홍수처럼 밀어닥친 갖가지 사건을 떠올리고 그 후엔 임박한 전쟁과의 공명 부분에 대해 생각한다. 융 또한 처음에는 이런 식으로 자신의 환영에 대해 이해하려 했다. 즉, 자신의 내면에서 매우 위험스러운 상황이 벌어지고 있음을 나타내고 있다고 이해한 것이다. 1914년 8월, 전쟁이 발발하고 나서야 비로소 자신이 미친 게 아닐지 모른다는 희망을 품기 시작했다.

전쟁 기간 내내 융에게는 각종 이미지가 홍수처럼 밀어닥쳤다. 이에 관한 이야기는 《기억, 꿈, 회상》에 실려 있다. '유령'이 융의 상상지대에 모습을 드러냈고 《일곱 편의 설교문》은 이처럼 강렬한 체험으로부터 특정한 의미를 결정화할 필요가 있음을 말해준다. 1916년의 당시 상황에 대해 융 스스로도 이렇게 말하고 있다.

나는 어떤 대상에 형태를 부여해주고 싶은 충동을 느꼈다. 말하자면 내 마음속에선 필레몬°°이 말했을지 모를 내용을 형식화하고 표현해야만 한다는 의무감이 샘솟았다.


이처럼 환영을 경험한 지 얼마 후 융은 집안이 '영적 존재'로 가득차 있다는 느낌을 받았다. 어느 금요일 밤, 융의 딸이 하얀 형상이 자신의 방을 지나가는 모습을 봤다고 얘기했다. 한편 다른 딸도 침대에서 덮고 있던 담요를 누군가가 두 차례나 낚아채 갔다고 말한다. 다음 날 아침 아들이 그림을 그려 보이는데 아주 기이한 만화 같은 그림이었다. 아들은 이를 가리켜 '어부의 그림'이라 칭했는데 내용인즉슨 전날 밤에 꾼 꿈을 그림으로 옮긴 것이었다. 다음 날 오후 융의 가족은 모두 미친 듯이 울려대는 초인종 소리를 듣게 된다. 후일 융의 글을 보면 융 본인이 실제로 초인종이 울리는 광경을 목도하기까지 했다고 한다. 하지만 막상 현관에 나가보니 아무도 없었다. 크게 당황한 융은 이렇게 말했단다. "맙소사, 대관절 이게 무슨 일이지?" 그러자 어디선가 대답이 들려왔다. "우리는 예루살렘에서 돌아왔다. 그곳에선 우리가 구하던 바를 찾지 못했다." 이

○○

당시 융의 적극적 상상 속에 등장한 여러 인물 가운데 가장 중요한 인물의 이름이다. 융에 의하면 필레몬을 정신적 스승으로 여겼다고 한다.

프로이트와
이별하다

말을 들은 융은 마침내 상황을 타개할 묘안을 떠올렸고 이내 책상으로 달려가 글로 적기 시작했다. 그 결과 초심리학적 경험이 더 이상 일어나지 않게 됐으며 집안은 평안을 되찾았다. 3일 밤 만에 융은 《일곱 편의 설교문》의 집필을 끝마쳤다.

이러한 경험은 개인에게서 반응을 요구한다. '지금 내게 무슨 일이 벌어지고 있는 거지? 왜 하필 나한테 이런 일이 생기는 걸까?' 이런 질문으로는 결코 멀리까지 나아갈 수 없다. 이와 같은 유의 질문은 대체로 자아로부터 나온다. 물론 진심으로 자기 자신에게 이런 질문을 던지는 경우도 간혹 있지만 필자의 생각에는 이처럼 반응을 요구하는 쪽은 오히려 경험 그 자체라고 봐야 하지 않을까 하는 생각이 든다. '망자들'에게 둘러싸인 채 현관에 서 있는 융의 모습을 머릿속으로 그려보노라면 망자들이 대답을 요구했다는 대목이 상당히 중요한 부분이란 걸 깨닫게 된다.

'대답도 해결도 구원도 얻지 못한 자들의 목소리', 즉 망자의 무리는 융에게서 반응을 요구했고 《일곱 편의 설교문》이 바로 그 대답이었다.

우리는 왜 신화에 대한 내면적 요구를 경험하는 것일까? 그 이유는 앎에 대한 우리의 욕구뿐 아니라 알려지고 싶어 하는 몰개인적 정신의 욕구에서도 찾을 수 있다. 해답을 찾는 과정에서 우리는 백만 살의 동거인을 찾는다. 하지만 백만 살 된 동거인 역시 우리를 찾아 나선다. 몰개인적 무의식의 차원에서 꾸는 꿈을 생각해 보자. 이 경우 꿈을 꾸는 당사자는 영원성을 띤 이미지들이 '온갖 이미지로 가득 찬 액상 스튜' 속에서 모습을 나타내다 서로 합쳐진 후 사라져가는 광경을 지켜보게 된다. 마치 몰개인적 무의식이 이미지를 생성해내는 부단한 작업을 멈추고 잠시나마 형태를 보전한 상태에서 무의식 자체의 잠재력이 발달하는 모습을 지켜보고 싶어 하는 듯 느껴진다.

그럼 이런 맥락에서 '개체화의 원리'에 관해 논의해 보도록 하자. 있는 그대로의 경험이 결정화 과정을 거쳐 신화가 되려고 하는 성향 뒤에는 스스로를 완성시키려는 자연의 충동이 있을지 모른다. 각각의 부분 부분으로 존재하다가 어느 순간 눈 깜빡할 사이에 하나의 전체로 합쳐진다. 각 부분은 오시리스◦◦¹처럼 따로따로 나뉘어 있다. 그러다 예기치 못하게 이시스◦◦²의 손을 거침으로써 상호관계를 형성한다. 그러므로 전체란 서로 적절한 관계를 형성한 부분 모두와 연관을 갖는다. 이러한 부분들은 어느 순간 불현듯 하나로 합쳐짐으로써 대립인자들이 모인 단일체를 이룬다. 필자의 착각이 아닌 한 이것이 바로 '개체화의 원리'다. 즉 개체가 그 자신이 되고 싶어 하는 성향, 잠재력이 실제가 되게끔 이동시

◦◦1
이집트의 신화에 등장하는 죽음, 부활의 신이다. 왕의 지위를 탐낸 아우의 음모로 살해당한 후 시신이 열네 토막으로 나뉘어 이곳저곳에 버려지는 비운의 인물이다.

◦◦2
오시리스의 누이이자 아내로서 사랑, 생명의 여신이다. 남편의 시신을 모두 수습한 후 노래를 불러 남편을 부활시킨 다음 온전히 장례를 치러줬다고 한다.

프로이트와
이별하다

켜주는 원리인 것이다.

융이 말한 대로 '무의식의 구성요인은 모두 밖으로 발현되길 원한다. 또한 인격도 무의식의 조건으로부터 진화하길 원하며 동시에 스스로를 전일적으로 경험하고 싶어 한다.' 정신은 구현되고 싶어 한다. 정신은 핵심 경험 이상의 것을 원하며 반응을 요구한다. 사실 정신이 요구하는 것은 다름 아닌 관계다. 유령들은 자신의 의사가 전달될 때까지 목청껏 소리를 지른다. 자신들이 바라는 반응을 얻을 때까지 말이다. 러셀 록하트의 지적대로 이들은 '성스러운 것을 육안으로 확인하고 경험할 수 있는 상태로 만들고자 한다. 말로써 설명할 뿐 아니라 실행에 옮길 수 있는 대상으로 만들고자 하는 것이다. …… 그러나 이것은 우리 자신만을 위한 일이 결코 아니다! 성스러운 것은 객관적 정신으로부터 섬광처럼 나타나는데 이는 누구나 체험할 수 있는 일이다. 객관적 정신에서 경험하는 내용과 관련해 우리들 모두가 화자가 되기도 하고 실행자가 되기도 해야 한다. 이것이야말로 우리가 찾고 있던 새로운 발달이라 할 수 있다.'◌◌

살아 있는 신화는 경험의 흩어진 조각들을 한데 모아 서로 관계를 맺어준다. 돌파의 순간, 이들 조각은 느닷없이 스스로를 초월함으로써 의미 없는 별개의 존재라는 한계를 벗어던진다. 그리곤 전체와의 관계 속

◌◌
러셀 록하트, 《영혼은 말한다》 중에서

에서 각자가 지니게 된 의미를 드러낸다. 앞서 말한 대로 융은 다양한 내용의 꿈을 꿨다. 예컨대 선혈이나 어린아이의 놀이가 등장하기도 했다. 또 신화 속 지그프리트가 산을 넘어오거나 살로메가 검은 뱀과 함께 나타나는가 하면 물총새 떼와 융의 여성성이 등장하기도 했고 블랙 북이나 레드 북이 보이기도 했으며 스승 필레몬이 나타나기도 했다. 이 꿈들 모두가 하나의 퍼즐을 이루고 있는 조각인 셈이다. 이와 같은 일련의 경험은 융에게 수수께끼를 안겨준다. 이들 경험은 큰 그림을 파악해내도록 융을 압박한다. 그리하여 문제의 퍼즐이 완성되는 순간 바로 《일곱 편의 설교문》이 탄생했다.

융은 《일곱 편의 설교문》을 집필한 직후 1916년에 자신의 만다라를 처음으로 그려본다. 만다라란 대칭적으로 균형을 이룬 하나의 이미지로서 그 안에서 모든 부분은 전체와 연결된다. 융은 자신의 만다라를 일컬어 '현대인의 만다라'라 칭했다. 융은 대우주에 감싸 안긴 소우주의 모습을 그렸다. 그림의 꼭대기는 날개 달린 알의 형상으로 장식했다. 그리고 맨 밑에는 별의 형상을 그려 넣고 '세상의 주, 아브락사스Abraxas dominus mundi'라는 말을 적었다.

하지만 꿈에 본 내용은 반드시 삶을 통해 실현돼야 한다. 단지 시작일 뿐 끝이 아닌 것이다. 앞서 융이 설명한 대로 모체로의 후퇴가 일어난 이후엔 다시 돌아가는 문제가 대두되기 때문이다. 리비도의 새로운 전진은 융을 외부세계로 이끌었다. 이에 대해 융은 다음과 같이 부언하고 있다. '(문제의) 경험에서 얻은 결과를 현실이라는 토양에 심으려 노력해야 했다. 이렇게 하지 않으면 그 결과들이 타당성을 결여한 주관적 가정으로 남게 되기 때문이다.' 추가적인 노력이 필요한 상황이다. 이러한 경험에 관해 융은 다음과 같이 설명한다. '이미지의 의미를 대충 이해하는 것으로 충분하다고 생각하거나 이 정도 선에서 지식의 지평이 그친다고 생각한다 치자. 이런 생각은 그야말로 크나큰 실수라 할 수 있다. 이미지에 대한 통찰은 윤리적 의무로 전환돼야 한다. 이렇게 하지 않을 경우 힘의 원리에 예속당하고 만다.' 이해만으로는 충분치 못하다. 문제의 경험으로부터 삶의 방식이 도출돼야 하기 때문이다.

《일곱 편의 설교문》은 내면의 기록이라는 관점에선 만족스럽다 할 수 있다. 그러나 외부에 대한 기록이라는 관점에서 볼 땐 여러 면에서 만족스럽지 못하다. '현대의 세계상'에 들어맞을 만한 면모를 갖추고 있지 못하기 때문이다. 필자가 보기에 융의 천재성은 자신의 신화 속 상징이 차례로 소멸함으로써 새로운 이미지와 새로운 '언어'로 재형성되도록 허용하는 능력에서 찾을 수 있지 않나 생각한다. 시간이 흐름에 따라 그가 상대하는 청중은 점점 늘어만 갔다. 기본 패턴에는 변함이 없었지만 그 역시 다른 사람들과 마찬가지로 개인적 신화를 다듬을 가공 공정이 필요해졌다. 플레로마는 어떤 경로를 통해 이러한 가공 공정이 '집단 무의식'

이며 아브락사스가 '자기'이고 각종 신과 여신의 다중성은 '원형'이라는 사실을 알아내기에 이른다. 그렇지만 우리가 극도로 조심하지 않을 경우 종교적 언어가 정신의 언어로 변환되는 과정에서 잃어버리는 부분이 생길 우려가 있다. 융은 말년에 접어들면서 신화적 색채가 강한 어휘에 다시 매달리는 모습을 보였다. 따라서 이 시기 그의 저술을 보면 악마나 근경根莖(뿌리줄기), 2백만 살 된 남자 등의 표현들이 등장한다.

사실 신화를 다듬어가는 지속적 가공 공정이 진행되는 가운데 분석심리학이 상징체계로서 계속 기능할 수 있을지는 장담할 수 없다. 필자 역시《일곱 편의 설교문》이 그 이후에 속속 등장한 '과학적' 형태를 이겨내고 살아남을 가능성에 대해서는 추측을 삼가려 한다.

칼 융의 개인적 신화, 즉 칼 융의 주관적 경험에서 태어난 결실 역시 땅속 깊숙이 뻗어 내린 줄기에 열린 꽃이라는 사실을 필자는 알고 있다. 바로 그 뿌리에서 끊임없이 진화하는 '살아 있는 신화'의 다른 줄기들도 자라나는 것이다.


나는 여기서 목표가 이미 드러났음을 알았다. 누구도 그 중심부를 넘어갈 수 없었다. …… 그곳에서 나의 개인적 신화가 처음으로 그 윤곽을 드러냈다.

…… 당시 일들에 대한 경험과 기록을 과학적 작업이라는 용기 속에서 증

류하기까지 무려 45년의 세월이 걸렸다. 청년 시절 나의 목표는 내가 추구하는 과학에서 나름의 업적을 달성하는 것이었다. 그러나 이와 같은 용암의 물살에 휩쓸려 그 불길이 내뿜는 열기의 영향으로 삶이 변형되고 말았다. 바로 이것이 나로 하여금 탐구에 매진하게 한 주된 요인이다. 그간 내가 저술한 책들도 이처럼 열을 내뿜는 존재를 현대의 세계상에 통합시키려는 노력이 나름 성공을 거둔 결과물이라 할 수 있다.

내면의 이미지를 찾아 헤맸던 지난 세월은 내 인생에서 가장 중요한 시간이었다. 내게 가장 본질적인 일들이 모두 그 시간 속에서 결정됐기 때문이다. 그리고 모든 것이 시작된 것도 바로 그때부터였다. 이후의 세부적 면면은 무의식에서 터져 나와 나를 덮친 존재를 좀 더 보완하고 명료화하는 역할만 할 뿐이다. 이것이야말로 내가 평생에 걸쳐 힘써야 할 제1의 탐구 대상이라 하겠다.

―칼 융, 《기억, 꿈, 회상》 중에서

나는 가늘고 붉은 선을 따라 걷는다. 순간 내 몸이 선 위로 끌어올려 진다. 이제 나는 훨씬 높은 곳에서 내려다볼 수 있게 됐다. 아래를 굽어보니 내가 걸었던 붉은 선이 눈에 들어온다. 그런데 위에서 보니 내 선은 수많은 선들 중 하나에 불과한 것이 아닌가? 다른 선들이 내 선과 서로 연결되고 교차하고 있다. 더 높이 올라가니 모든 선이 거대한 원 안에서 서로 얽혀있는 모습이 눈에 들어온다. 공간 속에서 타오르는 살아 있는 원은 극도로 복잡한 동시에 아름답다. 이제 보니 내 선은 커다란 패턴을 구성하는 여러 개의 선들 중 하나일 뿐이다. 나는 드디어 알게 된다. 내가 원의 중심을 향해 걸어가고 있었다는 사실을. 그러자 다음 순간 내가 그동안 갈구했던 인지가 내 손에 들어온다. 나는 깨닫는다. '이것이 내 삶'이라는 사실을 말이다. 그렇기에 그토록 친숙하게 느껴졌던 것이다.

# 치유를
# 위한
# 신화

# 7

## 무의식에게 손 내밀기

과연 우리는 신화 속에서 살아가고 있는가? 정신과의 관계가 생생하게
살아 있는 가운데 그 관계 속에서 살아가고 있는가? 우리는 자문하고, 또
자신이 처한 상황과 직면할 필요가 있다. 그렇다면 우리가 현재 처해 있
는 상황은 어떤 맥락, 어떤 정황 속에 자리하고 있는가? 에드워드 F. 에딘
저Edward F. Edinger는 이렇게 설명하고 있다.

역사와 인류학에서는 다음과 같이 가르친다. 인간사회의 경우 구성원의 정신이 그 사회의 살아 있는 중추적 신화 속에 예속되지 않는 한 사회는 오랫동안 존속하지 못한다. 이러한 신화는 개개인에게 존재 이유를 부여한다. 이와 같은 신화는 인간 존재에 관한 궁극적 의문에 대해 사회구성원 중 지적발달 수준과 변별력 면에서 가장 탁월한 계층조차 흡족해할 해답을 제시한다. 창의적이고 지적인 소수가 이러한 기성 신화와 조화를 이룬다면 사회의 여타 계층도 그 뒤를 따를 것이다. 또한 이를 통해 삶의 의미에 대한 운명론적 의문과 맞닥뜨릴 위험을 피할 수 있게 될지 모른다.

생각이 있는 사람이라면 누구나 서구사회에서 더 이상 제 기능을 발휘하는 존속 가능한 신화를 찾아볼 수 없다는 사실에 공감할 것이다. 기실 오늘날 세계의 모든 문화가 이와 같은 신화부재 상태에 가까워지고 있다. …… 의미는 실종됐다. 대신 원시적인 격세유전의 내용이 재활성화되고 있다. 분화된 가치는 사라지고 힘과 쾌락에 의한 원초적 동기가 그 자리를 차지한다. 이도 저도 아닐 경우 개인은 허무와 절망에 내몰린다. 신神이라는 초개인적 실재에 대한 인식이 자취를 감추자 개인적 욕구들만이 각축을 벌이는 무정부 상태가 인간의 내면은 물론 외부의 현실에서도 두드러지게 나타나고 있다. 중추적 신화의 상실은 실로 종말론의 예견에 비견할 만한 상황을 야기했는데 바로 이 상황이 현대인이 처한 현실이다.

— 《의식의 생성》 중에서

정신건강은 갖가지 개인적 문제를 해결하는 것 이상의 기능을 발휘한다. 우리는 바로 이 점을 다시 학습할 필요가 있다. 심리치료에 있어서 치료가 이뤄지는 문화적 정황은 환자의 개인사만큼 중요하다. 사실 문화적 정황은 개인사에서 이미 상당한 비중을 차지하고 있는 구성요소다. 치료가 이뤄지는 병원이 어디에 위치해 있든, 빈민가든 교외 지역이든 아니면 맨해튼의 상류층 주거지구에 있든 상관없이 문화적 정황의 작용이 미치지 않는 곳은 없다. 정신건강 역시 라이프스타일과 연관성을 갖기 때문이다. 바로 여기에서 신화적 문제가 발생한다.

우선 정신과의 기능적 관계에 대한 논의로 다시 돌아가 보자. 살아 있는 신화는 휘하의 여러 상징을 통해 삶의 방식을 제공한다. 이렇게 제공된 삶의 방식은 인간 정신의 기본적 요구 조건을 충족시킨다. 신체가 단백질, 탄수화물, 지방 등을 필요로 하듯 마찬가지로 정신도 많은 양의 구성요소를 필요로 한다. 이런 요소(영양분)들은 정신을 구성하는 각종 기관이 전체 시스템을 조절하는 데 소모된다. 또한 신체와 마찬가지로 정신도 각기 다른 환경과 각기 다른 음식 종류에 대해 적응해 나간다. 그러므로 제 기능을 하는 종교적 신화는 정신의 식단 메뉴판과 같다 볼 수 있다. 이러한 식단 차림표를 통해 우리는 자신의 영혼에 적절히 영양분을 공급하려면 어떤 음식을 먹어야 할지 판단한다. 음식이 그러하듯 종교적 신화 역시 수많은 세대에 걸친 작업 속에서 진화해온 것으로, 문화에 토

프로이트와
이별하다

대를 둔다. 바로 이런 모습이 기능적 관계의 종착점이며 정신건강에 이바지하는 라이프스타일의 귀결점이다.

그러나 오늘날 우리의 문화에선 식이조절의 면모를 거의 찾아볼 수 없다. 신화적인 식단 계획표가 실종된 셈이다. 현재 우리는 음식물로 빼곡히 채워진 메뉴판을 들고도 굶주림에 떨어야 하는, 그야말로 있을 법 하지 않은 상황에 처해 있다. 왜일까? 우리 스스로 뭘 먹어야 할지 올바른 결정을 내리는 법을 도통 모르기 때문이다. 이러한 허기의 이미지는 꿈, 영화, 문학, 심리치료를 막론하고 점점 더 보편적으로 나타나고 있다. 더 나아가 이제는 허기 차원을 넘어 굶주림이나 박탈의 이미지가 대두되는 실정이다. 이런 상황에서 우리는 다음과 같은 질문을 던지게 된다. 인스턴트 식품이 판을 치는 정황에서 심리치료가 어떻게 제대로 된 영양분을 공급해줄 수 있겠는가? 또한 문화가 분절된 정황에서 심리치료를 통한 정신건강을 과연 어디에서 찾을 수 있겠는가?

심리치료는 라이프스타일의 정황 속에서 이뤄진다. 그러므로 신화적 차원의 문제가 불가피하게 초래된다. 필자의 경험으로 미루어 볼 때 심리치료가 성공을 거두려면 반드시 환자 자신이 다음과 같은 자문 과정을 거쳐야 한다. 이제 지금까지 살아온 방식대로 살 수 없게 됐다고 치자. 그렇다면 앞으로 나는 어떻게 살아야 하나? 이것은 신화적 질문임에 틀림없다. 그리고 바로 이 부분에서 심리치료가 위기에 봉착한다. 어떻게 살아야 하느냐는 문제에 직면하는 순간 우리에게 살아 있는 신화가 없다면 어떻게 될까? 우리는 버텨낼 수 없는 상황에 처하게 된다. 우리 삶의 근간이 될 '해야 한다'라는 절대 명제가 없어짐으로써 우리에겐 '할 수도 있다'는 가능성만 남는다. 이런 경우 자신의 잠재력을 실현하도록 이끌어줄 '가능성'이 보이는 대상이 있으면, 그 언저리에 계속 머물 수밖에 없다. 그 결과 우리의 자아는 삶의 방식을 선택해야 하는 불편한 처지에 놓인다. 아니 좀 더 강하게 말하자면 삶의 방식을 선택해야 하는 변칙적 상황에 처하게 된다. 실제로 필자에게서 심리치료를 받은 환자들로부터도 이러한 문제가 발견된다. 이 모든 상황을 파악하기 위해 애쓰다가 그로 인해 현 상태에서 옴짝달싹 못하는 불안지경에 다다르는 문제에 부딪친다는 점에서 치료를 담당한 필자 역시 예외는 아니다.

한 마디로, 제대로 파악만 할 수 있다면 의미 있는 삶을 살 수 있으리라는 생각이 찾아드는 것이다. 그릇될 결정을 내릴 경우 기회는 사라지고 제대로 파악했다는 확신, 그것도 100%의 확신이 들어야만 한다. '정보만 조금 더 있다면 성공할 수 있을 텐데.' 따라서 확신이 들 때까진 움직이지 않기로 한다.

'할 수도 있다'는 가능성은 우리의 자아로 하여금 불합리한 결정에 당면하게 한다. 삶의 방식, 즉 개체화는 비이성적 속성을 띠기 때문이다. 일찍이 융이 이성적 기능(수학의 유리함수)이라 불렀던 사고와 감정(가치

판단)은 신화적 문제에 별다른 도움이 되지 못한다. 어떻게 살 것인가란 문제는 개인의 일생보다 더 큰 차원의 문제다. 그렇기 때문에 이 문제는 무수한 세대에 걸친 지속적 가공공정을 필요로 한다. 이러한 가공 과정을 거쳐야만 이른바 종교로 결정화될 수 있다.

우리는 다음과 같은 문제를 안고 있다. '해야 한다'의 내용이 무엇인지 잘 듣지 못한다는 점이다. 오늘날 우리는 문화적 신화가 죽어가는 시대에 살고 있다. 먼 옛날 '해야 한다'의 절대명제는 문화적 신화는 물론 종교적 금기나 금지사항에 포함돼 있었다. 하지만 수 세기 전부터 우리는 이른바 '의심의 해석'과 공존하게 되었다. 우리 자신의 문화적, 역사적 상대성에 대한 인식 수준이 극도로 높아졌고 그 결과 그간의 권위에 대한 주장이 나타날 때마다 한결같이 의심의 대상이 됐다. 이런 상황에서 '해야 한다'는 '하면 좋을 텐데'나 '해야 할지도 모른다' 정도로 그 절대성이 퇴색했다. 가령 십계명은 이제 열 가지 계율이 아니라 열 가지 제안쯤으로 받아들여지고 있다. 이처럼 끊임없는 의심 속에서 우리는 외부로부터 발원하는 절대명제라면 무조건 거부하려 든다. 발원처가 어디든 상관없다. 설령 부모나 원로, 종교, 제도, 도덕, 가치, 교리라 하더라도 말이다. 우리에게 왕은 더 이상 존재하지 않는다. 왕은 죽었다.

신화가 제 구실을 못할 때, 정신과의 관계가 제 기능을 하지 못할 때 우리는 정신에게로 되 던져진다. 문화적 정황이 이 상태에 다다를 경우 우리는 각자의 내면에 존재하는 '해야 한다'를 듣는 법부터 배워야만 한다. 실상 내면의 권위 또한 거의 남아 있지 않지만 별 다른 수가 없다. 우리는 각자의 내면에 존재하는 '해야 한다'를 참아내는 법을 배워야 한다.

정신과의 기능적 관계는 우리에게 일정 규칙을 제정해준다. 물론 그 관계가 제대로 기능하고 있을 경우에 한해서 말이다. 예컨대 한 남성이 꿈을 꿨다. 그는 도서관에 가서 50대의 여성을 만난다. 그 여성은 정신분석가 겸 작가인데 그와 초면이다. 이 여성은 '많은 사람들이 걸어간 길에서 벗어난' 이야기를 찾고 있는 중이다. 여성은 그에게 직설적 어조로 조언을 건넨다. 그가 지나치게 이성에만 의존해 살아가고 있으며 스스로의 삶의 방향에 대해 비판적이라고 말이다. 이 말을 듣고 그는 눈물이 난다. 그러자 여자가 물어온다. 삶을 택할 것인지 죽음을 택할 것인지. 남자에게 너무나 심각한 질문이다. 생사에 관한 문제이기 때문이다. 한참이 지나서야 남자는 삶을 택하겠노라 답한다. 그렇지만 삶이 어디로 향할지 알 수 없기에 솔직히 두렵노라 털어놓는다. 이 말을 들은 여자는 홀로 깊이 생각에 잠긴 듯 싶다가 별안간 흐느끼기 시작한다. 순간 남자는 여자가 찾고 있던 이야기가 그녀의 마음속에서 윤곽을 잡았으며 후일 그녀의 손으로 쓰일 거라는 사실을 깨닫는다. 꿈을 꾸고 난 후 남자는 그녀가 쓰게 될 이야기가 바로 남자 자신이 결정을 내린 후 펼쳐질 스스로의 삶에 대한 이야기라 느낀다.

다음과 같은 꿈을 꾼 남성도 있다. 차를 몰고 마을을 지나가다 그곳의 어느 가정에서 하룻밤을 묵게 됐다. 힘깨나 쓸 법한 체구에 턱수염을 기른 농부가 거대한 도토리 같은 것을 갈퀴질하고 있다. 농부는 양배추를 갈퀴질하고 있노라 설명한다. 그는 인근 농장에 살고 있는데 이 집 식구들을 위해 농장 일을 거들어준단다. 지금 그들이 있는 곳은 오하이오 주이고, 농부는 경작 중인 농작물에 대해 설명한다. 그들은 계속 얘기를 나누다가 집안으로 들어갔는데 마침 그 집 엄마가 아들을 위해 도시락을 싸고 있다. 그때 농부가 그(꿈을 꾼 남자)를 불러 세우더니 이렇게 말한다. "당신의 상황에 대해 곰곰이 생각해봤소. 내가 보기에 당신이 제일 먼저 할 일은……"(그리고는 꿈을 꾼 남성이 처한 상황을 상대로 직접 얘기를 이어간다.) 그렇다면 꿈속에 여성 정신분석가나 늙은 농부의 이미지로 나타난 존재는 과연 누구일까? 다름 아닌 우리가 아는 존재, 백만 살의 동거인이다. 이를 통해 정신은 길을 제시해준 것이다.

정신에게 필요한 게 무엇인지는 정신만이 안다. 정신은 마치 살아 있는 지도처럼 개인이 그간 정찰해온 모든 길을 낱낱이 기억한다. 그 길이 개인이 실제로 따라 가본 길이라면 말이다. 그리고 이 길들은 필요에 의해 자신들을 더 멀리 데려가야 할 존재가 나타나길 기다린다. 바로 이 대목에서 '해야 한다'가 돌아온다. 반면 결정은 설 자리를 잃는다. 필요는 개인에게 일정 방향을 따르도록 강제한다. 개인은 자신이 영위해야 할 삶을 살게 된다. 그렇지 않으면 병이 들고 만다.


## 당신의 영혼이 필요로 하는 것

필자의 소견으로는, 정신건강 측면에서 인격에는 핵심 부분이 있어 분열된 인격 중 진정한 '자기'와 호응한다. 이러한 핵심 부분은 지각 대상으로 구성된 세계와 소통하지 않는다. 또한 개인은 이와 같은 핵심 부분이 외부 현실과 소통하거나 외부 현실로부터 영향을 받아서는 안 된다는 사실을 인식하고 있다…… 건강한 정신의 소유자라면 소통에 참여하고 소통을 즐기는 것도 사실이지만 다음과 같은 진실 또한 인정해야 한다. 즉 개개인은 고립돼 있으며 영원히 소통하지 않는 존재, 영원한 미지의 존재, 영원히 찾아낼 수 없는 존재라는 점을 말이다.

이처럼 각박한 진실은 우리의 삶과 생활에서 문화적 경험 전반에 걸친 공유를 통해 어느 정도 완화된다. 개개인의 중심부에는 소통 불가능한 요소가 있는데 이 요소는 신성하다. 더불어 이 요소는 보존 가치가 가장 높다.

최상의 여건에서 성장이 이뤄지면서 아이는 이제 소통에 있어 세 가지 통화선을 보유하게 된다. 우선 첫 번째는 영원히 불통상태로 남을 선이다. 그리고 두 번째는 소통이 명확하면서 간접적이고 유쾌하게 이뤄질 선이다. 끝으로 세 번째 선에는 제3의 소통형태, 중간적 소통형태가 등장한다. 중간적 소통형태란 모든 종류의 문화적 경험과 융화를 이루는 상태로부터 은근히 이탈하는 소통유형을 지칭한다.

—D. W. 위니코트, 《소통과 소통 불가의 마주 보기》 중에서


우리는 상상이 삶에서 어떤 역할을 담당하는지 충분히 인식하지 못하고 있다. 물론 상상은 유년기에 중대한 역할을 수행한다. 가령 어린 시절 끼고 다녔던 담요, '살아 있는 것'처럼 느껴졌던 인형이나 장난감, 소년기 때 머릿속에 떠올랐던 복잡한 환상들(상상 속의 모험, 게임, 정체성), 사춘기 시절 맘속에 품었던 강력한 열망들을 상기해 보면 알 수 있는 사실이다. 흔히 우리는 이런 상상을 유년시절이라는 과거 속에 남겨둔 채 멀리 떠나왔다고 생각한다. 하지만 실상은 다르다. 상상은 현재 우리 삶의 모든 측면에 빠짐없이 스며들어 있다. 만약 어떤 여성이 의사가 됐다면 아마도 예전에 의사가 되는 환상을 찾아낸 적이 있을 것이다. 사제가 된 남성이 있다 치자. 이 남성도 예전에 사제가 되는 환상을 찾아냈을 것이다. 특정한 직업, 특정한 소명이 에너지를 띠고 개인이 그 일에 헌신한다면 아침에 일어난 개인은 출근을 한다기보다 자신의 환상 속으로 일탈한다고 볼 수 있다. 이런 경우 개인에게 가장 진짜처럼 느껴지는 일은 실제 직무가 이뤄지는 객관적 여건보다는 상상의 일 쪽이라 하겠다.(이와 관련해 위의 위니코트 인용 부분을 참조하기 바란다.) 다시 말해 외부의 삶을 '진

짜'처럼 느끼게 만들어주는 주관적 정황이 존재한다. 그리고 이러한 주관적 정황이 곧 내면의 환상요소인 것이다. 이처럼 미묘한 중간지대에 특정 존재, 즉 살아있으며 충족적인 존재가 깃든다. 만사가 두루 잘 풀릴 경우, 중간지대에서는 환상과 실재가 나란히 공존한다. 그러나 모든 일이 언제나 잘 풀릴 수만은 없는 노릇이다. 그 결과 부득이하게 환상과 사실 간의 연결고리가 끊기고 만다. 짐작컨대 마흔 살에 접어들어 한층 경직된 '현실'과 마주하면서 그 연결이 와해되는 것일 게다. 아니면 어린 시절 이미 연결에 손상이 생겼을지 모른다. 그도 아니면 연결 자체를 시도해 본 적이 아예 없었을 수도 있다.

그러나 환상과 사실 간의 연결은 중요하다. 일찍이 자아와 자기 사이의 관계에 대해 언급할 당시 융이 염두에 두고 있던 것은 바로 이러한 연결이었다. 위니코트 역시 진정한 자아(거짓된 자아의 반대 개념)에 대해 거론할 때 이러한 연결을 염두에 두고 있었다. 정신발달의 중요요소 중 하나가 바로 잠재력과 실재 간의 연결고리다. 이는 다시 말해 꿈과 생활을 잇는 연결고리, 상상하는 '자기'와 세상 속의 '자기'를 이어주는 연결고리다. 이러한 연결고리는 상상을 통해 만들어지며, 또한 놀이를 통해 만들어진다.

따라서 '자기'의 세 가지 측면이 드러난다. 첫째, 미지의 자기가 드러난다. 마음속 어딘가에 핵심부, 불꽃, 씨앗, 중심, 단일점이 있어 이로부터 발달이 전개된다. 위니코트에 의하면 '개개인의 중심부에는 소통 불가능한 incommunicado 요소가 있는데 이 요소는 신성하다. 더불어 이 요소는 보존 가치가 가장 높다'고 한다. 한편 융은 '자기'가 정신양精神樣○○[1]의 영역, 즉 하나의 세계unus mundus○○[2]에서 유래한다고 주장했다. 시공의 제약을 받지 않는 '4차원'의 현실에서 유래한다는 뜻이다. 한 마디로 개인의 '천재성', 즉 '낳게 하는 사람'에서 연유한다는 것이다. 이처럼 미지의 자기는 형태를 갖추기 전의 잠재적 양태라 할 수 있다.

둘째, 놀이하는 '자기'가 존재한다. 위니코트는 이를 일러 '과도적 자기'라 명명했다. 이러한 자기는 핵심부로 향하는 창을 제공한다. 놀이하는 자기는 발달을 거치고 남은 강렬함의 잔여분으로부터 형성된다. 필요·좌절·박탈·고통뿐 아니라 욕구·결핍·흥미·열망 등을 경험하는 '나'로부터 형성되는 것이다. 앞서 언급한 경우에서 보듯 의사가 되는 환상이 일자 여성은 자신의 소명으로 '부름'을 받게 된다. 여성은 내면의 강렬함을 좇아 외부의 삶으로 나아가 심각한 놀이에 끼게 된다. 개인적 신화에 참여하는 것이다. 그녀는 자신의 놀이가 용인되고 있음을 느끼

○○[1]
집단 무의식의 다른 표현이며 '정신'을 물리적 개념으로 설명하고자 융이 사용한 용어.

○○[2]
기저를 이루는 단일화된 현실을 가리키는 개념으로 모든 것이 여기에서 나오고 여기로 돌아간다고 한다. 16세기 연금술사인 파라셀수스의 제자 게르하르트 도른이 이미 사용한 바 있으나 융에 이르러 비로소 대중화됐다.

고, 이로 인해 자신의 마음과 영혼을 온전히 드러낼 수 있을 만큼 안전하다고 여기게 된다. 이 같은 현상이 가능한 것은 바로 기본적인 신뢰 덕분으로, 내면의 이미지와 외부의 사실 사이에 공명이 일어나기 때문이다.

많은 경우 놀이하는 '자기'는 '내면의 아이'와 동일시되곤 한다. 만약 상상을 과거 시간 속의 아이라는 개념에 한정시킨다면 매년 새록새록 살아있다고 느낄 기회를 놓칠 수밖에 없다. 이러한 생명력의 느낌은 놀이하는 '자기'의 창조적 역량으로부터 기원한다. 심리치료 과정에서 사람들이 찾아내는 내면의 아이가 놀이 중인 아이와 사뭇 별리別離된 상태일 때가 종종 있다. 신화적 견지에서 볼 때 이러한 내면의 아이는 성스러운 아이의 이미지, 잠재력 진화의 매개가 되는 아이의 이미지에 더 근접하다. 따라서 개인 삶의 전 시기에 걸쳐 과거로부터 온 내면의 아이는 놀이 중인 '자기'만큼 큰 비중을 차지하진 않는다. 사실 성인의 생활에서 놀이하는 '자기'는 그 비중을 상쇄할 만큼 크나큰 문젯거리로 작용하고 있다.(관점에 따라서는 차지하는 비중보다 문제적 측면이 더 크다고 볼지도 모를 일이다.)

셋째, 적응한 '자기'를 살펴보자. 적응한 자기는 개인사에서의 '자기', 중재를 거친 '자기'다. 자아는 시간을 통해 스스로를 인식하는 인격의 일부분으로 간주할 수 있다. 앞서 사례로 든 여의사를 떠올려보자. 그녀는 의대에서 객관적 사실에 접근하는 법을 습득했으며, 의학적 증거에 입각해 진단을 내리는 의사다. 그녀는 약속을 지키고 집세도 꼬박꼬박 내며 아이 양육 문제로 고민하는 생활인이다. 아침에 출근했다 저녁이면 귀가하는 일상 속에서 가끔 휴가 계획을 짜느라 고심하기도 한다. 이 모든 일상의 면면을 그녀는 알고 있다. 그러나 그녀의 개인사에는 본인이 거의 의식하지 못하고 있는 측면 역시 존재한다. 이와 같은 측면은 심리치료 과정에서 깨닫게 되는 수가 많다. 이 여성의 경우 자아 또한 그녀가 스스로를 보호하는 방식, 그녀가 지키는 경계선과 관련성을 갖는다.

이제까지 살펴본 세 가지 유형 즉 미지의 '자기', 놀이하는 '자기', 적응한 '자기' 모두가 중요한 존재다. 융의 방식대로 구분하자면 이는 자기, 자아, 자기와 자아를 묶는 실—다시 말해 '개체화'로 대체할 수 있을 것이다. 심리치료는 신화 및 환상의 문제와 교차하는데 이러한 교차는 정확히 중간지대인 놀이하는 자기의 영역에서 일어난다. 놀이하는 자기에게서 가장 흔하게 나타나는 두 가지 문제는 물러남withdrawal과 우울에 관련된 것이다.

놀이하는 자기는 삶의 방식에서 놀랄 만큼 취약한 모습을 보인다. 예전 시대에는 의식과 신화가 자리를 지킴으로써 놀이하는 자기가 용인될 수 있는 공간을 보호해줬다. 블랙엘크의 경우 자신의 선견 내용을 발설할 만큼 타인에게 믿음이 가지 않는다고 느낀 순간 물러남의 위험에 직면했다. 이때 블랙로드가 당부한다. "너는 네 소임을 다해야 한다. 지상에 살고 있는 네 부족을 위해 네가 본 내용을 의식으로 만들어 보여줘야 한다. 그렇게 하지 않는다면 필시 아주 나쁜 일을 겪게 될 것이다." 다시 말해 당시 블랙엘크는 자신이 신뢰할 수 있는 문화적 용인을 발견한 것이다. 그의 내면에 깃든 놀이하는 자기에 대한 문화적 용인을 말이다.

이는 정신분열적 유형의 딜레마라 할 수 있다. 놀이하는 자기가 모습을 드러낼지 말지는 당사자가 자신을 둘러싼 환경으로부터 '자기'에 대한 용인을 받을 것인지 말지에 대한 믿음에 따라 결정된다. 여의사는 과거의 아이로 돌아가 놀이와 집중에 푹 빠져 있다. 지금 과도적 상태에서 스스로 살아있다는 느낌을 받는다. 어떤 의미에서 그녀는 자기 자신에 가장 가까운 상태에 있으며 자율성을 마음껏 발휘하고 있다. 이때 결정적 순간이 도래한다. 그녀의 아버지 또는 어머니가 방에 들어온 것이다. 과연 어떤 일이 벌어질까? 여러 가지 가능성이 있다. 우선 그녀의 아버지 역시 자신이 읽고 있던 책에 대한 생각들로 유희를 즐기며 집중의 내면 세계에 빠져있을 수 있다. 이런 경우 병렬적 놀이가 시작된다. 다음으로는 그녀가 기대에 찬 시선으로 아버지를 올려다봄으로써 아버지가 곧 그녀를 따라할 수 있다. 이런 경우 반사가 이뤄진다 하겠다. 끝으로 아버지가 이젠 책을 내려놓고 아이가 일러주는 대로 아이의 게임에 참여할 시간이라는 사실을 정확히 직감할 수도 있다. 또한 그녀가 다시 혼자 놀고 싶어 하는 순간이 오면 아버지는 선뜻 자리를 비켜준다. 이런 경우 동참이 일어난다 할 수 있다. 놀이하는 자기가 기로에 서는 순간마다 아이는 믿음 속에서 자신의 놀이하는 자기가 용인 받는 경험을 거듭하게 된다. 공유의 대상으로, 모습을 드러내고 존중 받을 수 있는 대상으로 인정받는 경험을 되풀이하는 것이다. 물론 먼 훗날 그녀에겐 좌절의 순간도 찾아올 것이다. 그때가 되면 놀이하는 자기를 보호하기 위해 자아를 구축할 것이다. 그러나 적어도 살아있다는 느낌만은 사라지지 않고 함께 할 것이다.

결정적 순간에 다음과 같은 사태가 벌어진다면 어떻게 될까? 가령 그녀가 노는 모습을 본 아버지가 아이 홀로 자신만의 세계에 빠져있음을 눈치 챈다고 가정해 보자. 만약 이 사실을 참아 넘기지 못하는 아버지라면 이내 아이의 놀이를 방해하고 분위기를 깰 것이다. 반면 아이가 아버지를 올려다봤을 때 아버지가 냉담하게 침묵한 채 책만 읽고 있다면 아이는 어떻게 행동할까? 아버지가 책에서 눈을 들어 자신을 봐줄 때까지 아버지가 좋아할 만한 방식으로 춤을 춰야 할 것이다. 그렇다면 이런 경우는 어떨까? 아버지가 바닥에 주저앉아 아이의 게임에 동참하다가 어느 순간부터 자신이 게임에 몰입해 버리는 상황이 벌어진다면? 이런 경우 아이가 혼자 놀고 싶어 하더라도 아버지는 게임에서 비켜날 생각을 하지 않는다. 이 또한 아이에겐 형용할 수 없는 고통이 된다. 따라서 아이는 물러난다. 아이 속의 놀이하는 자기가 관계의 장場으로부터 완전히 물러나는 것이다. 그리고 아이는 그 이후로 주위에 사람이 있을 경우엔 절대로 놀이를 하려 들지 않는다. 마치 거울에 비친 공처럼 환상의 삶이 환상의 삶 스스로를 감싸버린다. 이제부터 그녀가 세상에 드러내는 모습은 세상이 자신에게서 원하거나 필요로 하거나 요구한다고 생각되는 모습의 반사체일 뿐이다. 그녀는 순응적 태도를 갖게 되는데 많은 경우 기꺼운 마음에서 우러나오는 것처럼 보인다. 이 과정에서 그녀는 세상의 고정관념을 충족시킬 만한 모습, 즉 자신의 복제본을 구비하게 되는데 그 수가 고작 3~4개에 불과할 수 있다. 이와 같은 그녀의 복제본은 상황별 관계 패턴에 따라 번갈아 모습을 드러낸다. 만일 그녀가 영리하다면 거울의 조정상태가 너무나 훌륭해서 사람들이 찾고자 하는 모습을 거의 완벽하게 재현해 비쳐주게 된다. 하지만 그녀가 만들어낸 이런 복제본의 식상함에 불쾌감을 드러내는 사람과 마주친다면 어떻게 될까? 아니, 그녀로 하여금 상대방이 원하는 바를 파악할 수 있도록 빠른 시간 내에 신호를 내보내지 않는 사람과 마주친다면 어떻게 될까? 그녀는 어김없이 공황상태에 빠지고는 다시 '자기'를 추슬러 수습하는 데 상당한 시간을 필요로 할 것이다.

이와 같은 물러남의 사례에서 우리 앞에 나타나는 것은 자아라기보는 매우 정교한 반응체계라 할 수 있다. 여의사는 의사가 돼서 환자를 치료하고 돈을 벌며 가정을 꾸릴 수도 있지만 아무런 즐거움도 느끼지 못하는 상태에 자주 빠져들게 될 것이다. 위니코트의 설명대로 그녀는 '살아 있다는 기분'을 맛보지 못할 것이다. 이런 상황이 그녀에게 문제가 될지 안 될지는 그녀 자신이 얼마나 많이 물러나 있는가에 달려있다. 대부분의 경우 이런 상황을 문제로 받아들이는 쪽은 '그녀'가 아니다. 그녀의 복제본이다. 이처럼 그녀가 세상에 드러내는 모습은 위니코트의 말대로 '거짓된 자기'일 뿐이다.

이런 현상은 상상의 상실이 빚은 한 단면이자 '영혼의 상실'이 취하는 한 가지 형태다. 놀이하는 '자기'가 동굴 깊숙이 물러남으로써 발달은 전면 중단상태에 이른다. 거의 아무 것도 실현되지 못한다. 사실 이런 경우 실제의 자기도 아직 완전히 발달되지 못한 상태일 때가 많다. 내면의 삶과 환상의 소재는 너무나도 풍부하지만 좀처럼 밖으로 표출되거나 타인과 공유되지 못한다. 더욱이 외부의 삶에서 구현될 가능성은 더 희박하다. 생텍쥐페리의 《어린 왕자》는 이러한 물러남의 문제를 예리하게 통찰하고 있다.

어린 왕자는 소행성에서 홀로 살아간다. 그러다 천신만고 끝에 간신히 지구에 도착한다. 어린 왕자는 여우와의 짧은 관계에서조차 자신의 근거를 찾지 못하고 결국 소행성으로 돌아가고자 한다. 이 경우 상상의 실패는 외향적 측면에서 일어난다 볼 수 있다. 놀이하는 자기가 적응한 자기와 연계를 이루지 못하므로 개인이 외부의 삶을 경험할 때 '죽은' 것처럼 느끼는 것이다. 심리치료의 과제는 환경에 대해 신뢰감을 되살리는 데 있다. 위니코트의 저작으로 미루어보건대 대체로 이와 같은 상황을 염두에 두고 있었음이 분명하다.

그렇다면 등식의 반대쪽은 어떠할까? 그것은 판이한 방식으로 작동한다. 상상의 실패가 외향적 측면에서 일어날 때 우리는 물러남보다는 우울증세를 겪게 된다. 이런 상황에서 개인은 내면의 삶을 경험할 때 '죽은' 것처럼 느낀다. '적응한 자기', '자아'는 '놀이하는 자기'와의 관계를 잃는다. 이는 영혼의 상실에서 나타나는 또 다른 측면이다. 이와 같은 경우 심리치료 과정은 주관적 강렬함에 대한 감각을 되살리는 데 주안점을 둔다. 바로 이런 종류의 상황이야말로 일찍이 융이 염두에 뒀던 바다. 즉 융이 염두에 뒀던 것은 다름 아닌 '정신의 현실'에 대한 경험이었다.

일단 우울감이 여러 형태로 발현될 수 있다는 사실부터 밝혀둬야겠다. 예컨대 울증의 종류는 반동적 울증, 내인성 울증, 정신병적 울증, 위장된 울증, 조증을 동반한 울증, 불안성 울증 등으로 다양하다. 더불어 우울감은 병적 징후인 동시에 인격유형이기도 하다는 점 또한 지적할 필요가 있다.

이제 여의사의 이야기로 돌아가 보자. 그녀는 다시 어린 시절의 '놀이하는 자기'의 모습으로 돌아가 있다. 그녀는 인형놀이를 하고 공원에서 그네를 타며 뒷마당 흙을 헤집어놓기도 한다. 놀이하는 자기에서 중요하게 생각할 측면이 있다면 다름 아닌 다차원성이다. 놀이는 결코 배타성을 띠지 않는다. 놀이에 집중한다는 것은 다시 말해 놀이라는 수단을 통해 놀이의 순간에 강렬하게 몰두하고 있다는 뜻이다. 그러나 강렬함이 소진됨에 따라 집중력도 사라지고, 언젠가 또 다시 찾아올 강렬함의 폭발을 맞이하고자 열린 마음으로 기다리게 된다. 그런데 만약 여의사가 (자율적으로) 인형놀이 하고 있는 모습을 부모에게 들킨다면 그리고 부모가 그녀의 행동을 고스란히 따라한다면 운명은 뒤바뀌게 된다. 다음 날 아침 부모는 그녀에게 이렇게 묻는다. "인형놀이 하고 싶지 않니?" 그녀는 내심 그네를 타며 놀고 싶지만 그렇게 했다간 자율성에 대한 부모의 용인을 얻지 못할 거란 생각이 든다. 이때 부모가 재차 "인형놀이 하고 싶지 않니?" 라고 물어온다. 그녀는 지금 자신 앞에 하나의 접근방식, 일련의 기대가 제시되고 있음을 깨닫는다. 그리고 마침내 그녀는 이에 순응함으로써 자신이 필요로 하는 것을 부모로부터 일관되게 얻는 데 성공한다. 다만 여기엔 단서가 하나 붙는데, 부모 측의 조건에 따라야만 하며 부모의 방식을 쫓아야만 한다는 것이다. 다시 말해 그녀가 필요로 하는 바를 얻기 위해서는 그녀의 순응이 전제돼야 한다는 뜻이다. 이렇게 해서 그녀의 경험은 자신 안에서 감지되는 강렬함의 느낌으로부터 돌아서 부모로부터 '얻는 것' 쪽으로 선회한다. '일반적으로 삶에 대한 그들(부모)의 태도는 아이의 마음속에 일찌감치 의무감과 책임감을 일깨워주는

경향이 있다. 즉 획득한 것은 그만큼 소중히 여겨야 한다는 생각을 심어 주는 것이다.'⌒⌒

물론 우리 모두는 갖가지 기대에 적응해나갈 수밖에 없다. 우리에게 주어지는 것과 우리 스스로 얻어야 하는 것에 타협해가야 한다. 그렇다면 우울 성향은 어디에서 기인할까? 만족의 근원지가 내면의 경험에서 외부의 보상으로 옮겨간 상태에다 일관되게 단일한 접근방식까지 더해짐으로써 우울 성향이 촉발된다. 또한 그로 인해 일정한 경직성, 편파성, 과도한 집중 성향 등이 나타난다. 놀이하는 자기는 자취를 감추고, 만족감은 적응한 자기 쪽으로 이동한다.

> (부모는) 환자를 이후에 나타나는 패턴에 예속시킨다. 이러한 후속 패턴은 환자로 하여금 슬픔의 치유작업을 수행하기 어렵게 만든다. 그 결과 환자가 성인기에 접어들면 간헐적으로 우울증세가 발병할 확률이 높아진다. 대부분의 경우 환자는 어린아이로서 다음과 같은 믿음을 지녔었다. 즉 순응과 복종, 근면뿐 아니라 목표 달성을 위한 전력투구를 통해 사랑과 인정, 배려를 다시 획득할 수 있다고 말이다. 여기에서 목표란 예컨대 뛰어난 사람이나 지도자, 배우, 위대한 연인 등이 되는 것을 의미한다. …… 초기 단

⌒⌒
실바노 아리에티, 《중증 우울증과 경증 우울감》 중에서

프로이트와
이별하다

계에서 이러한 패턴은 자신에게 중요한 의미를 지니는 타인을 기쁘게 하거나 그의 마음에 들기 위해 발달됐다. 하지만 이내 그 자체가 목적이 돼버린다. 자신에게 중요한 존재였던 상대는 어느덧 그 자리에서 밀려나고 중요한 목표가 점차 그 자리를 대신한다. 그 결과 환자는 오로지 이 목표만을 위해 살게 됐다. 그의 자존감과 삶의 이유가 오직 이 목표의 달성 여부에 좌우되기에 이른 것이다.

—실바노 아리에티, 《중증 우울증과 경증 우울감》 중에서

이런 과정을 거쳐 인형놀이를 하던 그녀는 의사가 된다. 그녀의 만족감은 의사 일을 하고 병원업무에 적극적으로 참여하는 데서 오지 않는다는 말이다. 만족감은 바로 자신의 삶의 목적이 된 유일무이한 목표에 도달한 데서 기인하므로 행여 자신의 목표 달성에 방해가 될지 모를 상실을 경험하게 되면 곧바로 곤경에 처하고 만다. 반대로 목표에 도달한다 치더라도 그 순간 궁지에 몰리고 말 것이다. 삶의 이유가 사라지기 때문이다. 그때까지 그녀의 삶의 이유는 다름 아닌 문제의 목표를 달성하는 것이었다. 따라서 그녀는 목표를 이루기 직전 일부러 실패하고자 묘안을 짜낼지 모른다. 가령 의대 졸업반 시험에 낙제를 한다거나 레지던트 과정을 엉망으로 보낸다거나 개업을 하지 않는 식으로 말이다. 이와 비슷한 사례를 달에 다녀온 우주비행사들에게서 찾아볼 수 있다. 달에 다녀

온 우주비행사들은 귀환 후 우울증을 앓는다고 한다. 그들은 수년간의 훈련과 준비 끝에 마침내 '우주선에 올라' 정점에 도달했으나 이내 지구로 귀환해 각자의 일상으로 돌아가야 했다.

이와 같은 목표를 두고 삶에 의미를 부여하는 개인적 신화라 생각하기 쉽다. 하지만 엄격한 의미에서 둘 사이에는 차이가 존재한다. 지금까지 살펴봤듯이 살아 있는 신화가 되기 위해서는 놀이하는 자기의 강렬함으로부터 비롯돼야 한다. 반면 이런 유형의 목표에는 외부로부터 용인을 받으려는 목적이 깃들어 있다.

일찍이 융은 이러한 편파성이 창조적 상상에 특히 위해를 가한다는 사실을 간파했다. 경직성은 상징을 고형화시킨다. 목표는 우상이 된다. 표상이 가리키는 미지의 요인은 뒷전으로 밀리고 표상이 그 자리를 차지한다. 우상은 납작해진 채 상징성을 잃고 만다. 우상의 실체가 목표, 업적, 특정 대상, 특정 개인 중 무엇이든 간에 말이다. 결국 알고 보면 목표도 한때는 중요한 존재를 표상하는 상징(과도적 대상)이었다. 이제까지 살펴본 대로 상징이 형성되고 종말을 맞고 다시 모체 속으로 들어가 재형성돼 나오는 것이 환상 과정의 본질이다. 사람은 누구나 외부 삶으로의 진전 과정에 참여하고(그리고 이러한 진전은 불가피한 좌절에 봉착한다.) 그런 다음에는 다시 모체로 되돌아온다. 이렇게 해서 모든 사람은 삶의 새로운 '목표'를 필요로 하는 시점에 다다르게 된다. 외부 삶을 위한 에너지가 고갈될 때 여건에 의해 강요당하는 내향성을 언뜻 '우울' 증세로 착각하는 것은 당연한 일일 게다. 특히 외향적 인격의 경우 이와 같은 착각을 하기 쉽다. 지금까지 살펴본 대로 모체로 귀환하는 까닭은 삶의 지침이 될 상징을 재형성하기 위해서이며, 지침이 되는 상징을 통해 내면의 강렬함이 다시 제 흐름을 회복한다. 이런 경우 우울증세라 부를 수는 없다고 생각한다. 자연이 제 궤도를 따라 운행한다고 말해야 옳을 것이다.

그러나 앞서 언급한 여의사의 경우 (성패에 관계없이) 삶의 목적을 상실할 위기에 처하자 상이한 방식으로 내향성을 경험하기에 이른다. 이 경우에는 '나는 의사다'가 그녀의 정체성이자 목표가 된다. 현 상태에서 그녀의 정체성, 즉 '나는 ~(이)다'를 감지하는 주체는 놀이하는 자기에서 적응한 자기로 바뀌어 있다. 이러한 주체의 변경은 상징형성 과정에 지장을 준다. 상징형성 과정에선 놀이하는 자기에의 참여가 반드시 필요하기 때문이다. 이런 여건 하에서 리비도의 후퇴는 우울증을 불러온다.

환상을 자아이질적ego-alien 과정으로 경험하는 순간 실패가 일어날 가능성도 있다. 지금껏 우리는 환상 과정은 자율성을 띠며 어떤 의미에선 자아이질적이기도 하다고 주장해왔다. 다시 말해 환상 과정은 다른 곳에서 발원한다고 믿은 것이다. 하지만 살아 있는 상징이 탄생하기 위해서는 의식의 참여가 반드시 필요하다. 때문에 상징은 놀이로 변모한다. 필자의 생각에는 우울감의 경우 의식의 참여가 이뤄지지 않는다. 자기지시적 과정이 가동하기 위해선 '임계 질량' 수준까지 에너지를 충전할 필요가 있다. 그러기 위해선 '상상의 장'이 오랜 시간 동안 충분히 보전돼야만 한다. 그런데 '상상의 장'이 보전되기는커녕 아예 만들어지지도 못하는 경우가 많다. 놀이가 자아이질성을 띠게 되는 순간 재생 과정은 지장을 받을 수밖에 없다.

앞선 이야기 속 여의사는 의사가 되는 일에 흥미가 사라지는 순간 오히려 그 일에 더 한층 노력을 기울이다가, 중년의 위기를 겪을 기회를 놓쳐 버릴 수 있다. 만약 그렇게 되면 실현하지 못한 삶의 망령들이 모두 나타나 그녀를 쫓아다니며 괴롭힐 것이다. 아마 그녀는 참여하길 거부하리라. 만약 누군가로부터 어떤 환상을 품고 있느냐는 질문을 받는다면 아무런 생각도 떠올리지 못할 공산이 크다. 아니, 질문의 뜻조차 제대로 파악하지 못할 가능성도 적지 않다. 물론 그녀에게도 공상을 하고 계획이나 책략을 세우며 갖가지 일의 결과를 파악하는 능력이 있을 것이나 단 한 가지, 진정한 환상만은 그녀의 내면에서 절대 찾아볼 수 없다. 그녀라면 적극적 상상에 대한 제안을 듣고 순순히 따를 테지만, 그렇다 해도 성과는 거둘 수 없을 것이다.

필자와 심리상담을 한 환자 중에 젊은 여성이 한 명 있었다. 이 여성은 적극적 상상을 하지 못하는 상태였다. 따라서 필자는 그림을 그려보도록 권유했으나, 그녀는 시작할 엄두조차 내지 못했다. 그러던 어느 날 상담실에서 그림 그리기를 시도했는데 그 결과 그녀 스스로 깜짝 놀랄 만한 의외의 결과물이 탄생했다. 다름 아닌 흑색의 과부 거미가 그려진 것이다. 그녀는 자신의 그림에 흥미를 보였지만 그것도 잠시뿐이었다. 그녀는 어떤 것에도 호기심을 지속하지 못했다.

하지만 그 상황도 결국에는 새로운 국면을 맞았다. 그녀가 자신의 내면에 깃든 흥미, 매료, 강렬함을 경험하는 법을 터득함에 따라 변화가 일어났던 것이다. 이 대목에서 자동차 구매로 인해 문제에 봉착했던 어느 여성의 사례를 소개할까 한다. 이 여성은 만나는 사람마다 조언을 구했다. 어떤 차종이 좋을지, 전문가들의 견해에 입각해 최고로 가치 있는 차량은 어떤 것인지, 경제성이 가장 뛰어난 모델은 무엇인지 등에 대해서 말이다. 결국 선택 범위는 두 가지 차량으로 좁혀졌다. 하나는 경제성이 우수한 차종인 반면 다른 하나는 별다른 장점이라곤 없는데 그녀의 마음에 들었다는 이유만으로 경합 대상에 오른 모델이었다. 여기에서 우리는 극히 미미한 흔적이나마 강렬함의 존재를 느낄 수 있다. 그 모델을 마음에 들어 했다는 것, '왠지 마음에 든다'고 한 부분에서 강렬함의 기미를 발견할 수 있는 것이다. 이렇게 어떤 물건을 마음에 들어 하는 자신의 모습을 경험한 그녀는 주변의 조언에도 불구하고 결국 그 물건을 구매했다. 한편 또 다른 남성 환자의 사례도 살펴보자. 이 남성은 주택가 마당에 팔려고 내놓은 물품을 둘러보다 픽업트럭용 공구함을 발견했으나 실용성이 떨어진다 생각하곤 그냥 지나쳐 버렸다. 그리고 차를 몰고 돌아가는 도중 그는 자신도 모르게 아까 본 공구함으로 뭘 할 수 있을지 끊임없이 환상의 나래를 펼치고 있음을 깨닫고는 바로 차를 돌려 그곳으로 가서 공구함을 샀다.

'나'는 미묘한 방식으로 움직여진다. '나는 의사다'로 인해 당사자는 적응한 자기의 입장에 머물게 된다. 이러한 '나'는 사실 일부분에 지나지 않는다. 비유하자면 건반 위의 키 몇 개에 불과한 것이다. 그런데도 마치 전체인 양 삶 속에 구현된다. 다른 측면들이 속살을 드러냄에 따라 움직임이 일기 시작한다. 가령 그녀의 정체성엔 '나는 의사다'라는 측면뿐 아니라 '나는 여자다'라는 측면도 존재한다. 또한 '나는 내성적이다'의 이면에는 '나는 제멋대로다'라는 면모도 존재한다. '나는 이렇다'의 이면에는 '나는 저렇다'라는 면모 역시 존재한다. 정체성은 다차원적인 놀이하는 자기로 그 위치를 옮겨간다. 그 결과 상징형성 과정이 다시 재개될 수 있게 된다. 단 이제는 이 목표에서 저 목표로 옮겨 앉는 것이 아니라 이 흥밋거리에서 저 흥밋거리로 옮겨 앉게 된다.

이를 통해 상상이 지장을 받을 때 빚어지는 현상을 두 가지로 구분해볼 수 있다. 물러남과 우울감이 그것이다. 두 현상은 순응을 강요당함으로써 놀이하는 자기를 상실한다는 점에서 공통점을 가지고 있다. 순응은 상상이 내세운 네메시스(복수의 여신)다. 물러남과 우울감은 각각 양 극단으로부터 순응을 실행시킨다. 물러남은 일종의 방어적 내향성을 통해 실행되는 순응이다. 환상의 삶은 적대적인 외부의 삶으로부터 스스로를 보호하며 순종적인 거짓된 자아를 앞세워 외부의 삶을 견제하려 든다. 반면 우울감은 일종의 방어적 외향성을 통해 실행되는 순응에서 비롯된다. 정체성의 근거는 경험의 강렬함으로부터 의무 완수 쪽으로 옮겨간다.

또한 두 현상은 모두 우리가 영혼을 상실하는 방식이기도 하다. 물러남의 경우 영혼은 어딘가에 숨겨지는 통에 실제의 생활에 흔적조차 드러내지 못한다. 마치 성경 속 이야기(누가복음 19:12-27)에 등장하는 한 사내가 주인이 돌아오기 전까지 맡아두기로 한 1달란트를 남몰래 숨겼듯 말이다. 반면 우울감의 경우는 파우스트의 이야기에 비견할 수 있다. 이야기 속에서 파우스트는 자신의 영혼을 팔아 세상에서 자리를 얻으려 한다. 여기서 문제는 자아가 필요로 하는 것을 넘어서서 영혼이 필요로 하는 것이 과연 무엇이냐는 것이다. 만약 영혼을 잃었다 다시 되찾는다면 영혼은 과연 무엇을 요구해올까? 한 가지 힌트는 심리치료Psychotherapy를 그리스어로 직역하면 '영혼의 치유'라는 것이다.


## 상상을 복원하는 정신분석

필자의 환자들 가운데 인생의 중반을 넘어선 경우, 즉 35세 이상인 경우 모든 문제가 결국에는 종교적 인생관을 찾는 문제로 귀결된다. 이런 경우 환자들은 예외 없이 신체적 질환을 호소한다. 매 시대마다 살아 있는 종교로부터 신도들이 얻을 수 있었던 것을 이미 잃어버린 상태에 있기 때문이다. 이러한 질환은 당사자가 자신의 종교적 인생관을 되찾지 못하는 한 결코 치유할 수 없다. 물론 이와 같은 사실은 특정 교의나 기독교 신자인지 여부와는 무관하다.

— 《C. G. 융 전집》, 〈심리학과 종교〉 중에서

내게 질병에 대해 얘기힐 때는 의학용어를 사용힌디. 심리학 분야도 예외는 아니어서 의학적 모형이 지배적으로 원용되고 있다. 예컨대 인체에 관해 이해할 때 적용하는 인과관계의 개념 그리고 연구, 기법, 프로토콜에 활용되는 입증 가능하며 계측 가능한 과정의 개념을 꼽을 수 있다. 프로이트가 생각한 '돌파'는 인체의 신경학을 정신의 심리학 분야로 확장시켜보자는 발상에서 비롯됐다. 인체에 대한 접근방식을 정신에도 그대로 적용할 수 있었던 것이다.

하지만 우리가 당면한 문제가 질병이 아닌 전체의 문제라면 과연 어디서 도움을 구해야 할까? 우리의 전통 중에 '영혼의 간호'라는 것이 있다. 이 전통은 수백 년 전에 생겨났으며 '쿠리아 아니마curia anima(영혼의 회당)'라는 라틴어 문구와 관련이 있다. 프시케Psyche(정신)는 그리스어로 영

프로이트와
이별하다

혼을 뜻한다. 또한 그 배후에는 숨결breath의 이미지가 자리하고 있다. 영혼은 곧 숨결이다. 사실 '프시psi'라는 발음만 하더라도 숨을 내뱉어야 가능하다. 마찬가지로 테라피therapy(치료)라는 낱말 역시 그리스어에서 볼 때는 섬김service의 이미지와 상통한다. 마치 중요한 문제에 정성을 기울여 살피는 경우처럼 말이다. 이처럼 심리치료의 배후에는 영혼을 보살핀다는 전통이 자리하고 있다.

이와 같은 전통에서는 전체에 대해 언급할 때 흔히 종교용어를 사용하곤 한다. 바로 앞에서 사용했던 모형, 즉 '놀이하는 자기'의 매개적 경험을 통해 '적응한 자기'와 '미지의 자기'가 관계 짓는 모형을 상기해 보자. 사실 이 모형은 아주 오래된 종교관념을 심리학적 언어로 옮겨 적은 것에 불과하다. 따지고 보면 기지旣知의 존재와 미지의 존재가 맞닿는 공간이란 영혼의 신화적 이미지다. 영혼은 각기 다른 세계의 사이에서 살고 있으며 서로를 연결시켜준다. 영혼은 연기와 같다. 일부는 흙이면서 다른 일부는 공기이기도 하다. 영혼은 불길이다. 물도 공기도 흙도 아니다. 본질적으로 영혼은 중간적 공간이다. 영혼은 인간이 신과 관계를 형성할 때 그 도구로서 기능한다.

하지만 현대에 들어와 영혼은 점차 난해한 말이 돼버렸다. 영혼은 더 이상 사람들이 일상 속에서 부담 없이 사용할 수 있는 말이 아니다. 우리들 스스로가 영혼에 대해 경외는 말할 것도 없거니와 어떤 느낌조차 제대로 갖지 못하고 있는 듯하다.

우리는 여전히 '정신, 육체, 영혼'의 삼위일체 속에서 살아가고 있다. 그런데 정신이나 육체가 상처를 입었을 때는 여전히 아픔을 느끼는 반면, 영혼에 상처가 생겼을 때는 아무것도 느끼지 못한다. 또한 우리는 강건한 정신과 육체를 기르기 위해서는 어떻게 해야 할지 아는 반면, 강건한 영혼으로 가꾸기 위해 무엇을 할지 아는 사람은 아무도 없다. 정신이 허기지면 좋은 책으로 그 공복을 달래고 몸에 허기가 들면 좋은 음식을 섭취해 공복을 면할 줄 안다. 하지만 이렇게 반문해 보라. 정작 우리의 영혼이 허기로 고통 받는다면 과연 무엇으로 그것을 달래줄 수 있는가?

오늘날 흔히 쓰이는 몇몇 문구로 미루어보건대 영혼에 어떤 문제가 있다는 생각은 아직도 우리 곁에 잔존해 있다. 가령 우리는 친구에 대해 얘기할 때 '괴로운 영혼troubled soul'이란 표현을 쓴다. 그리고 길에서 행색이 궁핍한 사람과 마주치면 '길 잃은 영혼lost soul'이라고 생각한다. 더불어 훌륭한 연주를 듣고 나서는 '소울soul(영혼)'이 충만한 연주였노라 평하기도 한다. 정신병원에 입원한 환자에 대해서는 으레 '고통 받는 영혼tormented soul'을 가진 사람이라 간주한다.

상상의 은유는 우리가 영혼의 땅으로 되돌아갈 수 있게끔 길을 안내해 준다. 바로 이러한 상상의 은유야말로 길을 찾는 지도가 될 수 있다. 영혼은 스스로 상상을 하는 공간이다. 그러므로 영혼의 상처는 곧 상상의

상처가 된다. 상처란 내면의 삶이라는 지형에서 무분별한 노천 채광°°
끝에 불모지로 변해 버린 공간들을 의미한다. 이러한 영혼을 발달시키려
면 어떻게 해야 할까? 우선 상상력을 기르는 데 힘써야 한다. 그리고 고
갈된 토양을 복구하는 어려운 작업에 온 힘을 쏟아야 한다. 침식을 일으
키는 물살의 유입을 막고 그간의 무분별한 사용에서 비롯된 각종 독소를
말끔히 씻어내는 데 매진해야 하는 것이다. 그렇다면 더 나아가 영혼을
살찌우기 위해서는 어떻게 할 것인가? 무엇보다도 상상의 토양을 비옥하
게 할 방안부터 모색해야 한다. 예컨대 퇴비더미에서 거름을 퍼 나르는
것부터 시작해 절기에 맞춰 쟁기를 들고 토양을 뒤집어줌으로써 빛과 공
기를 쐬도록 해준다. 그런 연후에는 살아 숨 쉬는 물을 정성스레 골고루
뿌려준다. 이렇게 해서 토양은 수확물을 거둘 수 있는 상태로 다시 한 번
되돌아갈 수 있다.

　이 말이 사실이라면 다음과 같은 의문이 생길 수밖에 없다. 분석이 지
닌 본연의 임무가 실은 상상의 복원에 있는 것이 아닐까? 자아에 일어나
는 갖가지 변동현상을 다루는 데 국한되는 것이 아니라 말이다. 앞서 융
이 중년층 이상의 환자들에게서 종교적 딜레마가 관찰된다고 밝혔을 때

°°°
석탄이나 여타 광물을 얻고자 그 위를 덮고 있는 토양과 암석을 제거한 후 노출된 광물을 캐는 행
위를 말한다. 이때 지면 복원을 위해 별도의 조치를 취하지 않으면 해당 지역이 손상되거나 파괴
되는 결과를 초래한다. 인근 생태환경에 매우 유해한 채굴방식으로 알려져 있다.

도 그 저변에는 이러한 생각이 깔려있었을 것이다. 이 문제와 관련해 융은 정신과의 기능적 관계를 회복해야 한다고 적시했다. 필자는 한 발 더 나아가 정신과의 기능적 관계회복의 수단으로써 상상을 지목하고 싶다. 우리에게는 의학용어와는 별도로 영혼의 문제를 표현해낼 방법, 즉 상상의 언어가 필요하다. 진단과 처방에 대한 새로운 은유가 필요한 것이다.

영혼의 아픔을 다루는 '영혼의 간호' 전통에서 우리는 세 가지 이미지를 떠올릴 수 있다. 첫째, 경외의 이미지다. 경외는 상처 받은 영혼을 달래준다. 둘째, 신앙의 이미지다. 신앙은 약해진 영혼을 강하게 만들어준다. 셋째, 성체(성찬식의 빵과 포도주)의 이미지다. 성체는 영혼의 허기를 채워준다.

한 남자가 꿈을 꿨다. 젊은 여자가 병원 침상에 누워있다. 키 큰 청년이 병문안을 온다. 의사가 문을 열어놓는다. 청년은 여자를 위해 천으로 된 가방에 포타시<sup>○○</sup>를 넣어 갖고 왔다. 그런데 청년이 가방을 여는 순간 여자가 비명을 지르기 시작한다. 여자를 강간한 장본인이 바로 청년인 모양이다. 여자가 입원해 있는 이유는 강간 때문이었던 것이다.

위의 꿈을 통해 남자는 어떤 식으로든 스스로 자신의 영혼을 상대로 강간을 저질렀다는 사실을 깨닫는다. 강간은 폭력적 이미지다. 추악하고

○○
잿물에서 얻어지는 고형물(비누 등)을 일컫는다.

프로이트와
이별하다

무도한 폭력행위인 것이다. 그런데 꿈속의 가해자는 자신이 여자를 범했다는 사실조차 깨닫지 못하고 있는 듯 보인다. 게다가 여자에게 주려고 천 가방에 포타시를 갖고 오기까지 한다. 가해자는 잘못된 상황을 어떻게 바로잡을지 도통 감을 잡지 못하고 있다.

영혼에 해가 되는 것을 종교언어로 표현하자면 '불경'이라 말할 수 있다. 인간의 마음에서 '경외'가 사라질 때 영혼은 고통 받는다. 오늘날 우리는 '존경'이 무엇인지는 이해하는 시대에 살고 있다. 존경은 업적이나 권력, 행동을 통해 획득하는 것이다. 또한 이 시대는 권리, 의무, 책임이 무엇인지를 잘 이해하고 있다. 그러나 이러한 현 시대의 이해력도 경외에 관해서만은 발휘되지 못하고 있다. 경외란 상대적으로 보다 깊은 곳에서 나오는 것이기 때문에 현대인들이 직접 경험하기란 녹록치 않다. 경외는 우리가 살아가다 '그 무엇과도 다른 상대'와 맞닥뜨릴 때 그 존재를 자신과는 '다른' 존재, 자신이 우러를 '상대'로서 경험하는 순간 비로소 생겨난다. 이처럼 진정으로 '다른' 존재를 범하는 사태가 벌어질 경우 이를 불경이라 칭하는 것이다.

환상 역시 '다른' 속성을 띠고 있다. 환상은 고유의 생명력을 지니며 나름의 목적을 가지고 있다. 만약 누군가 이러한 상상을 이용하려 든다면, 다시 말해 아무런 동의도 구하지 않은 채 억지로 들어가려 한다면 바로 그 순간 영혼을 상대로 강간을 저지르는 셈이 된다. 이는 창의적인 사람에게는 치명적 위기라 할 수 있다. 필자의 경우도 책을 쓸 때에 강간을 자행하기 직전까지 다다르곤 한다. 자신의 주장을 피력하기 위해 환상으로부터 필요한 부분만 취하려 드는 우를 범할 지경에 이르는 것이다. 환상 그 자체를 하나의 요소로서 인정하고 관계를 형성하려는 노력은 뒷전으로 미뤄둔 채 말이다. 이런 상황은 바로 상상이 필자가 활용하기 좋을 만치 훌륭한 영상을 만들어내기 때문에 벌어진다. 한편 환자들에게서 그들이 꾼 꿈에 관한 얘기를 끌어내려 할 때도 불경을 저지르기 일보 직전의 상태라 할 수 있다. 이러한 상태가 빚어지는 까닭은 꿈의 내용이 치료 도구로서 그만큼 유용하기 때문이다. 또한 상상을 돈벌이 수단으로 삼을 수 있다는 생각이 드는 순간 마찬가지로 위험에 처하게 된다. 예컨대 책상머리에 앉아 만화 〈스머프〉의 줄거리를 궁리해냄으로써 돈을 버는 사람들의 경우를 떠올려 보면 알 수 있을 것이다.

필자는 워크숍을 열 때마다 이런 위험을 느끼고는 한다. 근래 인기를 끌고 있는 명상법의 진행 방식은 대략 다음과 같다. "우선 눈을 감습니다. 전신의 긴장을 풉니다. 그리고 당신의 내면에 있는 아이를 상상해봅니다. 당신이 원하는 대로 마음껏 머릿속에 그려봅시다. 당신의 미래를, 당신이 있고 싶은 장소를 상상하는 겁니다. 이제 당신이 그것을 하고 있다, 그것을 이루고 있다고 상상합시다. 팔을 한껏 치켜들어 있는 힘껏 공을 내리치고 있다고 상상해 봅시다. 당신이 승리하고 있는 모습을 상상

합니다. 오늘 이 워크숍을 통해 여러분은 환상을 이용해 각자의 개인적 신화를 찾아낼 수 있게 될 것입니다."

환상을 수단시하는 이런 태도는 소위 '노천채광'에 비견할 수 있다. 사람들은 상상을 재발견한다. 하지만 이런 재발견은 오직 이용 가치가 있을 때에만 국한되는 경우가 많다. 환상이 자아를 섬기는 처지에 내몰릴 때마다 우리는 자신의 영혼에 상처를 입히고 폭력을 저지른다. 우리에게 환상이란 노예와 다를 바 없기 때문이다. 이로써 우리는 영혼에게 잔인한 연인이 돼버리고 만다.

정신에 대해 인가를 내릴 권한은 오로지 정신에게만 있다. 태고적부터 정신은 스스로에 대한 인가 권한을 독점해 왔으며, 의식이 존재하기 전부터 본연의 입지를 지켜왔다. 말하자면 정신은 뿌리에 비유할 수 있다. 이 뿌리로부터 우리는 제 철에 피어나는 꽃처럼 성장해 나간다. 우리는 서로에게 구속돼 있다. 자아와 정신, 의식과 무의식이 서로 한데 묶여 있는 것이다. 이러한 결혼상태는 시간이 존재하기 훨씬 이전부터 존재했다. 그런데 이와 같은 혼인관계가 최근 들어 위기를 맞고 있다. 바로 우리가 의식의 오만 속에서 혼인무효를 주장하며 배우자에게 충실하겠다는 서약을 저버렸기 때문이다. 그 결과 우리에겐 신경증이 발병하게 됐는데, 이는 자신으로부터 분리됨으로써 생긴 증세이다. 상상의 경외가 우리에게 요구하는 것은 간단하다. 우리가 서약의 구속을 받고 있으며 이 서약은 우리가 알고 있는 것보다 훨씬 강력한 힘을 지닌다는 사실을 인정하기만 바랄 뿐인 것이다.

이러한 영혼의 결혼, 소울메이트soulmate 같은 발상의 기원은 줄잡아 플라톤 정도로 거슬러 올라갈 수 있다. 플라톤은 일찍이 본래 인간단자單子가 두 개의 부분으로 쪼개졌으며 이렇게 나뉜 두 부분은 재결합에 이르고자 영원한 노력을 기울인다고 생각했다. 영혼과 결합함으로써 개인은 자신의 현실과 정신의 상상을 한데 섞는 데 전념하게 된다. 마치 진정한 삶이 필요나 의지, 소망이 아니라 밀고 당기며 부르는 생명력에 있는 것처럼 말이다. 필요나 의지, 소망은 표면에 너무 가까이 자리하고 있는 데 반해 생명력의 경우 개인은 그 수단으로 기능할 뿐이다. 개인이 영혼과 결혼에 이르려면 우선 삶 그 자체 즉 상위의 삶과 결합해야만 한다. 자율적인 정신을 사랑하고 아끼며 존중하겠노라 서약해야만 하는 것이다. 여기서 자율적 정신이란 다름 아닌 개인 자신이다.

경외는 삶이나 생명력이 자신의 것이 아니라는 사실을 받아들이는 자세다. 경외는 자신에 대한 시각, 의식에 대한 시각을 변화시킨다. 고요의 상태에서 자신을 가라앉히고 진정시키게끔 만든다. 이러한 상태에서 개인은 존재의 춤사위에 합류할 태세를 갖추며, 아울러 자신의 삶 속에서 맥박처럼 뛰고 있는 모든 에너지와 결합할 태세를 갖춘다. 경외는 개인 스스로가 자신의 삶을 만들어가는 것이 아니라는 사실, 오히려 개인의 삶을 만들어주는 별개의 존재가 있다는 사실을 직시하게 한다. 자신이 전체가 아닌 부분에 불과하다는 사실을 인정하게끔 만든다.

이와 같은 자율적 정신과 의식의 결합을 일컬어 '결합의 신비mysterium coniunctionis'라 한다. 과거 연금술 과정에서 '신비로운 결합'이라 칭했던 것에 비할 수 있다. 신비로운 결합이란 두 개의 대립요소가 결합해 철학자의 돌을 생성해내는 단계를 지칭하는데, 연금술에서는 나름 상상력을 발휘해 이와 같은 요소 간 결합을 가리켜 '화학적 결혼'이라 명명하기도 했다. 심리학적 견지에서 우리는 의식과 정신을 결합시키는 경우가 간혹 있다. 그 결과 탄생하는 결과물은 우리가 알고 있는 의식이 아니며 본래의 뿌리로 되돌아간 의식이 만들어진다.

진정한 창의성은 사랑의 행위다. 예술가들의 말처럼 영혼과의 결합으로 탄생한 아이라 할 수 있다. 필자 역시 창작작업을 할 때마다 상상의 시중을 들어야 한다는 사실을 새삼 깨닫곤 한다. 여기서 시중이란 두 가지 의미를 모두 포함한다. 섬겨야 한다는 의미와 인내심을 가져야 한다는 의미를 모두 내포하고 있는 것이다. 물론 줄거리나 등장인물에 대해 나름의 아이디어를 떠올리기는 한다. 그러나 이런 아이디어에 대해 상상이 흥미를 보이지 않는 한 어떤 것도 생명력을 얻지 못한다. 따라서 필자는 필자의 창조 과정상에 존재하는 절기와 리듬을 존중하는 법을 배울 수밖에 없었다.

다음과 같은 꿈을 꾼 여성이 있다.

지금 내 앞에 기이한 느낌의 작은 남자가 있다. 남자는 자신이 영매라고 소개한다. 그리고는 내게 위험한 일을 할 운명을 타고났다고 말해준다. 나는 이 말이 마음에 든다. 그래서 남자에게 어떤 훈련을 받아야 되느냐 질문을 건넨다. 남자가 내게 그림을 보여준다. 그림 속에는 갖가지 원과 색깔, 숫자가 들어차있다. 나로선 그림의 의미를 도통 알 수 없다. 하지만 왠지 고무적인 느낌을 받게 된다. 나는 좀 더 자세히 알고 싶은 기분이 들었다. 그러나 남자는 녹색 소파에 드러누운 채 이제 쉬어야 한다고 말한다. 나 때문에 애쓴 탓에 지친 거라는 생각이 든다.

상상을 범하는 행태의 대치선상에는 상상의 위축문제가 자리하고 있다. 우리는 이 문제에 대해서도 고민해야 한다. 위의 꿈에 등장한 특별한 남자는 매우 지친 상태로 그려지고 있다. 여성이 남자의 도움을 필요로 하는데도 불구하고 남자는 심히 약해진 모습을 보여준다.

종교에서라면 신앙이 영혼을 강하게 만들어준다고 주장할 것이다. 재차 말하자면 우리는 오늘날 목표나 목적을 이해하는 시대에 살고 있다. 또한 이 시대는 운동요법의 중요성조차 이해하면서도 신앙에 관한 한 마치 역병이라도 되는 양 기피하고만 있다. 우리들 가운데서 독실한 삶이란 좀처럼 찾아볼 수 없는 것이 돼버렸다.

더 이상 교회력을 사용하지 않음으로써 파생된 정신적 영향은 실로 지대하다. 성축일holy day이 한낱 휴일holiday로 세속화된 한편 영혼의 절기와 기능적으로 관련된 신앙관습은 자취를 감추고 말았다. 교회력은 우리에게 상상의 근육을 이완할 수 있는 특정 시기를 지정해줬었다. 그런데 오늘날에 이르러 이러한 절기는 좀처럼 우리의 삶에 깊숙이 스며들지 못하고 있다. 과거에는 자연에 의해 일과 여가의 리듬이 정해졌지만 오늘날에는 매주가 똑같을 뿐이다. 우리는 절기에 상관없이 추우나 더우나 밝으나 어두우나 일을 하고 자신의 편의에 따라 여가를 선택한다.

하지만 예전부터 늘 이래온 건 아니다. 가령 교회력의 내용을 살펴보자. 대림절待臨節(예수 성탄 대축일 전 4주간)은 세상을 감싸는 밤과 별의 이미지, 어두운 일식의 이미지를 떠올리게 한다. 그러므로 다시 빛이 나타나길 열망하고 고대하는 지극히 인간적인 바램을 상기시켜줄 계기가 필요해진다. 이렇게 해서 공현절公顯節(동방 박사의 예수 경배를 기념하는 대축일로 1월 6일)이 시작된다. 공현절은 새로이 싹트는 신비의 느낌을 수반한다. 이러한 이미지들은 내향적 시기에 그 뿌리를 두고 있다. 내향적 시기에 사람들은 추위로 인해 바깥일에서 손을 뗀 채 말 그대로 실내에 갇혀 지낼 수밖에 없다.

이런 가운데 사순절四旬節(성회일부터 부활절 전 날까지의 40일)이 찾아들어 겨우내 계속된 내향적 웅크림이 마침내 그림자의 폭주에 밀려난다. 이때가 바로 참회의 화요일(사육제의 마지막 날)이다. 다른 말로 금식일이라고도 한다. 기나긴 겨울 동안 사람들은 실내에 머물며 밀실 공포증에 시달릴 수밖에 없었다. 협소한 공간 안에서 사람들은 서로 조심하려 애쓴다. 만약 분출구가 없다면 이러한 자제는 한계점에 다다르고 말 것이다. 분출구란 바로 각자가 그간 억눌렀던 감정을 터뜨리며 서로 욕설을 주고받고 난잡한 동작도 취하는 한편 사회 질서를 거꾸로 뒤집는 따위의 행태를 의미한다. 음울한 사순절은 곧이어 있을 희생에 대비해 피에 굶주린 무의식적 욕망이 반영된 섬뜩하고 무시무시한 이미지를 제공한다. 어떻게 보면 사순절은 겨우내 지속된 내향성의 근저에 닿아있다 할 수 있다. 고대인이라면 모두 알았듯 제물의 희생은 정신이 스스로를 재생하는 방식과 연관돼 있다.

성聖 금요일(예수가 십자가에 못 박힌 수난일)이 되면 피와 물이 한데 섞이는 가운데 제물의 희생은 숭배를 받는다. 그리곤 의미심장한 휴지기休止期, 망설임의 순간이 찾아들다가 이내 부활절 아침에 이르러 해방을 맞는다. 삶은 빛과 태양이라는 영광스러운 이미지 속에서 스스로 재생하고 다산多産의 서막이 오른다. 후퇴에서 벗어나 다시 전진을 시작한다. 우리는 겨울의 동면으로부터 벗어나 다시 들판으로 뛰쳐나간다.

오순절五旬節(부활 후 50일째 되는 날로 성령 강림 기념일)은 타오르는 불길,

즉 신의 바람을 선사한다. 신의 바람은 인간의 삶에 불어와 소임을 자각하게 만들어준다. 이때 인간은 바깥에서 이뤄지는 일에 모든 에너지를 쏟아 붓는다. 예컨대 파종하고 기르고 수확하는 일에 전력을 다하는 것이다. 그러다가 가을바람이 불기 시작하면 생명력이 어떻게 스스로 완전히 소진해 가는지도 상기하게 된다. 이렇게 생명력은 제 절기를 버텨내고 사라져 간다. 이런 연유에서 만성절萬聖節(11월 1일)은 망자에게 그들의 몫을 돌려줄 필요가 있다는 사실을 부각시킨다. 망자들은 한 철 결실에 불과한 우리에게서 자양분을 취하기 위해 오랜 세월을 기다려왔다. 그들은 어두운 밤을 불러들이고 우리가 다시 한 번 영원의 순환 주기를 기다리게끔 끌고 가버린다.

종교체계마다 모두 신앙 주기가 존재한다. 오늘날에도 신앙 주기 없이는 살기란 마찬가지로 불가능하다. 정신의 절기는 신앙을 필요로 한다. 그러나 이를 대신하는 세속의 휴일은 그 역할이 미진하기 그지없다. 예컨대 미국에서는 보통 설날에서부터 대통령의 날, 봄 방학으로부터 현충일, 독립기념일로부터 노동절 그리고 끝으로 추수감사절로 한 해를 나누고 있다. 또한 스포츠 시즌 즉 야구, 농구, 풋볼 시즌이 갈마드는 것으로 절기의 변화를 짐작하기도 한다. 그러나 여기에는 뭔가가 빠져있다.

필자의 시각에서 보자면, 상상은 규율 잡힌 참여를 상상의 신앙으로서 요구한다. 이러한 요구가 충족되지 않을 때 상상은 약화되고 만다. 지금까지 살펴본 대로 의식의 참여는 상징형성 과정을 완전히 충전상태에 이르게 하고자 개인이 기울이는 노력이라 할 수 있다. 다양한 이미지가 맘껏 뛰놀 수 있는 무대를 마련하기 위해선 상징의 공간을 지어야 한다. 상징의 공간은 개인이 자신의 꿈에 주의를 기울임으로써, 다시 말해 적극적 상상에 의해 만들어진다. 예컨대 모래쟁반이나 화폭, 일기 쓰기를 이용한 표현 치료를 통해 생성되는 것이다. 여기에서 우리는 각자의 내면적 리듬을 발견할 수도 있다. 필자의 경우는 글쓰기가 이러한 통로 역할을 해주고 있어서 규칙적으로 글을 쓰지 않으면 병이 도지곤 한다. 설명을 하자면 너무나도 간단한 이치다. 즉, 필자에게는 글쓰기가 필자의 창조 과정이 제정해준 규율인 것이다. 필자가 글을 쓰는 순간, 줄거리나 책 내용을 붙들고 씨름하는 순간 비로소 필자의 내면에 있는 뭔가가 충족되며 내면의 그 뭔가가 포만감을 느끼게 되는 것이다.

상상은 굶주려 있다. 상상의 조정을 받는 삶의 제반 과정이 제대로 돌아가기 위해서는 상상부터 그 허기를 면해야 한다. 그렇다면 상상이 필요로 하는 것은 무엇일까?

영혼은 성체를 통해 자양분을 공급 받는다. 이는 종교적 표현이다. 영혼은 의식儀式이라는 음식물을 소화하고, 의식은 영혼의 허기를 달래준다. 그러나 경외나 신앙이 배제된 삶에서는 성체로부터 어떤 충족도 기대할 수 없다. 현대인들은 전통을 이해할 소양을 갖추고 있으며, 과거의 의전이나 관습도 이해할 수 있다. 하지만 성체에 관한 한 우리의 이해력은 미치지 못한다. 성체에서는 마법이나 요술 같은 느낌이 묻어나기 때문이다. 성체는 라틴어로 거행되는 미사에서 사제가 성합을 높이 들고 '혹 에스트 코푸스 메암Hoc est corpus meam(이것이 내 몸이니라)'이라 외치는 그 순간이 속화된 형태라 할 수 있다. 빵이던 성체가 어느 순간 주문과 같은 말 한 마디에 인간의 육신으로 탈바꿈한다. 실로 위대한 변형이라 아니할 수 없다. 그러나 살아 있는 신화가 없는 곳에는 성체 또한 존재할 수 없기에 근본적인 뭔가가 충족되지 못하는 지경에 다다른다.

상상은 실행을 필요로 한다. 상상은 실행을 통해 비로소 자양분을 조달한다. 또한 상상은 실행을 통해 성장을 이룬다. 실행이 없다면 상상은 발달할 수 없다. 상상은 실제의 삶에 실현되기 전에는 고작 잠재력 수준에 머무를 뿐이다.

일찍이 융은 '무의식의 구성요인은 모두 밖으로 발현되길 원한다. 또한 인격도 무의식의 조건으로부터 진화하길 원하며 동시에 스스로를 전일적으로 경험하고 싶어 한다'고 기술한 바 있다. 이 주장 또한 위의 사실에 기반을 둔 것이었다. 정신은 구현되길 원하고 상상은 실행되길 원한다. 이것이 정신의 본성이다. 정신은 의식의 참여가 이뤄지건 말건 상관없이 스스로 발현을 이루고야 만다. 반드시 발현된다는 게 기정사실이기에 정신이 발현될 것이냐는 질문은 생각할 필요조차 없다. 문제는 과연 어떤 방식으로 발현을 이루느냐다. 상상이 우리 삶에서 과연 어떤 방식으로 스스로를 실현할 것인지가 관건인 것이다.

그러나 우리는 실행에 따른 위험성을 두려워한다. '다양한 형태의 사악한' 환상이 실현됨에 따라 발생할 위험이 두려운 것이다. 우리는 통제를 풀 경우 그간 갇혀있던 감정의 강렬함이 모두 위험천만한 방식으로 흘러나오게 될 거라는 사실을 느낀다. 환상은 어두운 일면을 지니고 있다. 이러한 어둠은 우리 자신에게서만 비롯되는 것이 아니다. 즉, 우리의 금지된 쾌락과 권력욕에서만 기인하는 것이 아니라는 말이다. 환상이 몰개인적 정신으로 강하降下하는 한 환상은 '비인간적' 속성을 띤다고 규정할 수 있다. 환상은 자연의 야만성을 고스란히 간직하고 있다. 이와 같은 자연의 야만성은 의식意識을 거쳐야만 비로소 인간화된다.

그러나 정신의 강렬함 모두가 외부세계에서 이미 구현된 상태로 존재하고 있다. 비록 직접 확인할 기회는 많지 않지만 말이다. 가령 살인자, 강간범, 가학성 변태 성욕자, 광인에게서 이러한 구현 사례를 찾아볼 수 있다. 우리는 용기가 부족해 실현하지 못하는 바를 무의식 속에 되던져 놓는다. 이처럼 실현되지 못한 강렬함은 무의식 속에서 타인이 내던져둔 죄악들과 결합해 완전한 충전상태에 이를 때까지 힘을 축적한다. 그리고는 마침내 번개처럼 다른 사람의 내면에서 저항이 가장 적은 선을 찾아내 그 선을 따라 거침없이 내달린다. 그들은 우리를 대신해 강렬함을 실현해 주고 우리 자신도 그들을 위해 강렬함을 실현해준다. 비록 우리 스스로는 이와 같은 사실을 잘 알고 있지 못하지만 말이다. 비유컨대 개개인 모두가 피뢰침이 되는 것이라 볼 수 있다.

어떤 면에서는 그 결과가 신경증으로 발현될 수도 있다. 성사聖事로서 실현하지 못할 경우 이는 질환증세로 대체되기도 한다. 내면의식이 순식간에 강박증세로 대체되는 것이다.

위의 번개를 조절하는 주체가 바로 종교적 삶에서의 의식儀式이다. 의식은 정신의 전류가 흘러가게 함으로써 (즉 정신의 흐름을 실행시킴으로써) 내면의 요구를 충족시킨다. 바로 이 점에서 상징적 행위가 지닌 가치를 찾을 수 있다. 앞서 융이 말한 대로 상징적 행위는 정신 에너지를 변형시키며 발달을 표상화한다. 상징적 행위는 원형 패턴이 발현될 때 취할 수 있는 또 다른 형태를 제공한다.

상징적 행위를 피해갈 방법은 없다. 단지 원형 패턴이 체현될 때 어떤 형태를 취할 것이냐에 차이가 있을 뿐이다. 의식적으로든 무의식적으로든 아니면 그 중간에서든 우리는 어떤 식으로는 자신에게 주어지는 사항, 강제되는 사항을 상대로 타협을 이뤄낸다. 여기에는 적어도 네 가지 방식이 존재한다. 일단 영혼에 자양분을 공급하는 상징적 행위를 통해 삶의 사실요인들과 타협에 도달할 수 있다. 앞서 콘크리트로 뒤덮인 그랜드 캐년에 대한 꿈을 꾼 남성을 기억할 것이다. 이 남성은 그랜드 캐년을 실제로 찾아가 협곡의 맨 아래까지 내려가 그곳을 배경으로 나타났던 꿈에 다시금 귀를 기울였다. 꿈속에서 저지른 죄악에 대해 참회하는 상징적 행위를 한 것이다. 하지만 대부분의 경우 이런 식으로 정신을 실행에 옮기진 않는다. 일반적으로 우리는 투사를 통해 자기 자신과 타협을 이룬다. 우리가 직접 볼 수 있도록 바깥 세상에 투사된 내면의 이미지를 상대로 관계를 맺음으로써 절충에 도달하는 것이다. 내면의 이미지는 사랑과 증오, 관계와 페티시, 일과 취미에 고스란히 투사된다. 바로 이 점에서 투사의 뛰어난 가치를 찾아낼 수 있다. 다시 말해 외부적 문제를 해결하는 과정에서 내면의 문제와도 타협을 이뤄낸다는 점이 투사의 장점이다. 하지만 여기에는 값비싼 대가가 따른다. 분석의 경우에 비해 훨씬 큰 대가가 요구되는데 이러한 비용을 계산할 때 우리는 주변 사람들에게 요구하고 부담시키는 것을 우리 자신의 발달에 따른 대가로 간주한다. 한편, 경우에 따라서는 이러한 투사를 행동에 옮긴다 해도 어떤 움직임이나 성장이 일어나지 않을 때수도 있다. 이럴 경우 정신의 상태는 고스란히 몸에 전가된다. 가령 그랜드 캐년의 폐색이 신체에 변비 증세로 나타날 수 있는 것이다. 종종 우리가 앓는 질환은 사실 병적 증세보다는 상징에 가까울 때가 있다. 이런 경우 특정한 질환이 요구하는 대로 개인이 변화와 적응을 이뤄내는 순간 문제의 질환은 되레 치유효과를 불러온다. 삶의 사실요인들과 타협에 도달했기 때문이다. 그리고 상황에 따라서는 정신이 '운명'으로 해석돼 받아들여지기도 한다. 말 그대로 하늘에서 떨어진 팔자소관으로 말이다.

융은 몰개인적 정신(집단 무의식)의 숨겨진 풍경을 드러내고자 온갖 노력을 기울였다. 그럼에도 불구하고 융은 인간 의식의 중요성 문제로 거듭 발길을 되돌려야 했다. 의식은 발달의 가능성을 불러오며 상상의 행위를 통해 의식적으로 실현되는 내면의 부분은 영혼의 발달을 촉발한다. 신화적 의식은 정신에게 도로 주어지는 결실이다. 신화적 의식 속에서 상상의 생활은 삶의 방식이 된다. 이에 대해 융은 다음과 같이 설명했다.

인간의 소임은…… 무의식으로부터 위를 향해 밀고 올라오는 각종 내용물을 의식하는 데 있다. 인간은 무의식상태에 머물길 고집하거나 자신의 존재 속에 있는 무의식 요소와 동조한 채로 지내길 고집해선 안 된다. 이럴 경우 자신의 운명을 회피하는 결과가 빚어지기 때문이다. 인간의 운명은 더욱 더 많은 의식을 생성하는 데 있다. 우리가 알아낸 바에 따르면 인간 존재의 유일한 목적은 삶의 어둠 속에 불빛을 밝히는 것이다. 삶의 어둠 속에서 인간은 단순히 존재하는 상태에 그친다. 이로써 무의식이 우리에게 영향을 미치듯 의식의 증대 또한 무의식에 영향을 미친다는 사실을 능히 추론해볼 수 있다.

— 《기억, 꿈, 회상》 중에서

# 의미 있는 삶으로 걸어 들어가기

오늘날 우리가 겪고 있는 개인적, 사회적 고통의 근본 원인은 구속력 있는 신화의 상실에 있다. 따라서 새로운 중추적 신화의 발견만이 개인과 사회의 문제를 해결해줄 수 있다. 사실 새로운 신화는 이미 형성 중에 있으며 C. G. 융은 이 사실을 예리하게 간파하고 있었다. 융의 후진 중 다음과 같은 꿈을 꾼 분석가가 있었다.

〈엄청난 규모의 신전이 한창 지어지고 있다. 전후좌우를 둘러보니 거대한 기둥 위로 건물을 올리는 작업에 셀 수 없이 많은 인원이 투입돼 있다. 나 또한 이 작업 대열에 합류한 상태다. 전체 축조 공정이 이제 막 시작 단계인데도 건물 하부는 이미 완성돼 있다. 그 위로 건물의 나머지 부분이 세워질 것이며 나를 비롯한 수많은 인력이 그 일에 투입돼 있다.〉

융은 꿈 이야기를 듣고 다음과 같이 말했다. "그래, 자네도 알겠지만 신전은 우리 모두가 그 위에 지어 올려야 할 토대라네. 우리는 그 사람들을 모르네. 왜냐하면 그들은 인도, 중국, 러시아는 물론 전 세계에 걸쳐 짓고 있기 때문일세. 그들이 짓고 있는 것은 바로 새로운 종교야. 새로운 종교가 지어질 때까지 과연 얼마나 걸릴 것 같은가? …… 한 600년은 걸리지 않을까 싶군."

—에드워드 F. 에딘저, 《의식의 생성》 중에서

프로이트와
이별하다

정신과의 새로운 기능적 관계는 진화하고 있다. 즉 부분을 전체에 연결 짓는 새로운 방식이 진화한다는 말이다. 이러한 관계야말로 현재 우리의 삶에서 가장 부족한 요소다. 우리는 부분을 전체에 어떻게 연결시키는지 도통 모르고 있다. 예컨대 시민을 정부에, 일상생활을 삶 전체에, 각기 다른 관심사와 책임을 전체적 인격에 어떻게 연결 지을지 감을 잡지 못하고 있다. 이 가운데 가장 문제가 되는 것이 바로 의식과 인격의 관계다. 마음속 깊은 속에서 끊임없이 우리에게 상기시키는 바에 따르면 의식은 부분이며 인격은 전체다. 이러한 부분과 전체의 관계를 일컬어 융은 '개체화'라 명명했다. 다시 말해 '자아'와 상위의 '자기' 사이에 존재하는 관계의 축이라 규정한 것이다. 신화의 기능은 바로 이러한 관계의 패턴을 보여주는 데 있다. '중추적 신화'가 없으면 패턴에 대한 감각을 느낄 수 없을뿐더러 부분과 전체가 서로 관계를 형성하지 못한다. 바로 이것이 정신의 공정, 정신의 작업 즉 스스로 문제를 해결하고 균형을 회복하는 정신이 담당해야 할 몫이다.

우리의 작업, 다시 말해 의식의 작업은 정신에 살아 있는 형태를 제공하는 일이다. 살아 있는 형태는 이러한 복구 과정을 향해 상상이 열어놓은 창문을 통하여 부여된다. 우리의 일은 순수한 잠재력으로부터 현실을 결정화해내는 것이며, 맹목적 경험으로부터 의미를 증류해내는 것이다. 인간 정신에 있어서 부분과 전체의 관계에 대해 융이 생각한 신화는 다음과 같았다. '우리가 알아낸 바에 따르면 인간 존재의 유일한 목적은 삶의 어둠 속에 불빛을 밝히는 것이다. 삶의 어둠 속에서 인간은 단순히 존재하는 상태에 그친다.'

이를 통해 우리가 밝히는 불빛, 즉 미완의 상태에 있던 의식이 전체성에 다시 귀의함으로써 완성에 이른다는 사실을 알 수 있다. 가장 심원한 의미에서 생각해볼 때 치료는 전체의 '섬김'이다. 치료란 자아의 치유, 영혼의 치유뿐 아니라 우리의 의식이 신에게 베풀 수 있는 치유를 망라한다. 마치 자아가 '자기'의 신전이 되려는 양, 성배 전설에 나오듯 귀중한 물질을 담을 용기라도 되려는 양, 미완의 신이 기꺼이 거할 집이라도 되려는 양 그리고 치료가 체현을 위한 준비 과정이라도 되는 듯이. 융은 이렇게 설명하고 있다. '우리에게 필요한 신의 체현에 대한 신화는······ 다음과 같이 이해할 수 있다. 첫째, 상호대립적 요소들과 개인의 창조적 조우라 볼 수 있다. 둘째, 개인의 자기, 즉 인격의 전체성 안에서 상호대립적 요소들의 결합이라 생각할 수 있다.'

에드워드 에딘저의 말대로 신전은 사람들의 꿈속에 등장하는 주된 이미지 중 하나다. 필자의 경험으로 미루어 볼 때 신전의 이미지는 여성의 꿈에 더 자주 등장하는 경향이 있다. 예컨대 다음과 같은 꿈을 꾼 여성이 있었다.

캘리포니아 해안에서 차를 몰고 있다. 사람들에게 어떤 장소로 가는 길을 안내해줘야 한다. 목적지는 (페루나 멕시코에 있는 것과 같은) 유적 즉 피라미드다. 그런데 어떻게 가야 할지를 모르겠다. 일단 다른 길로 되돌아가 북쪽으로 향해야 한다는 생각이 아주 강렬하게 와 닿는다. 차는 길 위에서 꼼짝도 못하고 있다. 돌아가긴 해야겠는데 왔던 길로는 갈 수 없다. 나는 차를 빙 돌려 북쪽으로 향한다. 길목에 멕시코의 무도회장 같은 신전ziggurat<sup>OO</sup>이 있는 도로를 타기로 한다. 주위를 둘러보니 예술가들이 있다. …… 지금 그곳에서 거닐고 있다.(바로 그 신전이다!) 계단은 오래되고 닳았다. 이끼가 껴 녹색을 띠고 있으며 부드럽기 그지없다. 어디에선가 드럼 소리가 계속 들려온다. 축하 행사가 벌어지고 있나 보다. 계단이 높고 옆면이 너무 가파른지라 신경이 곤두선다. 위로 올라가니 굽이굽이 휘도는 강들이 한 눈에 들어온다. 널찍하게 자리 잡은 강물이 넘칠 듯 출렁이며 아름다운 자태를 뽐내고 있다. 어떤 남자가 내게 옆으로 비켜서라고 말한다. 우리에게 이 물과 관계된 화면 같은 것을 보여주려나 보다. 남자는 제어장치가 있는 공간으로 들어가 물을 튼다. 이제 물은 적당한 규모의 폭포수로 쏟아질 것이다. 드디어 물이 콸콸 쏟아지기 시작한다. 마치 홍수라도 난 것처럼 뿜어져 내려온다. 하지만 위협적으로 보이진 않는다. 아주 따스하게 느껴진다.

<hr />

OO
옛 아시리아나 페르시아에서 축조된 피라미드 형태의 신전을 뜻한다.

이처럼 상징적인 신전 이미지의 등장은 근원적인 의문을 불러일으킨다. 신은 왜 신전을 필요로 하는가? 잠재력은 왜 현실로 체현되길 바라는가? 이러한 의문은 융으로 하여금 다음과 같은 결론에 도달하게 했다. 즉, 위대한 '자기'가 의식에 닿으려는 노력 속에서 자아를 섬기는 이상으로 자아도 '자기'를 섬기고 있다고 말이다. 융은 이렇게 말한 바 있다. '이로써 무의식이 우리에게 영향을 미치듯 의식의 증대 또한 무의식에 영향을 미친다는 사실을 추론해볼 수 있다.'

개체화는 의식을 끌어내려 애쓰는 사람들뿐 아니라 의식을 끌어들이려 애쓰는 자연에도 관계된다. 과거 연금술에서 일컬은 '자연의 빛Lumina natura'이 여기에 해당된다. 자연의 의식은 어둠 속의 빛처럼 반짝이며 진화는 스스로에 대해 알고자 눈을 부릅뜨고 있다. 자신의 존재를 외부에 알리고 싶어 하는 충동이 작용하는 것이다.

바로 이것이 앞으로 우리에게 다가올지 모른다. 그리고 우리에게 일어날 일은 물론 의미 있는 삶을 영위할 방법에 대해서도 얘기해줄지 모른다. 여기에서 필자가 확언할 수 있는 바는 다만 나 자신의 직관을 사로잡은 사항에 관한 것뿐이다.

필자가 생각하기에 가장 중요한 발달은 최근 동지의 의미가 재조명되는 현상과 밀접한 관련이 있다. 필자는 크리스마스 트리의 의식이 진화하는 양상을 관심 있게 지켜보고 있다. 우선 이 의식과 관련해 몇 가지 사항을 기억해 두도록 하자. 첫째, 크리스마스 트리는 크리스마스와 별다른 관련이 없다는 점이다. 표현에 정확을 기하자면 크리스마스 트리는 사실 '한겨울의 나무midwinter tree'라 말해야 옳다. 둘째, 현재와 같은 형태의 관습은 오래 전에 생긴 것이 아니라 비교적 최근에 시작됐다. 기본적 이미지는 가지 사이로 빛이 반짝이는 나무에서 출발했다. 따라서 이미지 속의 나무는 신화적 속성을 띤다. 전설에 따르면 마틴 루터가 어느 겨울 밤 숲을 지나다가 상록수 잎사귀 사이로 반짝이는 별들을 봤다고 한다. 한겨울의 나무는 별들이 내려앉은 상록수를 표상화한 것이다.

우리의 문화 전반을 조망하건대 한겨울의 나무(크리스마스 트리)는 오늘날 여러 가정에서 보편적으로 지켜지고 있는 유일한 신앙행위다. 한겨울의 나무는 집안에 나무를 들여다가 빛으로 '장식'하는 신앙행위를 일컫는다. 나무를 빛으로 장식하는 것은 종교적 색채가 짙은 행위로, 많은 현대인들에게 이 행위는 아직까지 버리지 않은 유일무이한 신앙행위로서 의미를 지닌다. 나무를 희생의 제물로 삼던 풍습이 이 행위를 통해 이어지고 있는 것이다. 한겨울의 나무는 종교의 경계를 막론하고 등장한다. 들은 바로는 근래 들어 일본의 크리스마스 트리 수입량이 증가하고 있다고 한다. 막대한 비용을 감수하면서까지 말이다. 이와 같은 풍습의 확산 추세는 21세기에 들어서조차 멈출 기미를 보이지 않고 있다.

그렇다면 한겨울의 나무와 축연이 얼마나 많은 에너지, 즉 얼마나 많은 정신적 에너지를 불러일으키는지 살펴보자. 오늘날 크리스마스의 '마법'은 살아 있는 상징으로서 여전히 제 기능을 하고 있다. 신화적 달력에는 현재 극소수의 단면만이 살아남아 있다. 우리는 이러한 단면들을 원형 패턴의 선형에 따라 축하한다. 한겨울의 축연은 바로 몇 안 되는 이들 단면의 일부다. 한겨울의 축연은 아직 탈신화화되지 않은 것이다.

대체 무슨 일이 벌어지고 있는 것일까? 필자는 두 가지 가능성을 생각해 본다. 첫째, 크리스마스 트리는 크리스마스 신화의 여러 단면 중 마지막까지 살아남아 제 기능을 발휘하는 부분일 수 있다.(그 이유는 크리스마스 트리가 가장 많은 마나를 지니고 있기 때문일 것이다.) 둘째, 한겨울의 나무는 진화 중인 새로운 신화로부터 맨 먼저 탄생한 요소 중 하나일지 모른다.

필자는 다음과 같은 환상을 갖고 있다. 우리 모두가 영혼의 겨울에 살고 있다는 환상, 즉 암흑시대의 암흑기에 살고 있다는 환상 말이다. 한겨울의 의식儀式에서 정신을 충족시키는 부분은 나무를 실내에 들여놓는 이미지와의 공명 부분이다. 우리는 나무를 자신의 '집'(신전) 안에 들여놓음으로써 자연의 빛을 보살피는 보호자가 된다. 이렇게 해서 우리는 가장 어두운 날에도 자연의 빛을 지켜낸다. 이처럼 신화적 관점에서 볼 때 크리스마스 트리는 살아 있는 신전이라 할 수 있다. 크리스마스 트리 역시 하단부가 넓고 위로 갈수록 뾰족해지며 가지 형태를 보더라도 신전의 계단이나 층단과 비슷한 형상을 갖추고 있다. 나무를 들여놓는 순간 우리는 정신의 생육에 대한 책임을 떠안게 된다. 우리는 갖가지 선물을 가져다 나무 밑에 늘어놓는다. 이러한 신앙행위로 인해 마침내 나뭇가지에는 결실이 맺힌다. 한겨울 나무의 가지에 달린 결실을 'bulb(전구 또는 식물의 구근)'라 칭하는 것을 결코 상징적 우연으로만 볼 수는 없다. 겨울철 땅속에 심은 구근은 봄이 되면 새로운 생명을 피워낸다. 한편 동지는 기나긴 겨울의 서막에 불과하다.─이것이 내가 지닌 환상의 전말이다.

더불어 근래에는 외계인 신화의 진화양상도 관심 있게 지켜보고 있다. 여기서 다시 한 번 별의 이미지, 우리의 세계로 내려오는 존재의 이미지가 부각된다. 외계인 신화는 원형적 표상인 탓에 여러 시대에 갖가지 형태로 알려져 왔다. 오늘날 우리가 갖고 있는 외계인 신화는 제2차 세계대전 직후 특히 폭발적인 활기를 띤 것으로 보인다. 이때를 계기로 외계인은 단순한 '이야기' 수준을 넘어서게 됐다. 사람들이 직접 겪은 '경험'의 대상으로 등장한 것이다. 여기서 필자는 몇 가지 발달 양상에 주목한다. 우선은 외계인의 표상 방식에서 움직임이 일어났다. 처음에는 경험 사례들 모두가 다소 거리감을 느끼게 하는 내용이었다. 예컨대 공중에 나타난 UFO나 하늘에서 일어난 기이한 현상이 주를 이뤘고 외계인은 여전히 베일에 싸인 채 모습을 드러내지 않았다. 그러다 어느 순간 상황이 일변하기 시작했다. 외계인이 사람들 눈에 띄기 시작한 것이다. 외계인을 보고 만나고 얘기도 나눴다는 사람들이 속속 등장했다. 외계인이 보다 가까운 존재로 다가선 것이다. 대중은 외계인의 출현에 대해 처음에는 과대 망상적 반응을 보였다. 1950년대 할리우드에서 제작된 B급 영화들을 떠올려보자. 영화 속에서 외계인은 인간 '자아'의 안전을 위협하는 유해한 존재로 그려지고 있다. 그러나 이런 감정에 변화가 일어났다. 우리는 외계인들에 대해 편안한 존재, 심지어 친숙한 존재로 인식하기 시작했다. 영화〈E.T.〉만 보더라도 주인공 E.T.는 집안 벽장에 들어가기까지 한다.

특히 놀랄 만한 또 다른 변화가 일어난 것은 약 15년 전이다. 외계인이 우리에게 아주 가까운 존재, 인간의 내부에 들어온 상태로 묘사되기 시작한 것이다. 이런 추세는 영화 〈에일리언Alien〉이나 논픽션 베스트셀러 《교감Communion》○○이 등장하는 토대가 됐다. 물론 인간 내부의 외계인이란 발상은 대중에게 극심한 공포감을 불러일으켰다. 생각만으로도 불편하기 그지없는 노릇이었다. 하지만 최근 들어서는 외계인이 우리 모두의 안에 존재할 수 있다는 기묘한 발상이 여러 매체를 통해 표상화되는 경향이 속속 눈에 띄고 있다.

필자의 관심을 끄는 것은 진짜 외계인이 존재하느냐 여부가 아닌, 인간

○○

소설가 휘틀리 스트리버(Whitley Strieber)가 자신의 외계인 피랍 경험을 소재로 쓴 1987년 작이다.

프로이트와
이별하다

내면에 깃든 상징적 외계인이다. 다시 말해 정신이 보여줄 것이 무엇인지가 관심대상인 것이다. 어쩌면 여기에서 앞으로 다가올 신화를 발견할 수 있을지 모른다. 우리 자신의 것이 아닌 의식 즉 다른 세계, 다른 별들에서 내려온 의식과 운명적으로 조우할 순간이 점차 다가오고 있는지도 모를 일이다. 앞서 융은 다음과 같이 말한 바 있다. '상징은 늘 다음과 같은 사항을 전제한다. 즉 표현을 선정하려면 그 대상이 되는 사실을 가장 잘 그려내거나 형식화한 표현을 골라야 한다는 것이다. 표현대상인 사실은 상대적으로 알려져 있진 않지만 그럼에도 불구하고 우리가 그 존재를 인식하고 있거나 아니면 그 존재를 가정하고 있는 사실을 말한다.'

또 다른 관심사는 다름 아닌 백만 살의 동거인이다. 여러 면에서 백만 살 된 동거인은 자연의 의식에 대한 가장 원초적 이미지라 할 수 있다. 이는 태고 이래의 시간을 아울러온 이미지다. 가령 '옛적부터 항상 계신 이'<sup>1</sup>나 조상, 푸루샤Purusha<sup>2</sup>, 참나무 왕Oak King<sup>3</sup>, '성배의 수호자'<sup>4</sup>를 예로 들 수 있다. 살다 보면 예전에도 살아본 적이 있는 듯 느껴질 때, 수많은 삶과 수많은 경험을 겪어본 듯한 느낌이 들 때 그리고 마

---

**1**

〈구약 성서〉의 '다니엘 서' 7:9~7:14. 다니엘이 꿈속에서 본 하느님의 모습을 일컫는다.

**2**

산스크리트어로 '인간', '자기(self)', '남성'을 뜻한다. 인도 철학에서 순수불변의 영원한 '자기'를 지칭한다.

음속 깊은 곳에서 이러한 기억들이 여전히 살아 있는 기분이 들 때가 간혹 있다. 이런 순간 그 배후에는 백만 살 된 동거인이 자리하고 있으며 부분적으로 작용하고 있다. 뿐만 아니라 또 다른 정체성을 감지할 때, 즉 잊고 있었지만 이따금 기억의 언저리에서 맴도는 듯한 비밀스런 정체성이 느껴질 때도 그 배후엔 백만 살의 동거인이 자리하고 있는 것이다. 이러한 비밀의 정체성은 우리가 의식의 영역으로 끌어올리기만 하면 금세 기억해낼 수 있을 것처럼 느껴진다. 백만 살의 동거인은 우리의 또 다른 분신인 정신이다. 이에 대해 융은 다음과 같이 기술하고 있다.

무의식을 인격화할 수 있다면 아마도 집단적 인간으로 그려낼 수 있을 것이다. 집단적 인간이란 양성兩性의 특징이 결합된 존재로 생사, 노소를 초월하며 실질적으로 불멸의 존재라 말할 수 있다. 불멸의 존재라 칭하는 이유는 1~2백만 년에 걸쳐 인간으로서의 경험을 쌓아왔기 때문이다. 만약 이러한 존재가 정말 있다면 이 존재는 시간의 변화를 모두 뛰어넘은 지고

---

**3**

켈트족에 전해지는 신(新)이교 신앙의 전설에 등장하는 인물이다. 전설에 따르면 계절이 바뀔 때 참나무 왕과 호랑가시나무 왕(Holly King)이 왕위를 차지하고자 전쟁을 벌인다고 한다. 동지에는 참나무 왕이 이기고 하지에는 호랑가시나무 왕이 승리한다고 전해진다.

**4**

대표적인 예로 아서 왕의 전설을 꼽을 수 있다. 이에 따르면 성배를 찾아 나선 원탁의 기사 중 가장 순수한 마음을 지닌 파르치팔이 성배의 수호자로 낙점된다.

의 상태에 있을 것이다. …… 그가 꾸는 꿈은 태곳적의 꿈일 것이며 그의 예언은 헤아리기조차 어려운 경험에 힘입어 가히 견줄 상대가 없을 것이다. 그는 셀 수도 없을 만큼 거듭해서 개인, 가족, 부족, 민족으로서 삶을 영위했을 것이다. 또한 성장, 개화, 조락凋落의 리듬에 대한 살아 있는 느낌을 고스란히 간직하고 있을 것이다.

—〈정신의 구조 및 역학〉 중에서

필자의 소견으론 이것이야말로 개인적 신화가 그토록 완성하려 애쓰는 작업이 아닐까 싶다. 개인적 신화는 기억의 언저리에서 가물거리는 우리의 정체성을 의식의 형태로 끌어내려 한다. 단, 우리가 문제의 정체성을 찾아내는 데 성공한다면 말이다.

이와 같은 작업은 우리 자신뿐 아니라 타인을 위한 일이기도 한다. 수많은 세대에 걸친 작업을 통해 신화는 다듬어지며, 이러한 작업은 백만 살의 동거인과 제휴한 상태에서 이뤄진다. 백만 살의 동거인은 마치 문제의 상황에 내재한 본연의 패턴을 찾아내는 당사자인 것처럼 보인다. 패턴은 고도의 복잡성을 띠면서도 한편으론 미묘한 대칭구도를 담아낸 청사진과도 같다. 청사진은 한 줄 한 줄씩 서서히 결정화되고, 이미지가 하나씩 살아나면서 청사진은 살아 있는 신화로 변모한다. 초기 단계에서는 거대한 규모의 신전에 비유할 수 있다. 이 단계에서는 청사진의 내용을 아직 모르는 상태이기 때문에 아직 각각의 부분이 어떻게 서로 들어맞을지 도통 알 수가 없다.

개개인의 삶은 결정화의 수단이라 볼 수 있다. 결정화 과정을 통해 형성되고 실체를 부여 받는 결과물이 탄생한다. 개인의 삶은 우리에게 주어지는 시간이 극히 한정돼 있다는 점에서 워크스테이션, 아니 교대근무 조와 유사하다. 우리는 능력이 허락하는 한 많은 작업 분량을 소화하려 애쓰는 한편, 다음 근무조에게 미완의 부분을 인계한다. 작업은 남몰래 외로이 진행되는 경우가 많다. 아침이 되면 우리는 야간근무조로부터 지시사항을 전달받는다. 야간근무조는 작업의 진척 방식을 일러주는 한편 지금까지의 진행현황에 대해 최신정보를 전해주려 노력한다. 그들은 가능한 한 최선을 다해 우리가 인계 받을 업무에 대해 전달해 주려 애쓴다. 만약 그들이 일을 잘 해냈다면 우리는 이에 탄복하며 우리가 해야 할 일에 대해 명확히 이해하게 될 것이다. 반면 일을 잘 해내지 못했다면 우리는 문제가 된 부분으로 되돌아가 미완의 작업분을 다시 손봐야 할 것이다. 이따금 우리네와 똑같은 작업분을 다루면서도 우리와는 전혀 다른 기술을 사용하는 사람들을 만나기도 한다. 점심시간이 되면 삼삼오오 둘러앉아 도시락을 먹으며 이야기꽃을 피우다 호루라기 소리가 들리면 다시 작업장으로 돌아가고 말이다. 오후쯤에는 모두들 최고의 기량을 발휘하고 있을 것이다. 눈앞의 일에 온 신경이 맞춰져있기 때문이다. 우리는 기술과 재능이 허락하는 한 저녁때가 될 때까지 줄곧 맡은 바 작업분을 소화해 나간다. 온 마음과 영혼을 기울여 작업을 이어가던 중 어느 순간 교대 근무조가 소란스레 들어와 우리의 집중력을 흩트려 놓는다. 우리는 그간의 경과를 보고하고 필요하다 생각되는 지시사항을 당부한다. 그리고 정말 마지못해 연장을 내려놓는다. 운이 좋다면 하루 동안 열심히 일했다는 보람을 느끼며 집으로 돌아갈 것이다. 그러다 문득 뒤를 돌아보면 제 모습을 갖춰가는 거대한 구조물이 눈에 들어오면 입가엔 슬며시 미소가 떠오를 테다.

마지막으로 한 남자의 꿈을 소개하며 마치려 한다.

지금 나는 행성 사이의 광대한 공간에 있다. 태양도, 지구도 없으며 어떤 소리도 들리지 않는다. 다만 적막한 별들만이 주변에 가득 떠있을 뿐이다. 나는 가늘고 붉은 선을 따라 걷는다. 이 선을 따라 액체 상태의 불이 타오르고 있다. 선의 너비는 60센티미터 정도다. 불길은 격렬히 타오르지만 내게 해를 가하지는 않는다. 게다가 불은 그 위로 걸어갈 수 있을 만큼 단단하다. 나는 걸으면서 생각한다. '왠지 친숙해. 이게 뭔지 아는데 이건⋯⋯' 그리곤 마치 혀끝에서 말이 맴돌 때처럼 다음 부분이 떠오르질 않는다. '네가 안다는 걸 너 자신은 알고 있다'는 생각만 들 뿐이다. 이 꿈속에서 문제가 되는 것은 바로 인지다. 그렇다면 나는 타오르는 이 붉은 선의 정체를 인지할 수 있을까? 이 선은 무엇이기에 이토록 친숙하게 느껴지는 것일까? 순간 내 몸이 선 위로 끌어올려 진다. 이제 나는 훨씬 높은 곳에서 내려다볼 수 있게 됐다. 아래를 굽어보니 내가 걸었던 붉은 선이 눈에 들어온다. 그런데 위에서 보니 내 선은 수많은 선들 중 하나에 불과한 것이 아닌가? 다른 선들이 내 선과 서로 연결되고 교차하고 있다. 더 높이 올라가니 모든 선이 거대한 원 안에서 서로 얽혀 있는 모습이 눈에 들어온다. 공간 속에서 타오르는 살아 있는 원은 극도로 복잡한 동시에 아름답다. 이제 보니 내 선은 커다란 패턴을 구성하는 여러 개의 선들 중 하나일 뿐이다. 패턴은 미묘한 조화 속에서 각각의 선을 연결 짓고 있다. 나는 드디어 알게 된다. 내가 원의 중심을 향해 걸어가고 있었다는 사실을. 그러자 다음 순간 내가 그동안 갈구했던 인지가 내 손에 들어온다. 나는 깨닫는다. '이것이 내 삶' 이라는 사실을 말이다. 그렇기에 그토록 친숙하게 느껴졌던 것이다.

융이 직접 그린 만다라

융은 자신의 만다라를 일컬어 '현대인의 만다라' 라 칭했다.

융은 대우주에 감싸 안긴 소우주의 모습을 그렸다.

그림의 꼭대기는 날개 달린 알의 형상으로 장식했다.

그리고 맨 밑에는 별의 형상을 그려 넣고

'세상의 주, 아브락사스' 라는 말을 적었다.

생각해 보라. 역사상 중요한 순간들, 역사적 사건들은 언뜻 한꺼번에 일어나는 것처럼 보인다. 이는 수천 년에 걸쳐 신화 체계가 탄생하고 사멸하는 패턴과 비슷하지 않을까 싶다. 이러한 주기를 그려보면 높낮이를 반복하는 곡선이 나타날 것이다. 세월의 경과와 더불어 나타나는 곡선의 정점과 하단부는 역사적 시점과 상관관계가 있을 수 있다. 고대 근동지역에서 천상의 신들이 지상의 신들을 공격해 제압했다는 신화가 태동했던 기원전 2천 년 전후를 떠올려 보자. 수백 년 사이 신화적 변동이 일어났던 이 시기의 신화는, 역사적으로는 북방으로부터의 침입과 전차의 발명이라는 역사적 사실에서 관련성을 찾아볼 수 있다. 또한 우리는 서구문명의 발달사가 신화의 흥망과 궤적을 같이 한다는 사실도 확인할 수 있다.

# 부록

## 신화의 기능

신화는 환경 및 정신과의 기능적 관계를 표현한다. 앞서 우리는 제2장에서 기능적 관계가 어떤 과정을 통해 일종의 생태학적 균형으로 간주되는지 살펴본 바 있다. 생태학적 관계는 진화한다. 생태학적 관계는 결코 의식적으로 생각해낼 수 있는 것이 아니다. 사실 이러한 관계는 고도의 복잡성을 띠기 때문에 그 균형적 조화는 이성적 사고의 범주를 넘어선다 할 수 있다. 일찍이 융은 원형에 대해 통찰력 있는 견해를 피력한 바 있는데, 이를 일컬어 필자는 상황에 내재된 패턴이라 지칭하고자 한다. 이와 같은 관점에서 보자면 기능적 관계는 내재적 패턴에 맞춰 정렬하는 과정을 통해 진화해 간다 말할 수 있다.

여기서 정렬이란 라이프스타일의 적응행태를 의미한다. 라이프스타일은 개인의 정신으로부터 발현돼 환경 속에서 본연의 모습을 드러낸다. 예컨대 모스크바로 이주한다 치자. 이런 경우 지금까지의 각종 습관은 부득이하게 바뀔 수밖에 없다. 일상생활에서 기대하던 것, 당연시하던 것은 물론 삶을 꾸려가던 방식까지도 달라질 수밖에 없다. 물론 새롭게 적응을 이뤄내야 할 이들 부분에 대해 미리 생각을 해볼 수는 있다. 앞으로 할 일에 대해 나름대로 계획을 세워볼지도 모른다. 약간의 궁리 끝에 앞으로 필요하다 싶은 일을 의식적으로 배워두려 할지도 모를 일이다. 하지만 여기서 주의해야 할 점은 이러한 일련의 적응이 해당 상황에 대한 의식적 숙고熟考보다는 느낌에 기초한 무의식적 지각知覺과 더 깊은 관련이 있을 수 있다는 것이다. 기초 문화의 경우 환경상의 변화에 대한 적응은 의식적 사고를 통해 이뤄지지 않는다. 본래 인간이란 학습의 주요 부분이 의식 단계에서 일어나도록 발달된 존재가 아니다. 인간에게 있어서 상황을 '읽어내고' 경험으로부터 '학습하고' 적응에 대해 정신적 에너지를 부여하는 것은 다름 아닌 정신이다. 일정한 성향으로의 흐름이 시작될 때 우리는 으레 그 흐름에 순응한다. 확고한 의지력에 기대어 흐름에 저항하지 않는 한 말이다. 모스크바로 이주한다는 위의 가정을 다시 한 번 떠올려보자. 이런 경우라면 눈앞의 상황과 어긋나는 라이프스타일을 고수하려는 의지력은 너무나 쉽사리 흔들리고 말 것이다. 상황에 내재한 패턴에 맞춰 '정렬'하는 작업은 이러한 형태로 전개된다.

상상의 견지에서 볼 때 모스크바로 이주하든 루이지애나에서 대평원으로 이주하든 큰 차이는 없다. 후자의 이주 사례는 과거 미시시피 계곡에 근거를 두고 있던 여러 문화에서 찾아볼 수 있다. 새로운 환경에서는 새로운 기능적 관계가 요구된다. 마찬가지 이주 사례로서 미대륙으로 건너온 유럽인들이나 기원전 586년 예루살렘의 함락으로 이산離散의 운명을 맞았던 유태민족의 경우도 생각해볼 수 있다. 뿐만 아니라 이주 행위 없이도 환경상에 급작스러운 변화가 발생하는 경우 또한 가능하다. 어떤 경우이든 새로운 현실 앞에서는 그에 대한 적응이 요구될 수밖에 없다.

앞서 제2장에서 어떻게 해서 이러한 경험이 개인적 형태 또는 문화적 형태로 일어날 수 있는지 살펴본 바 있다. 새로운 상황에 처할 경우 개인은 종전의 적응에서 비롯된 역기능을 경험하고는 종전의 패턴이 이제는 쓸모가 없다는 사실을 깨달을 것이다. 이에 대해 융은 이런 상황에 처한 개인의 내면에서 신화화 과정이 가동되기 시작한다고 주장했다. 막다른 궁지에 몰린 처지에서 개인이 그 상태에서의 긴장을 충분히 오랜 시간 붙잡아둘 수 있다 치자. 그러다 보면 마침내 개인은 새로운 방향을 제시해주는 상징을 경험하게 된다. 이러한 상징을 일상에서 실현할 경우, 즉 실제의 삶 속에서 감행할 경우 개인은 새로이 등장한 기능적 관계를 표상화하는 데 성공할 수 있다. 그리고 이 관계가 융이 말한 '문화적 타당성'을 획득할 경우 그에 대한 새로운 표상은 개인이 속한 문화에 의해 받아들여져 보다 세밀한 가공 단계에 들어가게 된다. 구성원의 삶에서 탄생한 개인의 신화가 그가 속한 문화 전체를 지탱해주는 상위 차원의 신화로 거듭나는 것이다.

제2장에서도 살펴보았듯 환경과의 기능적 관계가 경험되는 방식은 두 가지다. 문화적 방식과 개인적 방식이 그것이다. 개인은 내면의 경험을 통해 환경과 관계를 형성한다. 환경에 내재된 패턴을 무의식적으로 지각함으로써 환경과 관계를 맺는 것이다. 앞서 말리노브스키가 설명했듯 주술은 이와 같은 방식으로 작용한다. 한편, 개인은 외부적 경험을 통해서

프로이트와
이별하다

도 환경과의 관계를 형성한다. 환경에 내재된 패턴을 문화적으로 결정된 방식으로 지각함으로써 환경과 관계를 맺는 것이다. 이러한 방식을 일컬어 '경험적 현실'이라 칭한다. 비록 경험주의 자체가 이미 일종의 문화형태라는 사실을 잊어버리기 일쑤지만 말이다. 흔히 경험적 현실은 문화마다 상당한 차이를 보이곤 한다. 이런 속성은 환경은 문화의 관점과 상관없이 동일한 법칙을 따른다는 경험주의의 본질에 어긋난다 할 수 있다. 그러나 근래 들어 양자물리학계에서는 관찰자의 관점에 따라 지각적 현실이 결정된다는 사실을 인지하기 시작했다.

우리는 환경뿐 아니라 정신과도 기능적 관계를 형성할 필요가 있다. 필자는 이를 신화의 '종교적' 기능이라 칭한 바 있다. 본문에서 논한 대로 위험성 측면에서 봤을 때 정신과의 역기능적 관계는 환경과의 역기능적 관계만큼 우려할 만하다. 재차 말하지만 이러한 관계는 개인적 방식으로도 문화적 방식으로도 경험할 수 있다.

개인의 종교적 경험을 아울러 흔히 신비설神秘說 혹은 신비주의라 부른다.(필자는 이미 앞에서 신비주의란 용어 사용에 대해 신중한 입장임을 밝힌 바 있다). 개인과 신성한 힘numinosum의 관계, 즉 몰개인적 정신의 무게 중심과 개인의 관계는 과연 어떻게 형성되는가? 우리는 흔히 신성한 힘을 대상으로 한 관계형성의 문화적 형태를 아울러 종교라 지칭한다. 종교적 신화가 가공 과정을 거쳐 완전히 다듬어지게 되면 신성한 힘(각종 신)에 대한 이성적 이해를 북돋아주는 역할을 한다. 이런 경우 신성한 힘에 대한 이성적 이해는 과학 이론만큼이나 복잡다단한 면모를 보인다. 종교적 '현실'은 교리에 따라 규정된다. 재차 언급하지만 경험주의는 그 기반을 이루는 문화적 토대에 반발하며 이와 마찬가지로 교조주의 역시 그 '존재론적 위상'을 위협하는 어떤 유보적 시도에 대해서도 반발한다. 그러나 새삼 여기서 신화적 현실이 각 문화마다 다른 양상을 보인다는 사실을 지적할 필요는 없으리라 믿는다.

신화의 기능은 신화의 환경적 기능과 신화의 종교적 기능, 그리고 문화적 경험과 개인적 경험이라는 네 가지 측면에서 찾아볼 수 있다.

융의 경우 모든 대립요소의 저변에 숨어 있는 통일성을 인지해낸 것만으로도 천재성을 충분히 입증했다. 융은 연금술에 존재하던 '하나의 세계unus mundus'란 개념을 부활시켰다. 융의 주장을 간략히 설명하자면 다음과 같다. 몰개인적 정신의 가장 깊은 차원에서 정신이 물질로 융합된다는 것이다. 한편 물리학계에서도 물질의 가장 깊은 차원을 탐구하는 과정에서 이와 동일한 맥락의 문제에 눈을 떠가고 있다. 즉 어떻게 해서 물질이 정신과 맞닿게 되는지 의문을 품기 시작한 것이다. 정신과 물질이 변별되지 않는 이러한 상태를 일컬어 융은 '정신양精神樣 영역'이라 명명했다. 앞서 《망자를 위한 일곱 편의 설교문》에서 언급했듯이 정신양 영역의 본래 이미지는 바로 플레로마pleroma였다.

이와 같은 대립요소 간의 결합을 고려할 때 환경과 신성한 힘, 외부의 문화와 내면의 정신은 각기 다른 차원에서 서로 연관돼 있음이 분명하다. 신화는 환경 및 정신과의 기능적 관계로부터 태어난다. 기능적 관계는 문화적 표현(과학 및 종교) 또는 개인적 표현(주술 및 신비설)의 형태를 취할 수 있다. 다시 말해 문화는 정신의 외양이 될 수 있다. 안으로 시선을 돌리면 환경과 신성한 힘이 정신의 중재를 거쳐 개인에게 전달됨을 알 수 있다. 즉, 정신의 상상을 통해 개인에게 전해지는 것이다. 반면 밖으로 시선을 돌리면 환경적 현실과 신학적 현실이 문화의 중재를 거쳐 개인에게 전달됨을 알 수 있다. 예컨대 문화적 상상을 통해 개인에게 전해지는 것으로, 우리가 지각하는 세계 전부가 일정한 중재를 거쳐 전달된다는 뜻이다. 우리의 '지식'은 우리 주변을 안개처럼 감싸고 있는 상상의 형태를 거치면서 이미 소화된 것들이다. 그리고 이것이 바로 신화다. 신화란 특정한 정황을 배경으로 한 의미이며 정황적 지각이자 상상의 잔여물이라 할 수 있다. 마치 우리가 보지 못하는 불길로부터 피어오르는 연기처럼 말이다.

더 나아가 심층적 차원에서 보자면 신성한 힘과 환경은 모두 그 기저를 이루는 통일성의 표현이다. 경험적 현실과 신학적 현실 또한 그 기저를 이루는 통일성의 표현이긴 매한가지다. 물론 경험적 현실은 환경에 대한 '진정한' 이해임을 이미 자처하고 있다. 신학적 현실이 신들에 관한

'진정한' 표현임을 자처하고 있듯 말이다. 오늘날 과학적 세계관에서는 신성한 힘을 제반 환경현상에 대한 원시적 표현쯤으로 폄하하는 경향이 있다. 가령 제우스는 번개, 포세이돈은 바다, 가이아는 대지 정도로 말이다. 하지만 위에서 언급한 심층적 차원에서 보자면 이와 같은 기본 패턴에 과학적 신화를 부여하든 종교적 신화를 부여하든 별다른 차이가 없음을 알 수 있다. 융은 말년에 접어들어 기존의 변별적 입장을 뛰어넘는 모습을 보였다. 즉 영靈과 자연, '원형'과 본능을 구별 지었던 종전의 태도를 버린 것이다. 융은 '원형 그 자체'의 개념에서 그 기저를 이루는 통일성을 인지해냈다. 영에서든 자연에서든 결정화될 수 있는 패턴과 조직의 순수한 형식적 측면을 찾아낸 것이다.

상위의 힘들은 활발히 작용한다. 신비스러운 이들 힘과의 살아 있는 관계 속에서 삶의 방식을 제공해주는 것이 바로 신화의 기능이다.


## 신화의 생명주기

세월이 흐름에 따라 신화는 성盛하고 쇠衰한다. 난공불락처럼 보이던 가설조차도 새로운 현실 앞에선 결국 무릎을 꿇는다. 살아 있는 신화가 탄생하고 세월과 더불어 발달하다 어느덧 절정에 이르고는 세월과 함께 노쇠하고 퇴락해 마침내 사라지고 만다. 그렇다 해도 신화의 역사적 형태는 생명력이 빠져나간 채 남는다. 구식 의술이 남아 있으되 이를 사용하는 의사가 없으며, 예전의 신들 이름을 기억하긴 하되 더 이상 숭배하는 사람이 없는 것과 같은 이치다. 이렇게 볼 때 신화는 완전히 사멸하지는 않는다 할 수 있다. 신화는 '신화를 생성하는 상상의 모체'로 돌아가 재형성된 후 다시금 망자의 세계로부터 일어난다.

이러한 생명주기를 일정한 형태로 나타낸다면 그 형태는 곡선이 될 것이다. 시험 삼아 일단 신화의 생명주기를 2,000년으로 잡아보기로 했다. 2,000년이면 플라톤력曆에서의 1개월쯤으로 볼 수 있다. 플라톤력에서의 1개월은 분점分點이 황도대를 지나는 세차운동에 소요되는 시간의 1/12에 해당한다. 본문에서 살펴봤듯 신화의 생명력, 신화의 생기生氣는 신화가 표상화하는 환경 및 정신과의 기능적 관계에서 발로한다. 변화가 일어남에 따라 신화의 결정화된 형태는 진화 중인 기능적 관계로부터 점점 더 멀어져 뒤처진다. 그러다 결국 종래의 기능성을 완전히 상실하고 형태까지 와해돼 버린다.

앞서 제2장에서 신화의 환경적 기능과 신화의 종교적 기능 간의 관계를 논의한 바 있다. 일반적으로 문화에서 두 기능 중 어느 한 쪽은 우위를 점하기 마련이라 생각한다. 따라서 신화의 영고성쇠는 당대의 문화적 정교正敎 안에서 환경과 종교가 성하고 쇠하는 주기라 말할 수 있다. 이러한 주기를 생각해 보면 세월에 따른 신화의 진화에 대해 어떻게 고찰할 것인가 한 가지 방식이 떠오른다. 신화 체계에 일어나는 거대한 역사적 변화에 관해 고찰할 방식을 깨닫게 되는 것이다. 생각해 보라. 역사상 중요한 순간들, 역사적 사건들은 언뜻 한꺼번에 일어나는 것처럼 보인다.이는 수천 년에 걸쳐 신화 체계가 탄생하고 사멸하는 패턴과 비슷하지 않을까 싶다.

이러한 주기를 그려보면 높낮이를 반복하는 곡선이 나타날 것이다. 세월의 경과와 더불어 나타나는 곡선의 정점과 하단부는 역사적 시점과 상관관계가 있을 수 있다. 고대 근동지역에서 천상의 신들이 지상의 신들을 공격해 제압했다는 신화가 태동했던 기원전 2천 년 전후를 떠올려 보자. 수백 년 사이 신화적 변동이 일어났던 이 시기의 신화는 북방으로부터의 침입과 전차의 발명이라는 역사적 사실에서 관련성을 찾아볼 수 있다. 또한 우리는 서구문명의 발달사가 신화의 흥망과 궤적을 같이 한다는 사실도 확인할 수 있다.

이상의 사실을 통해 신화의 생명주기를 구성하는 네 가지 발달 단계가 드러난다. 2,000년이라는 플라톤월月을 적용한다면 매 발달 단계마다 500년이 소요된다 말할 수 있다. 네 단계란 각각 탄생, 문화의 인정, 문화의 우위, 문화의 쇠퇴를 일컫는다. 탄생 단계에서는 역사적 인물, 개인적 신화, 문화적 이단(기존 신화의 입장에서 볼 때 이단임)이 태동한다. 문화의 인정 단계는 역사상 종교적 관점이 환경적 관점을 추월하거나 또는 그

반대의 상황이 벌어지는 과도적 순간을 일컫는다. 문화의 우위 단계는 문화적 가치로서 신화의 기능성이 절정에 달하는 상태를 가리킨다.(예컨대 교회가 과학적 세계관을 규정했던 중세시대를 떠올려볼 수 있다.) 문화의 쇠퇴 단계는 신화의 반反기능이 종전의 기능성을 앞서는 과도적 순간을 의미한다.(예컨대 교회의 지배가 이성에 의해 밀려났던 문예부흥, 종교 개혁 시대를 떠올려볼 수 있다.)

이러한 실험적 패턴은 오늘날 우리에게 일어나고 있는 현상을 어떻게 이해할 것인가 생각해볼 기회라 할 수 있다. 일찍이 융은 우리가 거대한 변형의 순간에 살고 있다고 역설한 바 있다. 오늘날 우리는 신들의 황혼 속에 살고 있다. 하지만 그 이유는 우리가 신화발달 곡선의 하강 국면을 탄 채 그 최저점에 다가가고 있기 때문이다. 오늘날 과학은 정점에 달해 있다. 그러나 이에 반해 살아 있는 신화에 반영된 정신과의 관계는 쇠퇴 국면에 접어든 상태다. 하지만 이와 같은 순간에 다다르면 신화는 재형성 단계에 진입한다. 신화는 일단 개개인의 삶에서 잉태되지만 시간이 흐르면 문화 전체의 신화로서 자리매김한다. 그리고 세계에 대한 이해를 아우른다. 필자는 이것이 바로 현재 우리가 처한 상황이라 믿어 의심치 않는다.

그러나 위의 패턴에 나타나듯 신화의 재탄생은 문화의 테두리 밖에서 시작된다. 앞으로 탄생할 새로운 신화는 어떤 형태를 취하든 간에 한동안 이단으로서 핍박을 받게 될 것이다. 혹 새로운 신화가 문화의 인정을 받기까지 500년의 세월이 더 걸릴지도 모를 일이다. 하지만 신화의 생명 주기 곡선을 생각할 때 한 가지 사실만은 확신할 수 있다. 즉 언제가 됐든 신화가 반드시 우리 곁에 다시금 등장할 것이란 사실만큼은 더할 나위 없이 분명하다.

"나에게 제정신을 사람을 데리고 오시오.
그러면 내가 당신을 위해 그를 치료해 주겠소."

— 칼 구스타프 융

# 참고
# 문헌

## Reference

1 《C. G. 융 전집The Collected Works of C. G. Jung》 C. G. 융C. G. Jung 저

—5권 〈변형의 상징Symbols of Transformation〉 Princeton, N.J.: Princeton University Press, 1956.

—6권 〈심리적 유형Psychological Types〉 Princeton, N.J.: Princeton University Press, 1971.

—7권 〈분석심리학에 관한 두 편의 에세이Two Essays on Analytical Psychology〉 Princeton, N.J.: Princeton University Press, 1966.

—8권 〈정신의 구조 및 역학The Structure and Dynamics of the Psyche〉 2nd ed. London: Routledge & Kegan Paul, 1969.

—9권 1부 〈집단 무의식의 원형The Archetypes of the Collective Unconscious〉 Princeton, N.J.: Princeton University Press, 1969.

—10권 〈과도기의 문명Civilization in Transition〉 Princeton, N.J.: Princeton University Press, 1964.

—11권 〈심리학과 종교 : 서방과 동방Psychology and Religion: West and East〉 Princeton, N.J.: Princeton University Press, 1969.

—12권 〈심리학과 연금술Psychology and Alchemy〉 Princeton, N.J.: Princeton University Press, 1966.

—13권 〈연금술 연구Alchemical Studies〉 Princeton, N.J.: Princeton University Press, 1968.

2 《기억, 꿈, 회상Memories, Dreams, Reflections》 C. G. 융C. G. Jung 저, New York: Random House, 1965.

3 《남성성과 여성성Animus and Anima》 엠마 융Emma Jung 저, Zurich: Spring Publications, 1972.

4 《놀이와 현실Playing and Reality》 D. W. 위니코트D. W. Winnicott 저, New York: Routledge, 1989.

5 《맨발의 조Shoeless Joe》 W. P. 킨셀라W. P. Kinsella 저, New York: Ballantine Books, 1982.

6 《분석적 삶 : 융 정신분석가로서의 사적 측면과 직업적 측면The Analytic Life: Personal and Professional Aspects of Being a Jungian Analyst》 중 〈융 심리학과 과학 : 긴장 관계Jungian Psychology and Science: A Strained Relationship〉 데니스 메릿Dennis Merritt 저, Boston: Sigo Press, 1988.

7 《블랙엘크는 말한다 : 오글라라 수족의 성스러운 남자가 들려주는 인생 이야기Black Elk Speaks: Being the Life Story of a Holy Man of the Oglala

Sioux》블랙엘크Black Elk 구술, 존 G. 나이하트John G. Neihardt 저, New York: Pocket Books, 1972.

8   《성과 속 : 종교의 본질The Sacred and the Profane: The Nature of Religion》미르케아 엘리아데Mircea Eliade 저, New York: Harper & Row, 1961.

9   《성聖의 개념The Idea of the Holy》루돌프 오토Rudolph Otto 저, 존 W. 하비John W. Harvey 역, Oxford: Oxford University Press, 1923.

10  《성숙 과정 및 조력 환경 : 정서 발달 이론의 연구The Maturational Processes and the Facilitating Environment: Studies in the Theory of Emotional Development》D. W. 위니코트D. W. Winnicott 저, New York: International Universities Press, 1965.

11  《안나 마율라 : 신경증 사례에 나타난 적극적 상상의 치유효능Anna Marjula: The Healing Influence of Active Imagination in a Specific Case of Neurosis》Zurich: Schippert & Co., 1967.

12  《영웅 탄생의 신화와 여타 기록The Myth of the Birth of the Hero and Other Writings》중 〈진실과 현실Truth and Reality〉, "자기와 이상Self and Ideal" 오토 랑크Otto Rank 저, New York: Vintage Books, 1964.

13  《영혼과의 조우 : C. G. 융의 적극적 상상Encounters with the Soul: Active Imagination as Developed by C. G. Jung》중 〈안나 마율라의 병력 사례Presentation of a Case History, by Anna Marjula〉바바라 한나Barbara Hannah 저, Boston: Sigo Press, 1981.

14 《영혼은 말한다 : 자기와 세계에 대한 융학파적 접근Psyche Speaks: A Jungian Approach to Self and World》 러셀 록하트Russell Lockhart 저, Wilmette, Ⅲ.: Chiron Publications, 1987.

15 《융 : 생애와 업적Jung: His Life and Work; A Biographical Memoir》 바바라 한나Barbara Hannah 저, New York: G. P. Putnam's and Sons, 1976; Boston: Shambhala Publications, 1991.

16 《융 : 전기Jung: A Biography》 게르하트 베어Gerhard Wehr 저, Boston: Shambhala Publications, 1987.

17 《융은 말한다Jung Speaking》 윌리엄 맥과이어William McGuire / R. F. C. 헐R. F. C. Hull 공저, Princeton, N.J.: Princeton University Press, 1977.

18 《의식의 생성 : 현대인을 위한 융의 신화The Creation of Consciousness: Jung's Myth for Modern Man》 에드워드 F. 에딘저Edward F. Edinger 저, Toronto: Inner City Books, 1984.

19 《자기의 은유 : 자서전의 의미Metaphors of the Self: The Meaning of Autobiography》 제임스 올니James Olney 저, Princeton, N.J.: Princeton University Press, 1972.

20 《젊은 예술가의 초상Portrait of the Artist as a Young Man》 제임스 조이스James Joyce 저, 리처드 엘먼Richard Ellman 편, New York: Viking Press, 1964.

21    《정신분석 입문A General Introduction to Psychoanalysis》지그문트 프로이트Sigmund Freud 저, New York: Doubleday, 1938.

22    《종교적 삶의 기본형태The Elementary Forms of Religious Life》에밀 뒤르켐Emile Durkheim 저, 조셉 워드 스웨인Joseph Ward Swain 역, New York: Free Press, 1965.

23    《주술, 과학, 종교 그리고 여타 에세이Magic, Science and Religion and Other Essays》브로니슬라브 말리노브스키Bronislaw Malinowski 저, New York: Doubleday, 1954.

24    《주역 또는 변화의 책The I Ching or Book of Changes》캐리 F. 베인즈Cary F. Baynes 역, The Richard Wilhelm translation. Princeton, N.J.: Princeton University Press, 1967.

25    《중증 우울감과 경증 우울감 : 심리 치료적 접근Severe and Mild Depression: The Psychotherapeutic Approach》실바노 아리에티Silvano Arieti / 줄 벰포라드Jules Bemporad 공저, New York: Basic Books, 1978.

26    《케이론 : 역치성과 과도적 현상Chiron: Liminality and Transitional Phenomena》중 〈여명의 문을 지키는 파수꾼 : 역치성 내에서의 자기 변형 및 초월적 기능에 의한 자기 변형The Watcher at the Gates of Dawn: The Transformation of Self in Liminality and by the Transcendent Function〉제임스 홀James Hall 저, Wilmette, Ill.: Chiron Publications, 1991.

27    《톨킨 : 전기Tolkien: A Biography》험프리 카터Humphrey Carter 저,

New York: Ballantine Books, 1977.

28  《톨킨을 읽는다The Tolkien Reader》J. R. R. 톨킨J. R. R. Tolkien 저,
New York: Ballantine Books, 1966.

# 프로이트와 이별하다

초판 1쇄 인쇄일 2012년 1월 16일 • 초판1쇄 발행일 2012년 1월 20일
지은이 D. 스티븐슨 본드 • 옮긴이 최규은 • 펴낸곳 (주)도서출판 예문 • 펴낸이 이주현
기획 정도준 • 편집 김유진 · 송두나 • 디자인 김지은 • 마케팅 채영진 • 관리 윤영조 · 문혜경
등록번호 제307-2009-48호 • 등록일 1995년 3월 22일 • 전화 02-765-2306
팩스 02-765 9306 • 홈페이지 www.yemun.co.kr
주소 서울시 성북구 성북동 115-24 보문빌딩 2층
ISBN 978-89-5659-187-2  03180